Betriebs-Berater Schriftenreihe

Die rechtlichen Grenzen von Erledigungsklauseln im Arbeitsrecht

von

Christina Knoepffler

Fachmedien Recht und Wirtschaft | dfv Mediengruppe | Frankfurt am Main

Die Juristische Fakultät der Universität Passau hat diese Arbeit im Jahr 2025 als Dissertation angenommen.

Bibliografische Information Der Deutschen Nationalbibliothek

Die Deutsche Nationalbibliothek verzeichnet diese Publikation in der Deutschen Nationalbibliografie; detaillierte bibliografische Daten sind im Internet über http://dnb.de abrufbar.

ISBN 978-3-8005-1990-3

dfv Mediengruppe

www.ruw.de

Druck: Beltz Grafische Betriebe GmbH, 99947 Bad Langensalza

Printed in Germany

Vorwort

Die Juristische Fakultät der Universität Passau hat diese Arbeit im Sommersemester 2025 als Dissertation angenommen. Die Arbeit befindet sich im Wesentlichen auf dem Stand ihrer Abgabe im Dezember 2024. Punktuell wurden noch Aktualisierungen bis Juli 2025 vorgenommen.

Mein erster Dank gilt meinem Doktorvater Professor Dr. Frank Bayreuther. Er weckte durch seine praxisnahen und spannenden Vorlesungen im Schwerpunktbereich Arbeitsrecht meine Begeisterung für dieses Rechtsgebiet und hat damit meinen beruflichen Werdegang maßgeblich geprägt. Sehr dankbar bin ich für die gute Betreuung durch ihn als externe Doktorandin und für die zügige Erstellung des Erstgutachtens. Außerdem möchte ich mich bei Professor Dr. Thomas Riehm für die schnelle Erstellung des Zweitgutachtens bedanken. Seine lebendigen und hochqualitativen Vorlesungen während des Studiums werden mir immer in Erinnerung bleiben.

Danken möchte ich auch dem Employment Team bei Baker McKenzie, München, sowie dem Arbeitsrechtsteam bei POELLATH, München, bei denen ich während der Promotionszeit wertvolle Praxiserfahrungen im Arbeitsrecht sammeln durfte. Vor allem möchte ich Rechtsanwalt Dr. Dominik Sorber danken, der mich fachlich gefördert hat und mir auch stets als Mentor zur Seite stand.

Zuletzt möchte ich meiner Familie und meinen Freunden danken, die während des Studiums, des Referendariats und der Promotionszeit immer ermutigend an meiner Seite standen. Benedikt, Sarah und Nadine, danke für eure Unterstützung und unsere juristischen Diskussionsrunden. Danke, Silvia, für deine Korrektur. Christoph, danke, dass du immer an mich glaubst und mich immer motivierst. Insbesondere möchte ich meinen Eltern und meiner Oma danken. Sie haben nicht nur Korrektur gelesen, sondern mir das Studium und die Promotion erst ermöglicht und mich immer dabei unterstützt. Ihnen allen ist diese Arbeit gewidmet.

Freising, im Juli 2025 *Christina Knoepffler*

Inhaltsverzeichnis

Kapitel 2
Das Transparenzgebot bei Erledigungsklauseln

Kapitel 3
Verzicht und Abdingbarkeit in Erledigungsklauseln

Kapitel 4
Der Tatsachenvergleich als Lösungsmöglichkeit

Einführung

Viele Arbeitsverträge enden durch Aufhebungsverträge oder Vergleiche. Im Jahr 2024 schlossen über zwei Drittel[1] der Parteien zur Beendigung des Rechtstreits in arbeitsgerichtlichen Urteilsverfahren einen Vergleich. Typischerweise nehmen die Parteien eine Erledigungsklausel, auch Ausgleichsklausel oder Abgeltungsklausel[2] genannt, in den Aufhebungsvertrag, die Abwicklungsvereinbarung[3] oder den Vergleich auf. Diese soll möglichst viele gegenseitige Ansprüche rechtssicher ausschließen.

Der Verzicht auf Ansprüche ist Ausdruck der Privatautonomie.[4] Dieser Verzicht kann jedoch nicht grenzenlos ausgeübt werden. Das Bundesarbeitsgericht hat wiederholt den Anwendungsbereich von Erledigungsklauseln eingeschränkt.[5] In Folge sollen die Grenzen und Probleme von Erledigungsklauseln in Vergleichen und Aufhebungsvereinbarungen aufgezeigt und diskutiert werden. Dabei soll der Schwerpunkt auf den europarechtlichen Einfluss auf die Gestaltung von Erledigungsklauseln und die Frage nach einer möglichst rechtssicheren Gestaltung gelegt werden.

In dieser Arbeit werden insbesondere der Mindestlohnanspruch, das Urlaubsrecht, der Auskunftsanspruch aus der Datenschutzgrundverordnung und Ansprüche aus dem Entgelttransparenzgesetz mit Blick auf die neue Entgelttransparenzrichtlinie berücksichtigt. Bei der Aus-

---

1 Statistisches Bundesamt, Vor dem Arbeitsgericht erledigte Urteilsverfahren: Deutschland, Jahre, Art der Erledigung, abrufbar unter https://www-genesis.destatis.de/genesis//online?operation=table&code=24281-0001&bypass=true&levelindex=0&levelid=1716540491152#abreadcrumb.

2 Für einen besseren Überblick wird im Rahmen dieser Arbeit einheitlich der Begriff Erledigungsklausel verwendet.

3 Zur Abgrenzung von Abwicklungsvereinbarung und Aufhebungsvertrag für viele s. MAH ArbR/*Bengelsdorf/Reufels*, § 52 Aufhebungsverträge Rn. 9 ff.; *Gaul*, BB 2003, 2457; *Butz*, Der arbeitsgerichtliche Aufhebungs- und Abwicklungsvertrag im Vergleich – Eine rechtliche Untersuchung der Gemeinsamkeiten und Unterschiede sowie eine Abwägung der Vor- und Nachteile beider Rechtsinstitute, Diss. Bonn 2002.

4 *Boemke,* NZA 1993, 532 (537).

5 So beispielsweise BAG 17.10.2000 – 3 AZR 69/99, NZA 2001, 203 zur betrieblichen Altersvorsorge; BAG 14.05.2013 – 9 AZR 844/11, NZA 2013, 1098 zum gesetzlichen Mindesturlaub.

wahl der behandelten Ansprüche wurde besonders auf deren Praxisrelevanz sowie auf Lücken in der bestehenden Literatur und Rechtsprechung geachtet.

Kapitel 1
Die Rechtsnatur und der Umfang von Erledigungsklauseln

Erledigungsklauseln sollen beendete Arbeitsverhältnisse abschließend klären und möglichst klare und präzise Rechtsverhältnisse zwischen den Parteien schaffen.[6] Eine typische Erledigungsklausel, die sich in vielen Formatvorlagen oder Handbüchern findet, lautet:

> *„Die Parteien sind sich einig, dass sämtliche Ansprüche aus und in Verbindung mit dem Arbeitsverhältnis, gleich aus welchem Rechtsgrund, nicht mehr gegeneinander bestehen."*[7]

Um eine Klausel als Erledigungsklausel einordnen zu können, muss die Klausel klar erkennbar das Ziel haben, die Ansprüche der Parteien abzugelten.[8] Die Erledigungsklausel ist dabei insbesondere von der Ausgleichsquittung (C.) abzugrenzen.

A. Auslegungsmaßstäbe von Erledigungsklauseln

I. Grundsatz

Die Rechtsnatur und der Umfang einer Erledigungsklausel sind gemäß (gem.) §§ 133, 157 Bürgerliches Gesetzbuch (BGB) durch Auslegung im Einzelfall zu ermitteln.[9] Entscheidend kommt es auf den Wortlaut der Klausel, den erkennbaren Willen der Parteien, die Verkehrsauf-

---

6 BAG 05.04.1973 – 5 AZR 574/72, AP ZPO § 794 Nr. 22.

7 *Bauer/Krieger/Arnold*, Arbeitsrechtliche Aufhebungsverträge, M Checkliste und Muster Rn. 25.

8 So wurde entschieden, dass eine Klausel, die regelt, dass „der Rechtsstreit erledigt" sei, nicht ausreichend ist, vgl. LAG Köln 28.10.1994 – 13 Sa 807/94, NZA 1995, 739.

9 St. Rspr., so beispielsweise LAG München 24.04.1997 – 2 Sa 1004/96, NZA-RR 1998, 198 II. 1.; BAG 31.07.2002 – 10 AZR 558/01, AP BGB § 611 Konkurrenzklausel Nr. 48 II. 2. b) bb); BAG 23.02.2005 – 4 AZR 139/04, NZA 2005, 1193 II. 4. a) aa); BAG 27.05.2015 – 5 AZR 137/14, NZA 2015, 1125 Rn. 18; BAG 31.01.2023 – 9 AZR 456/20, NZA 2023, 757 Rn. 53 ff.

fassung sowie die Gesamtumstände des Einzelfalls an.[10] Dabei kommt dem Willen der Parteien eine besondere Bedeutung zu: „*Es ist der in der auszulegenden Erklärung verkörperte maßgebliche Wille der Parteien zu ermitteln. Lässt sich dabei ein übereinstimmender Wille der Parteien feststellen, so ist dieser allein maßgeblich, auch wenn er in dem Vertrag nur einen unvollkommenen oder gar keinen Ausdruck gefunden hat.*“[11] Sollte dieser Wille nicht ermittelbar sein, sind die weiteren Auslegungsgrundsätze anzuwenden.

Im Grundsatz gilt außerdem: Die Erledigungsklausel als Teil eines (Prozess-) Vergleichs oder einer Aufhebungsvereinbarung ist regelmäßig weit auszulegen, denn „*[i]n einem Aufhebungsvertrag wollen die Parteien in der Regel das Arbeitsverhältnis abschließend bereinigen und alle Ansprüche erledigen, gleichgültig, ob sie daran dachten oder nicht. Jede andere Auslegung würde den angestrebten Vergleichsfrieden in Frage stellen. Der beurkundete Vergleichswille wäre wertlos, wenn die Vergleichsverhandlungen sogleich Quelle neuer, über den beurkundeten Inhalt hinausgehender Ansprüche und damit neuen Parteistreits sein könnten.*“[12] Die Arbeitsvertragsparteien wollen mit einer Erledigungsklausel nicht nur den Rechtsstreit erledigen, sondern auch das Arbeitsverhältnis endgültig abschließen, um keine weiteren Ansprüche mehr fürchten zu müssen.[13] Als Ansprüche „aus dem Arbeitsverhältnis“ sind dabei grundsätzlich „*alle wechselseitigen gesetzlichen und vertraglichen Ansprüche, die die Arbeitsvertragsparteien aufgrund ihrer durch den Arbeitsvertrag begründeten Rechtsbeziehung gegeneinander haben*“[14], zu verstehen. Im Zweifel ist also ein Anspruch, der seinen Ursprung im Arbeitsverhältnis hat,

10 St Rspr. vgl. z.B. nur BGH 11.05.1995 – VII ZR 116/94, NJW-RR 1995, 1201 (1202); BAG 24.09.2015 – 2 AZR 716/14, NZA 2016, 716 Rn. 35 mwN.; BAG 25.01.2017 – 4 AZR 522/15, BeckRS 2017, 117424 Rn. 25; BAG 20.11.2019 – 5 AZR 578/18, NZA 2020, 386 Rn. 22.

11 BAG 19.11.2003 – 10 AZR 174/03, NZA 2004, 554 II. 2. a) aa) mwN.

12 Für viele BAG 31.07.2002 – 10 AZR 513/01, NZA 2003, 100 II. 3. c) aa).

13 BAG 27.05.2015 – 5 AZR 137/14, NJW 2015, 2990 Rn. 21; so inhaltlich seit BAG 05.04.1973 – 5 AZR 574/72, AP ZPO § 794 Nr. 22.

14 BAG 28.10.2021 – 8 AZR 371/20, NZA 2022, 341 Rn. 35 zur Erledigungsklausel; die parallele Rechtsprechung findet sich auch zur Ausschlussklausel, BAG 25.02.2021 – 8 AZR 171/19, NZA 2021, 1469 Rn. 66; BAG 26.11.2020 – 8 AZR 58/20, NZA 2021, 702 Rn. 59.

von einer allgemeinen Erledigungsklausel erfasst.[15] Jedoch muss man insbesondere bei Ansprüchen, die erst nach oder bei Beendigung des Arbeitsverhältnisses fällig werden, besondere Vorsicht bei der Auslegung anwenden.[16]

II. Einschränkungen

Einschränkungen ergeben sich dahingehend nur, wenn diese weite Auslegung den Schutz des Arbeitnehmers[17] unterläuft. Dann muss sich der konkrete Verzichtswille des Arbeitnehmers aus der Erledigungsklausel ergeben. Dafür braucht es die Nennung des Anspruchs in der Klausel oder eine für den Arbeitnehmer erkennbare auslegbare Formulierung des Umfangs der Klausel. Daher umfassen beispielsweise die Erledigungsklauseln „*Mit diesem Vergleich ist der Rechtsstreit erledigt. Es besteht weiterhin Einigkeit, dass die Gehälter des Kl. [sic!] bis zum Beendigungszeitpunkt bezahlt sind*"[18] oder „*Beide Parteien sind sich darüber einig, dass mit der Erfüllung der im Aufhebungsvertrag bezeichneten Pflichten keine Ansprüche aus dem Arbeitsverhältnis bestehen [...]*"[19] keine Versorgungsansprüche des Arbeitnehmers. Grund dafür ist, dass Versorgungsansprüche „*meist einen hohen Wert [haben]; ihre Erhaltung und Erfüllung ist für den daraus Berechtigten von großer Bedeutung. Kein Arbeitnehmer wird ohne besonderen Grund auf derartige Rechte verzichten wollen [...]. Diese Bedeutung der Versorgungsansprüche für den Arbeitnehmer erfordert daher eine unmissverständliche Erklärung; ein solcher Verzicht muss eindeutig und zweifelsfrei zum Ausdruck gebracht werden*"[20]. In der Praxis wird die Notwendigkeit eines konkreten Verzichtswillens bislang bei Ansprüchen auf betriebliche Altersvorsorge, Ruhegeld oder

15 S. z.B. BAG 25.02.2021 – 8 AZR 171/19, NZA 2021, 1469 Rn. 66; BAG 24.09.2019 – 9 AZR 273/18, NZA 2020, 310 Rn. 29; BAG 13.03.2013 – 5 AZR 954/11, NZA 2013, 680 Rn. 39.

16 Schaub ArbR-HdB/*Linck*, § 72 Rn. 17.

17 Für die bessere Lesbarkeit wird in der Arbeit das generische Maskulinum verwendet. Selbstverständlich sind damit alle Geschlechter gemeint.

18 So vorgelegen BAG 20.04.2010 – 3 AZR 225/08, NZA 2010, 883.

19 So vorgelegen BAG 17.10.2000 – 3 AZR 69/99, NZA 2001, 203.

20 BAG 20.04.2010 – 3 AZR 225/08, NZA 2010, 883 Rn. 50.

aus einer Ruhegeldanwartschaft[21], bei einem bereits entstandenen und fälligen Anspruch aus § 3 Abs. 1 Entgeltfortzahlungsgesetz (EFZG)[22], Vergütungsansprüchen aus dem Arbeitnehmererfindungsgesetz (ArbNErfG)[23] und den Anspruch auf Erteilung eines Arbeitszeugnisses[24] nach § 630 S. 1 BGB bejaht.

Beim nachvertraglichen Wettbewerbsverbot mit Karenzentschädigung und dem Arbeitgeberdarlehen führt hingegen eine explizite Nichterwähnung bei einer punktuellen Erledigungsklausel dazu, dass dem Arbeitnehmer klar sein muss, dass diese Ansprüche e contrario von der Erledigungsklausel erfasst sind.[25] So umfasst beispielsweise die Erledigungsklausel *„Mit Abschluss und Erfüllung dieser Vereinbarung sind sämtliche gegenseitigen Ansprüche der Parteien aus und in Verbindung mit dem Arbeitsverhältnis und seiner Beendigung, gleichgültig ob bekannt oder unbekannt, erledigt. Erledigt ist damit*

---

21 BAG 22.09.2020 – 3 AZR 433/19, NZA 2021, 577 Rn. 48 ff.; wegen der existenziellen wirtschaftlichen Bedeutung ist die Abgeltung in einer pauschalen Erledigungsklausel nicht möglich, BAG 20.04.2010 – 3 AZR 225/08, NZA 2010, 883; BAG 17.10.2000 – 3 AZR 69/99, NZA 2001, 203; BAG 22.09.1987 – 3 AZR 194/86, NZA 1988, 470.

22 ErfK/*Reinhard* EFZG § 12 Rn. 5; dieser Anspruch ist ein Ausdruck des Sozialstaatsprinzips, MüKoBGB/*Müller-Glöge* EFZG § 3 Rn. 1; BAG 20.08.1980 – 5 AZR 759/78, NJW 1981, 1285 mit Verweis auf die Rechtsprechung zum Ruhegeldanspruch (hier aber zu einer Ausgleichsquittung).

23 BGH 12.11.2024 – X ZR 37/22, GRUR 2025, 166 Rn. 17 f.; BGH 24.11.1961 – I ZR 156/59, GRUR 1962, 305; *Volz* in: FS Bartenbach, S. 208 (218); *Bauer* in: FS Bartenbach, S. 607 (619); *Bartenbach/Volz* ArbNErfG § 26 Rn. 61, wobei beide Quellen dazu tendieren, die Ansprüche aus Gründen der Rechtssicherheit komplett aus dem Anwendungsbereich einer Erledigungsklausel auszunehmen.

24 BAG 16.09.1974 – 5 AZR 255/74, NJW 1975, 407 (408); *Bauer/Krieger/Arnold*, Arbeitsrechtliche Arbeitsverträge C III Rn. 491.

25 Zum nachvertraglichen Wettbewerbsverbot BAG 31.07.2002 – 10 AZR 513/01, NZA 2003, 100; BAG 31.07.2002 – 10 AZR 558/01, BeckRS 2002, 41593; BAG 19.11.2003 – 10 AZR 174/03, NZA 2004, 554; BAG 08.03.2006 – 10 AZR 349/05, NZA 2006, 854; BAG 19.11.2008 – 10 AZR 671/07, NZA 2009, 318; BAG 24.06.2009 – 10 AZR 707/08, NZA-RR 2010, 536; *Bauer/Diller*, BB 2004, 1274 (1274 ff.); bezüglich des Arbeitnehmerdarlehens LAG Hamm 28.04.1995 – 10 Sa 1386/94, NZA-RR 1996, 286; BAG 19.01.2011 – 10 AZR 873/08, NZA 2011, 1159; **a. A.** OLG Düsseldorf 09.07.1997 – 3 U 11/97, NZA-RR 1998, 1. Nicht so pauschal urteilte das BAG noch 2009. Danach hängt der Umfang einer Erledigungsklausel von der konkreten Ausgestaltung des Darlehensvertrags ab, BAG 19.03.2009 – 6 AZR 557/07, NZA 2009, 896 Rn. 26.

insbesondere auch der Rechtsstreit [...]“[26] das nachvertrágliche Wettbewerbsverbot. In den der Erledigungsklausel vorhergehenden Ziffern führten die Parteien alle abzugeltenden Ansprüche auf, sodass das Gericht das vertragliche Wettbewerbsverbot und den Anspruch auf Karenzentschädigung von der Klausel umfasst sah.[27] Dem ist vor dem Hintergrund des Schutzzwecks der Erledigungsklausel, für Rechtssicherheit und Rechtsfrieden zu sorgen, nur zuzustimmen. Dieses Ziel muss bei der Auslegung immer im Blick behalten werden. Außerdem kann über die Wertung des § 242 BGB der Einwand der unzulässigen Rechtsausübung vorgebracht werden, wenn die durch die Erledigungsklausel verursachten Folgen im Einzelfall schlechthin unerträglich wären.[28]

B. Die Rechtsnatur von Erledigungsklauseln

Als Rechtsnatur einer Erledigungsklausel kommen insbesondere[29] die Rechtsinstitute des Erlassvertrags nach § 397 Abs. 1 BGB, das negative konstitutive Schuldanerkenntnis und das deklaratorische Schuldanerkenntnis in Betracht.[30] Diese sind Unterarten des Verzichts.[31] Die genaue Abgrenzung zwischen diesen Rechtskonstrukten ist relevant, da je nach Rechtsgestaltung der Umfang und die Rechtsfolgen einer derartigen Erklärung divergieren.

---

26 So vorgelegen BAG 24.06.2009 – 10 AZR 707/08, NZA-RR 2010, 536, Sachverhalt.

27 BAG 24.06.2009 – 10 AZR 707/08, NZA-RR 2010, 536 Rn. 22 ff.; zur Auslegung des Wortlauts von Erledigungsklauseln hinsichtlich des Wettbewerbsverbots s. *Bauer/Diller* Wettbewerbsverbote, § 17 Aufhebung Rn. 723.

28 BGH 12.07.1983 – VI ZR 176/81, NJW 1984, 115 (116); vgl. auch BAG 15.11.2016 – 3 AZR 539/15, BeckRS 2016, 108754 Rn. 81.

29 Auf den Klageverzichtsvertrag (pactum de non petendo) wird in dieser Arbeit nicht eingegangen, vgl. dazu z. B. MüKoBGB/*Fetzer* BGB § 364 Rn. 14; OLG München 28.07.1955 – 8 U 890/55, NJW 1956, 267.

30 S. nur beispielsweise BAG 19.11.2003 – 10 AZR 174/03, NZA 2004, 554 (555); BAG 23.02.2005 – 4 AZR 139/04, NZA 2005, 1193 (1197); BAG 07.11.2007 – 5 AZR 880/06, NZA 2008, 355 Rn. 15; zuletzt BAG 31.01.2023 – 9 AZR 456/20, NZA 2023, 757 Rn. 53.

31 Jauernig/*Stürner* BGB § 397 Rn. 1.

I. Der Erlassvertrag nach § 397 Abs. 1 BGB

Der Erlassvertrag nach § 397 Abs. 1 BGB ist ein formfreies[32], schuldrechtliches Verfügungsgeschäft, mit dem mit Abschluss des Vertrags auf einen schuldrechtlichen Anspruch ex nunc verzichtet wird.[33] Wegen seiner weitreichenden Folgen sind an das Zustandekommen eines Erlassvertrags strenge Anforderungen zu stellen. Ein Erlassvertrag wird grundsätzlich nicht vermutet.[34] Daher muss der Verzichtswille der Parteien „unmissverständlich“[35] zum Ausdruck kommen. Nur in absoluten Ausnahmefällen erfasst ein Erlassvertrag daher unbekannte Ansprüche.[36]

II. Konstitutives negatives Schuldanerkenntnis nach § 397 Abs. 2 BGB

Das formfreie negative konstitutive Schuldanerkenntnis ist in § 397 Abs. 2 BGB geregelt und bedarf wie der Erlass eines Vertrages zwischen den Parteien.[37] Im Gegensatz zum Erlassvertrag richtet sich das negative konstitutive Schuldanerkenntnis nicht auf die ex-nunc-Vernichtung eines bestehenden Schuldverhältnisses, sondern auf die reine Feststellung des Nichtbestehens einer Forderung oder des Bestehens einer Forderung in nur einem gewissen Umfang.[38] Wichtig ist, dass dieses Schuldanerkenntnis auch zukünftige Forderungen erfassen kann.[39] Es ist ein abstraktes Verfügungsgeschäft und benötigt einen Rechtsgrund.[40] Liegt ein konstitutives Schuldanerkenntnis vor,

32 OLG Hamburg 16.02.1960 – 2 W 8/60, NJW 1961, 76; eine Ausnahme der Formfreiheit besteht beim Grundstückkauf bis zur Auflassung wegen § 311 b BGB, BGH 06.11.1981 – V ZR 138/80, NJW 1982, 434, und dem Verzicht auf die Einrede der Vorausklage nach § 766 BGB, BGH 25.09.1968 – VIII ZR 164/66, NJW 1968, 2332.

33 Grüneberg/*Grüneberg* BGB § 397 Rn. 3.

34 St. Rspr. z. B. BGH 18.04.1989 – X ZR 85/88, NJW-RR 1989, 1373 (1374); BGH 16.11.1993 – XI ZR 70/93, NJW 1994, 379 (380); BGH 24.06.2004 – I ZR 266/01, NJOZ 2004, 3395 (3398).

35 BGH 10.05.2001 – VII ZR 356/00, NJW 2001, 2325 II. 2.

36 BGH 31.03.1982 – I ZR 69/80, BeckRS 1982, 31065509 III. 1. a.

37 BGH 29.11.1995 – VIII ZR 293/94, NJW 1996, 588 II. 1.

38 BeckOGK/*Wolber* BGB § 397 Rn. 103.

39 OLG Nürnberg 24.01.2022 – 8 U 3108/21, BeckRS 2021, 43256 Rn. 18.

40 BeckOGK/*Wolber* BGB § 397 Rn. 104.

handelt es sich um eine Vereinbarung über Hauptleistungspflichten, sodass eine Angemessenheitskontrolle nach § 307 Abs. 3 S. 1 BGB grundsätzlich ausscheidet.[41]

III. Deklaratorisches negatives Schuldanerkenntnis

Das ebenso[42] formfreie deklaratorische negative Schuldanerkenntnis ist gesetzlich nicht geregelt.[43] Wie die Bezeichnung vermuten lässt, besitzt es nur rein deklaratorischen Charakter und liegt vor, wenn die Parteien durch ein Anerkenntnis festsetzen, dass eine bestimmte Forderung nicht besteht.[44] Die Folge eines negativen deklaratorischen Schuldanerkenntnisses ist, dass jegliche tatsächlichen und rechtlichen Einwendungen und die Geltendmachung von Einreden ausgeschlossen sind, die bei Abgabe bekannt sind oder mit denen man rechnen musste.[45] Es handelt sich um eine kontrollfähige Nebenabrede gem. § 307 Abs. 1 BGB.[46]

IV. Abgrenzungsprobleme

1. Allgemeine Abgrenzungsregel

Mittlerweile hat sich in der ständigen Rechtsprechung[47] folgende Faustformel für die Abgrenzung der rechtstechnischen Gestaltungsmittel bei Erledigungsklauseln herauskristallisiert:

---

41 *Kroeschell*, NZA 2008, 560 (561).

42 Deshalb ist eine Abgrenzung zum konstitutiven negativen Schuldanerkenntnis anders als beim positiven Schuldanerkenntnis aus Formgründen beim negativen Schuldanerkenntnis nicht relevant, vgl. Grüneberg/*Grüneberg*, BGB § 397 Rn. 10.

43 BeckOGK/*Wolber* BGB § 397 Rn. 106; anerkannt seit RG 01.05.1916 – 75/16 VI – JW 1916, 960.

44 BeckOGK/*Wolber* BGB § 397 Rn. 106.

45 KG 15.03.1971 – 12 U 1317/70, NJW 1971, 1219 (1220); BAG 21.04.2016 – 8 AZR 474/14, NZA 2016, 1409 Rn. 28.

46 *Kroeschell*, NZA 2008, 560 (562).

47 S. z. B. OLG Düsseldorf 09.07.1997 – 3 U 11/97, NZA-RR 1998, 1 (2 f.); BAG 19.11.2003 – 10 AZR 174/03, NZA 2004, 554 (555); BAG 21.06.2011 – 9 AZR 203/10, NZA 2011, 1338 (1339); BAG 28.10.2021 – 8 AZR 371/20, NZA 2022, 341 (344); zuletzt BAG 31.01.2023 – 9 AZR 456/20, NZA 2023, 757 (763).

Ein Erlassvertrag ist nur in Ausnahmefällen zu bejahen: „*An die Feststellung eines Verzichtswillens sind hohe Anforderungen zu stellen. Ein Erlass liegt im Zweifel nicht vor. Selbst bei eindeutig erscheinender Erklärung des Gläubigers darf ein Verzicht nicht angenommen werden, ohne dass bei der Feststellung zum erklärten Vertragswillen sämtliche Begleitumstände berücksichtigt worden sind. Wenn feststeht, dass eine Forderung entstanden ist, verbietet dieser Umstand im Allgemeinen die Annahme, der Gläubiger habe sein Recht einfach wieder aufgegeben*“[48]. In den allermeisten Fällen ist dieser klare Verzichtswille zu verneinen. Fälschlicherweise als Erlassvertrag ausgelegt wurde vom BAG im Jahr 1998 folgende Klausel: „*Beide Parteien erklären, daß [sic!] mit diesem Vertrag alle Ansprüche aus dem Arbeitsverhältnis erfüllt sind, mit Ausnahme des Anspruchs auf Erteilung eines wohlwollenden, berufsfördernden Zeugnisses und auf Aushändigung der Arbeitspapiere.*“[49] Die Einordnung als Erlassvertrag wurde mit Verweis auf ein anderes Urteil des BAG aus dem Jahr 1990 vorgenommen. Dieses ältere Urteil weist aber darauf hin, dass es sich (richtigerweise) bei der Erledigungsklausel um ein „*selbstständiges negatives Schuldanerkenntnis*“[50] handelt. Der Begriff „Erlassvertrag“ wird in einem anderen Kontext in diesem Urteil erwähnt. Die notwendige Auslegung des Verzichtswillens anhand des Einzelfalls und einer Auseinandersetzung mit den Hürden der Einordnung als Erlassvertrag erfolgte dagegen in dem Urteil aus dem Jahr 1998 nicht. Der alleinige Verweis auf das Urteil von 1990 war nicht ansatzweise eine Auslegung des Verzichtswillens. Vor allem an der Beachtung der hohen Anforderungen an den Verzichtswillen im Rahmen eines Erlassvertrags mangelt es in dieser Entscheidung.

Im Ergebnis ist diese Klausel ein konstitutives negatives Schuldanerkenntnis. Dies ist nämlich der Fall, wenn eine Erledigungsklausel nach dem Willen der Parteien ausdrücklich auch unbekannte Ansprü-

---

48 BAG 07.11.2007 – 5 AZR 880/06, NZA 2008, 355 Rn. 20 mit Verweis auf die Rechtsprechung des BGH, BGH 15.01.2002 – X ZR 91/00, NJW 2002, 1044 (1046).

49 BAG 20.01.1998 – 9 AZR 812/96, NZA 1998, 816.

50 BAG 31.05.1990 – 8 AZR 132/89, NZA 1990, 935 III. 2. a); die Erledigungsklausel in diesem Fall lautete „*Mit Erledigung der Nrn. 2 bis 4 sind alle gegenseitigen Ansprüche aus dem Arbeitsverhältnis und seiner Beendigung erledigt.*“

che umfasst.[51] Begründet wird das damit, dass die Parteien mit einer derartigen Formulierung „*in der Regel das Arbeitsverhältnis abschließend umfassend bereinigen und alle Ansprüche erledigen, gleichgültig ob sie an sie dachten oder nicht. Jede andere Auslegung würde den angestrebten Vergleichsfrieden in Frage stellen.*“[52] Bei Erledigungsklauseln in Vergleichen und in Aufhebungsverträgen ist meist daher von einem konstitutiven negativen Schuldanerkenntnis auszugehen.[53]

Im Gegensatz dazu wird bei einem negativen deklaratorischen Schuldanerkenntnis nur die vorliegende Rechtslage festgehalten, weitere Ansprüche darüber hinaus sind nicht Bestandteil der Klausel.[54] Um es mit den Worten des BAG zu sagen: „*Ein deklaratorisches negatives Schuldanerkenntnis ist anzunehmen, wenn die Parteien nur die von ihnen angenommene Rechtslage eindeutig dokumentieren und damit fixieren wollen.*“[55] So ist zu Recht die Erledigungsklausel in einem Aufhebungsvertrag „*Es liegen keine Tatsachen vor, aus denen der Arbeitnehmer im Hinblick auf das Arbeitsverhältnis und seine Beendigung Ansprüche oder Rechte irgendwelcher Art, gleich aus welchem Rechtsgrunde, herleiten kann, so dass keinerlei weitere Forderungen an den Arbeitgeber bestehen.*“[56] als deklaratorisches Schuldanerkenntnis ausgelegt worden. Aus der Formulierung „Es liegen keine Tatsachen vor“ ergibt sich nur ein Dokumentations-, aber kein weitergehender Verzichtswillen der Parteien.[57] Betont wird diese Auslegung durch den Nebensatz „so dass keinerlei weitere Forderungen an den Arbeitgeber mehr bestehen“. Dieser zeigt, dass die Parteien bewusst

51 BAG 24.06.2009 – 10 AZR 707/08, NZA-RR 2010, 536 (538); BAG 20.04.2010 – 3 AZR 225/08, NZA 2010, 883 (887 f.); BAG 27.05.2015 – 5 AZR 137/14, NZA 2015, 1125 (1126); **a. A.** LAG Hamm 07.12.2000 – 16 Sa 1152/00, NZA-RR 2002, 15 (16), s. dazu aber die Auslegung unter 2.

52 BAG 31.07.2002 – 10 AZR 513/01, NZA 2003, 100 (103).

53 Beispielsweise BAG 22.10.2008 – 10 AZR 617/07, NZA 2009, 139 (141) zum nachvertraglichen Wettbewerbsverbot, BAG 14.05.2013 – 9 AZR 844/11, NZA 2013, 1098 Rn. 10 f.; BAG 27.05.2015 – 5 AZR 137/14, NZA 2015, 1125 Rn. 21; BAG 23.02.2022 – 3 AZR 15/20, NZA 2022, 42 Rn. 42 mwN.

54 BAG 07.11.2007 – 5 AZR 880/06, NZA 2008, 355 (356 f.); BAG 28.10.2021 – 8 AZR 371/20, NZA 2022, 341 Rn. 32.

55 St. Rspr. vgl. nur beispielsweise BAG 07.11.2007 – 5 AZR 880/06, NZA 2008, 355 Rn. 15; BAG 23.10.2013 – 5 AZR 135/12, NZA 2014, 200 Rn. 14; BAG 28.10.2021 – 8 AZR 371/20, NZA 2022, 341 (344).

56 So vorgelegen bei BAG 25.09.2013 – 5 AZR 936/12, BeckRS 2013, 74878.

57 BAG 25.09.2013 – 5 AZR 936/12, BeckRS 2013, 74878 Rn. 22.

keine weiteren über den Aufhebungsvertrag hinausgehenden Ansprüche berücksichtigen wollen. Solche Ansprüche können nur dann geltend gemacht werden, wenn die Parteien darlegen und gegebenenfalls beweisen, dass unabhängig von der abgegebenen Erklärung weitere Ansprüche bestehen.[58]

Der von der Rechtsprechung entwickelten Auslegungsregel ist nichts entgegenzusetzen, da sie Ausdruck der rechtlichen Auslegungsmethoden ist und die Bedeutung des Willens der Parteien berücksichtigt. Schon an der Entscheidung des BAG aus dem Jahr 1998 wird jedoch bereits deutlich, dass die Umsetzung dieser Regel in der Praxis dennoch weniger eindeutig ist, als sie klingt. Eine Erledigungsklausel ist daher stets einzelfallabhängig zu beurteilen, eine schematische Auslegung verbietet sich.

2. Die Umsetzung der Auslegungsregel in der Praxis

Wie entscheidend bei der oben vorgestellten Abgrenzungsregel in der Praxis der einzelabhängige genaue Wortlaut der Klausel und der Kontext der Erledigungsklausel ist, kann anhand der Entscheidung des BAG[59] vom 31.01.2023 illustriert werden. Bei der Auslegung spielen feinste Nuancen eine wichtige Rolle.

In dieser Entscheidung hatte das Gericht über die folgende Erledigungsklausel zu urteilen: „*Die Vertragsparteien nehmen Bezug auf die bisherige Geschäftsbeziehung und stellen hiermit klar, dass beide Vertragsparteien keinerlei Ansprüche aus der bisherigen Geschäftsbeziehung haben und keine der Vertragsparteien Ansprüche für die Vergangenheit herleitet oder geltend macht. Sämtliche Ansprüche aus der bisherigen Tätigkeit des Auftragnehmers sind abgegolten. Die Vertragsparteien stellen weiterhin klar, dass […]*“[60] Das BAG kam zu dem Ergebnis, dass diese Erledigungsklausel ein deklaratorisches Schuldanerkenntnis darstellt.[61] Begründet wurde das Ergebnis damit, dass die Formulierung „die Vertragsparteien nehmen Bezug auf ihre bisherige Geschäftsbeziehung und stellen hiermit klar“ ein reines Do-

58 BAG 07.11.2007 – 5 AZR 880/06, NZA 2008, 355 Rn. 22.
59 BAG 31.01.2023 – 9 AZR 456/20, NZA 2023, 757.
60 BAG 31.01.2023 – 9 AZR 456/20, NZA 2023, 757.
61 BAG 31.01.2023 – 9 AZR 456/20, NZA 2023, 757 Rn. 52.

kumentationsinteresse zeige.[62] Ein darüber hinausgehender Verzicht sei nicht ersichtlich. Auch der zweite Satz der Klausel mache ein Dokumentations- und Fixierungsinteresse der Parteien klar.[63] Das BAG geht an dieser Stelle noch weiter und stellt fest, dass eine Erledigungsklausel „im Regelfall" immer dahingehend ausgelegt werden muss, dass die Parteien allein die bisherige Rechtslage fixieren und feststellen wollen, dass keine weiteren Ansprüche aus dem „alten" Arbeitsverhältnis mehr existieren.[64]

Ein wirklicher Unterschied zwischen der Erledigungsklausel, die dem BAG am 31.01.2023 vorlag, und anderen Erledigungsklauseln, die als konstitutives Schuldanerkenntnis ausgelegt worden sind, scheint zunächst nicht zu bestehen. Ein Beispiel ist folgende Erledigungsklausel: *„Mit vollständiger Erfüllung dieses Aufhebungsvertrags sind sämtliche wechselseitige Ansprüche der Parteien aus dem Arbeitsverhältnis und dessen Beendigung, gleich aus welchem Rechtsgrunde, gleich ob bekannt oder unbekannt, abgegolten und erledigt. Hiervon unberührt bleibt […]"*.[65] In diesem Fall argumentierte der 8. Senat konträr zum 9. Senat und folgerte, dass diese Klausel als konstitutives Schuldanerkenntnis auszulegen sei.[66]

Bei der Betrachtung beider Beispiele erkennt man aber, dass in der Formulierung der ersten Klausel mehrfach das Verb „klarstellen" verwendet wird. Das weist auf einen Dokumentationswillen der Parteien hin und findet sich in der als konstitutives Schuldanerkenntnis ausgelegten Klausel nicht. Diese Wortwahl stellt aber nur ein Indiz dar, da in den vom 9. Senat zitierten Beispielen aus dem Jahr 2015[67] und

62 BAG 31.01.2023 – 9 AZR 456/20, NZA 2023, 757 Rn. 56.
63 BAG 31.01.2023 – 9 AZR 456/20, NZA 2023, 757 Rn. 57.
64 BAG 31.01.2023 – 9 AZR 456/20, NZA 2023, 757 Rn. 57 mit Verweis auf BAG 27.01.2016 – 5 AZR 277/14 Rn. 13, NZA 2016, 679 und BAG 28.01.2015 – 5 AZR 122/13, BeckRS 2015, 67437 Rn. 21, die auch die Formulierung „abgegolten und erledigt" als deklaratorisches Schuldanerkenntnis einstufen.
65 BAG 28.10.2021 – 8 AZR 371/20, NZA 2022, 341.
66 BAG 28.10.2021 – 8 AZR 371/20, NZA 2022, 341 Rn. 33.
67 Die Klausel lautete *„Mit der Abrechnung für April und Vertragsänderung mit Wirkung ab 01.04.2011 sind sämtliche finanzielle Ansprüche aus dem bisherigen Arbeitsvertrag abgegolten und erledigt. Ansprüche aufgrund der anerkannten Betriebszugehörigkeit (z. B. Kündigungsfristen, Urlaubsregelung, etc.) bleiben erhalten."*, BAG 28.01.2015 – 5 AZR 122/13, BeckRS 2015, 67437 Rn. 6.

2016[68] kein eindeutiger Feststellungswille der Parteien in der Formulierung erkennbar ist. Auffällig ist daneben, dass in den als deklaratorisches Schuldanerkenntnis ausgelegten Erledigungsklauseln das Wort „wechselseitig" fehlt. Das Wort „wechselseitig" betont nochmals, dass die Klausel allumfassend zu verstehen sein soll. Es kann dahingehend ausgelegt werden, dass es sich auch auf noch unbekannte Ansprüche bezieht. Dies deckt sich mit dem Umfang eines konstitutiven Schuldanerkenntnisses. Jedoch wirft diese Auslegung die Frage auf, warum „sämtliche Ansprüche" in den deklaratorischen Schuldanerkenntnissen nicht ebenso verstanden werden kann. Außerdem lässt sich daraus kein Muster ableiten. Beispielsweise wurden in Entscheidungen des BAG[69] und des LAG Hamm[70] eine Erledigungsklausel mit der Formulierung, dass „beid(er)seitig" keine Ansprüche mehr bestehen, als deklaratorisches Schuldanerkenntnis ausgelegt. Daher kann dem Fehlen des Wortes „wechselseitig" nicht die erhoffte Gewichtung in der Auslegung zugesprochen werden.

Weitaus entscheidender bei der Auslegung ist der Kontext der Erledigungsklausel. Sowohl in dem Sachverhalt, der dem BAG am 31.01.2023 vorlag, als auch in den Urteilen, auf die in diesem verwiesen wird, ist die Situation immer die gleiche: Die Arbeitsvertragsparteien sind bereits in einem Arbeitsvertragsverhältnis und schließen nach Beendigung dieses Arbeitsverhältnisses nochmals einen neuen Vertrag ab.[71] In diesem Fall liegt es im Interesse der Parteien, das vergangene Vertragsverhältnis nur bis zum Zeitpunkt des neuen Vertragsschlusses abschließend festzuhalten und zu dokumentieren, da die vertragliche Verbundenheit (wenn auch teilweise in anderer

---

68 Die Klausel lautete *„Zwischen den Vertragsschließenden besteht Einigkeit darüber, dass die vorstehend vereinbarten arbeitsvertraglichen Regelungen sämtliche Regelungen des bisherigen Arbeitsvertrages ersetzen und aus dem bisherigen Arbeitsvertrag sämtliche Ansprüche, gleich welcher Art, bekannt oder unbekannt, abgegolten und erledigt sind […]"*, BAG 27.01.2016 – 5 AZR 277/14, NZA 2016, 679.

69 BAG 24.05.2017 – 5 AZR 251/16, BeckRS 2017, 128351 Rn. 59.

70 LAG Hamm 07.12.2000 – 16 Sa 1152/00, NZA-RR 2002, 15 (15 f.).

71 Die vergleichbare Situation lag dem BAG vor, BAG 28.01.2015 – 5 AZR 122/13, AP AÜG § 10 Nr. 51, in der aber schon die Einstufung als Erledigungsklausel strittig war. Das BAG hielt aber fest, dass bei Annahme eines rechtsgeschäftlichen Charakters die dort im Streit stehende Klausel jedenfalls nur als deklaratorisches Schuldanerkenntnis einzustufen wäre (Rn. 21).

Form) weiterhin besteht und nur auf einer neuen Grundlage steht.[72] Zu unterscheiden ist davon eine Erledigungsklausel in einem Vergleich oder Aufhebungsvertrag.[73] In diesem Fall wollen die Parteien bestenfalls nie mehr miteinander rechtlich verkehren und das beendete Vertragsverhältnis mit allen Eventualitäten abschließend regeln. Das Parteiinteresse unterscheidet sich in diesen zwei Konstellationen deutlich. Dies wirkt sich auf die Auslegung der Rechtsnatur aus. Das vorrangige Feststellungsinteresse im ersten Fall spricht ohne weitere Verzichtsvereinbarung für die Auslegung als deklaratorisches Schuldanerkenntnis zu Dokumentationszwecken, in einer Aufhebungsvereinbarung oder einem Vergleich dafür für das umfassendere konstitutive Schuldanerkenntnis, das jeglichen Anspruch beseitigen soll. Allein in dem bereits erwähnten Fall des LAG Hamm[74] handelte es sich um die Klausel in einem Aufhebungsvertrag. Bei dieser Auslegung als deklaratorisches Schuldanerkenntnis spielte insbesondere das Geschehen vor und nach dem Abschluss des Aufhebungsvertrags eine Rolle. In diesem konkreten Fall hatte der Kläger nach Unterschrift des Aufhebungsvertrags nochmals ein Schreiben an die Beklagte verfasst, aus dem hervorging, dass er einzig von der Dokumentation der erledigten Ansprüche in der Klausel ausging und keinen weiteren Verzichtswillen hatte.[75] Dies zeigt im Ergebnis, dass es am Ende immer bei einer Auslegung der Umstände des Einzelfalls verbleibt und die Auslegungsregel für die Rechtsnatur einer Erledigungsklausel nur eine Leitlinie darstellt.

3. Zwischenergebnis

Die Rechtsnatur einer Erledigungsklausel ist nicht schematisch bestimmbar und unterliegt immer einer Auslegung im Einzelfall. Sie kann entweder ein Erlassvertrag, ein konstitutives oder deklaratorisches Schuldanerkenntnis sein. Dabei ist die Abgrenzung zwischen den beiden letzteren für die arbeitsrechtliche Praxis hochrelevant, da die Rechtsnatur der Klausel deren Umfang entscheidet. Während das

72 So auch in der Begründung BAG 31.01.2023 – 9 AZR 456/20, NZA 2023, 757 Rn. 57.

73 S. auch *Juncker*, öAT 2023, 166.

74 LAG Hamm 07.12.2000 – 16 Sa 1152/00, NZA-RR 2002, 15.

75 So auch LAG Hamm 07.12.2000 – 16 Sa 1152/00, NZA-RR 2002, 15 (16).

deklaratorische Schuldanerkenntnis eine Dokumentationsfunktion des Status quo hat und nur in Ausnahmefällen unbekannte Ansprüche im Zeitpunkt der Vereinbarung umfasst, beinhaltet das konstitutive Schuldanerkenntnis grundsätzlich auch unbekannte Ansprüche.

Entscheidend für die Abgrenzung ist einerseits die konkrete Ausgestaltung der Klausel. Formulierungen wie „dokumentieren" oder „feststellen" weisen darauf hin, dass es sich bei der Erledigungsklausel um ein deklaratorisches Schuldanerkenntnis handelt. Jedoch gibt es keine einheitliche Linie von Klauselauslegungen in der Rechtsprechung, sodass der Wortlaut der Erledigungsklausel nur ein Indiz darstellen. Weitaus entscheidender ist der konkrete Kontext der Erledigungsklausel. Einigen sich die Parteien im Rahmen eines Aufhebungsvertrags oder eines Vergleichs über die Erledigung und Abgeltung von Ansprüchen, liegt wegen des angestrebten Rechtsfriedens und der Rechtssicherheit im Regelfall ein umfassenderes konstitutives Schuldanerkenntnis vor. Anders verhält es sich bei einer Erledigungsklausel in einer Vereinbarung nach Beendigung eines Arbeitsverhältnisses der Parteien und vor Schließung eines neuen Vertragsverhältnisses derselben Parteien. In diesem Fall ist regelmäßig ein deklaratorisches Schuldanerkenntnis zu bejahen.

C. Abgrenzung zur Ausgleichsquittung

Eine Erledigungsklausel darf nicht mit einer Ausgleichsquittung gleichgesetzt werden. Oft werden die beiden Begriffe aber vermischt oder sogar als Synonyme verwendet.[76] Unter einer Ausgleichsquittung ist eine spezielle Form der Erledigungsklausel zu verstehen.[77] Sie ist meist eine vorformulierte Erklärung und besteht aus zwei rechtlichen Teilen.[78] Zum einen enthält sie eine Bestätigung des Arbeitnehmers

76 *Kiefer*, Ausgleichsquittung und Abfindungserklärung in der gerichtlichen Praxis, Diss. Freiburg 1963, S. 3.

77 *Bauer/Krieger/Arnold*, Arbeitsrechtliche Arbeitsverträge, C Rn. 469; *Giesing*, Inhaltskontrolle und Abschlusskontrolle arbeitsrechtlicher Aufhebungsverträge, S. 27.

78 *Plander*, DB 1986, 1837; Dörner u. a./*Dörner*, Handbuch des Arbeitsrechts, Kapitel 3 Rn. 5290.

in Form einer Quittierung (§ 368 BGB) bezüglich des Erhalts von Arbeitspapieren oder anderer Leistungen.[79]

Zusätzlich enthält eine Ausgleichsquittung darüber hinaus noch eine Bestätigung der Vertragsparteien, dass keine weiteren Ansprüche mehr zwischen diesen bestehen, welche vergleichbar mit der Formulierung einer Erledigungsklausel sein kann (sog. Willenserklärung).[80] Ob die Ausgleichsquittung über eine bloße Quittierung hinaus noch rechtsgeschäftliche Erklärungen in Form eines Erledigungswillens enthält, ist durch Auslegung zu ermitteln.[81] Der Unterschied zwischen einer bestätigenden Willenserklärung und einem rechtsgeschäftlich negativen Schuldanerkenntnis ergibt sich nach der Verkehrsauffassung eines redlichen Erklärungsempfängers, §§ 133, 157 BGB.[82]

Eine typische Ausgleichsquittung lautet:

„1. Empfangsbestätigung für Arbeitspapiere [...]

Ich bestätige den Erhalt folgender Arbeitspapiere [...]

– Berechnung der Urlaubsabgeltung.

Es standen (...) Urlaubstage zu, genommen wurden (...) Urlaubstage. Die zuviel genommenen Urlaubstage bzw. das zuviel gezahlte Urlaubsgeld wird in Abzug gebracht.

Ort (...) Datum (...) Unterschrift (...)

2. Ausgleichsquittung

Ich erkläre, dass ich keine Forderungen – ganz gleich aus welchem Rechtsgrunde – auch eventuelle Lohnfortzahlungsansprüche oder Rechte aus einem vertraglichen Wettbewerbsverbot habe, und alle meine Ansprüche aus dem Arbeitsverhältnis und dessen Beendigung abgegolten sind.

Ort (...) Datum (...) Unterschrift (...)“[83]

---

79 *Preis,* AuR 1979, 90; *Plander*, DB 1986, 1837; ErfK/*Preis*, BGB § 611a Rn. 602.

80 BAG 20.08.1980 – 5 AZR 759/78, NJW 1981, 1285; *Plander*, DB 1986, 1837; *Moritz*, BB 1979, 1610.

81 BAG 23.10.2013 – 5 AZR 135/12, NZA 2014, 200 Rn. 15 ff.

82 BAG 07.11.2007 – 5 AZR 880/06, NZA 2008, 355 Rn. 15.

83 Hümmerich/Reufels/*Mengel* 1. Arbeitsverträge Rn. 1162; angelehnt an die dem BAG vorgelegte und bestätigte Ausgleichsquittung BAG 28.07.2004 – 10 AZR

Bei einer Ausgleichsquittung handelt es sich meistens – anders als bei einer Erledigungsklausel – um ein deklaratorisches negatives Schuldanerkenntnis, da gerade die Dokumentation der Rechtslage Zweck einer Ausgleichsquittung ist.[84] Grundsätzlich sind Ausgleichsquittungen restriktiv auszulegen, da ein redlicher Arbeitnehmer nicht damit rechnen muss, dass über die in der Ausgleichsquittung genannten Ansprüche hinausgehende weitere Ansprüche typischerweise von seinem Willen erfasst sind.[85] Eine weitere Auslegung des Umfangs wird dagegen bei einer Ausgleichsquittung im Rahmen eines Vergleichs oder Aufhebungsvertrags vorgenommen, da hier wiederum der Rechtsfriede im Vordergrund steht.[86] Hier zeigen sich Parallelen zur Erledigungsklausel, die denselben Zweck verfolgt.

Wichtig ist, dass die Ausgleichsquittung als vorformulierte Vertragsabrede der AGB-Kontrolle der §§ 305 ff. BGB unterworfen sein kann.[87] Insbesondere ist § 307 Abs. 1 BGB zu beachten. Als Konsequenz ist eine Kombination von Quittung und Verzichtserklärung regelmäßig intransparent und unangemessen benachteiligend.[88] Je nach Gestaltung der Klausel kann sie gem. § 305c Abs. 1 BGB überraschend sein, wie z. B. wenn unter der Überschrift „Arbeitspapiere" auch eine Ausgleichsquittung mit Klageverzicht enthalten ist.[89]

Zusammengefasst lässt sich daher Folgendes festhalten: Eine Erledigungsklausel ist weit auszulegen und damit meist ein konstitutives negatives Schuldanerkenntnis. Eine Ausgleichsquittung ist grundsätzlich

661/03, NZA 2004, 1097; für eine etwas andere Gestaltung s. beispielsweise auch *Raif/Dorka*, ArbRAktuell 2020, 540 (542).

84 Zum ursprünglichen Streit s. *Apel*, Die Ausgleichsquittung im Arbeitsrecht, S. 13 ff.; mittlerweile herrschende Meinung BAG 31.07.2002 – 10 AZR 558/01, AP BGB § 611 Konkurrenzklausel Nr. 48, II. 2. B cc (2); BAG 23.10.2013, NZA 2014, 200 Rn. 19; **a. A.** LAG Köln 22.11.1996 – 4 Sa 905/96, NZA-RR 1997, 123; LAG Sachsen 06.09.2013 – 3 Sa 26/13, BeckRS 2013, 204589 Rn. 29.

85 BAG 03.05.1979 – 2 AZR 679/77, NJW 1979, 2267.

86 BAG 28.07.2004 – 10 AZR 661/03, NZA 2004, 1097 II. 2.; Raif/*Dorka*, ArbRAktuell 2020, 540 (542).

87 Vgl. beispielsweise BAG 23.10.2013 – 5 AZR 135/12, NZA 2014, 200 Rn. 15; s. auch *Schütt*, Die Vertragskontrolle von Ausgleichsquittungen, Diss. Köln 2007.

88 ErfK/*Preis*, BGB § 611a Rn. 605; BAG 23.10.2013 – 5 AZR 135/12, NZA 2014, 200 Rn. 16.

89 So beispielsweise in BAG 25.09.2014 – 2 AZR 788/13, NZA 2015, 350 Rn. 15 ff. oder BAG 23.02.2005 – 4 AZR 139/04, NZA 2005, 1193 (1198).

eng auszulegen, außer sie wird in Kombination mit einem Vergleich oder einem Aufhebungsvertrag verwendet. Ihre Rechtsnatur ist normalerweise ein deklaratorisches negatives Schuldanerkenntnis.

D. Abgrenzung zur Ausschlussklausel[90]

Der Begriff der Erledigungsklausel ist ebenso kein Synonym für Ausschlussklausel. Ausschlussklauseln oder auch Verfallsklauseln mit Ausschlussfristen sind im Gegensatz zu Erledigungsklauseln, die erst mit der Beendigung des Arbeitsverhältnisses bestimmt werden, bereits Teil des Arbeitsvertrags bei Vertragsschluss. Sie sollen unabhängig von der konkreten Form der Beendigung des Arbeitsverhältnisses regeln, wie lange die Parteien ausstehende Ansprüche nach Ende des Vertragsverhältnisses geltend machen können und sind von Amts wegen zu beachten.[91] Ebenso wie die Erledigungsklausel dienen Ausschlussklauseln dem Rechtsfrieden und der Rechtssicherheit.[92] Ausschlussklauseln unterliegen den allgemeinen Auslegungsgrundsätzen und als vom Arbeitgeber vorformulierte Klauseln der AGB-Kontrolle.[93] Anders als Erledigungsklauseln sind Ausschlussklauseln aber im Zweifel eng auszulegen, da sie Ansprüche betreffen, die erst in der Zukunft entstehen oder fällig werden.[94] Dies führt dazu, dass die Rechtsprechung zu Ausschlussklauseln nicht eins zu eins auf Erledigungsklauseln übertragbar ist.[95]

---

90 Ausführlich zur Ausschlussklausel s. beispielsweise *Matthiessen*, Arbeitsvertragliche Ausschlussfristen, Diss. Greifswald 2007; *Bayreuther*, DB 2017, 487.

91 BAG 27.03.1963 – 4 AZR 72/62, AP BetrVG § 59 Nr. 9.

92 St. Rspr. z. B. BAG 28.09.2005 – 5 AZR 52/05, NZA 2006, 149 II. 5. a); BAG 18.09.2018 – 9 AZR 162/18, NZA 2018, 1619 Rn. 58, 75BeckOGK/*Maties* BGB § 611a Rn. 1269.

93 BAG 16.02.2023 – 8 AZR 450/21, NZA 2023, 958 Rn. 66; BAG 05.07.2022 – 9 AZR 341/21, NZA 2022, 1469 Rn. 12; BAG 22.10.2019 – 9 AZR 532/18, NZA 2020, 513 Rn. 12; BAG 27.01.2016 – 5 AZR 277/14, NZA 2016, 679 Rn. 16; BAG 19.03.2008 – 5 AZR 429/07, NZA 2008, 757 Rn. 23.

94 BAG 08.08.1985 – 2 AZR 459/84, AP TVG § 4 Ausschlußfristen Nr. 94 III. 2. b); BAG 04.09.1991 – 5 AZR 647/90, NZA 1992, 231 II. 2. b).

95 Dazu noch genauer Kapitel 3 zu den jeweiligen Ansprüchen.

E. Die Erledigungsklausel als kontrollfähige Klausel gem. §§ 305 ff. BGB

Infolge dieser Abgrenzung stellt sich anschließend die Frage, ob bzw. wann eine Erledigungsklausel als eine allgemeine Geschäftsbedingung (AGB) anzusehen ist und damit den Kontrollmaßstäben der §§ 305 ff. BGB unterfällt.

I. Abgrenzungsmaßstäbe

Dazu muss abgegrenzt werden, in welchem Zusammenhang die Erledigungsklausel verwendet wird. Gem. § 305 Abs. 1 S. 1 BGB sind allgemeine Geschäftsbedingungen alle für eine Vielzahl von Verträgen vorformulierten Vertragsbedingungen, die eine Vertragspartei (Verwender) der anderen Vertragspartei bei Abschluss des Vertrags stellt. Bei Arbeitsverträgen als Verbraucherverträge reicht nach § 310 Abs. 3 Nr. 1 BGB eine einmalige Verwendung aus.[96] Maßstab bei der Auslegung von AGB-Klauseln ist der durchschnittlich verständige Vertragspartner, im Arbeitsrecht also der durchschnittliche verständige Arbeitnehmer.[97] Bei der Auslegung ist dabei zunächst der Wortlaut der Klausel ausschlaggebend sowie anschließend der Wille der Parteien.[98] Sollten erhebliche Auslegungszweifel verbleiben, gehen diese nach § 305c Abs. 2 BGB zulasten des Verwenders, im Falle einer Erledigungsklausel zulasten des Arbeitgebers.[99] AGB liegen aber gem. § 305

---

96 Seit BAG 25.05.2005 – 5 AZR 572/04, NZA 2005, 1111 (1115 f); vgl. z. B. BAG 24.09.2015 – 2 AZR 347/14, NZA 2016, 351 Rn. 13; BAG 24.02.2016 – 5 AZR 258/14, NZA 2016, 762 Rn. 22.

97 Dazu allgemein st. Rspr. BAG 24.10.2007 – 10 AZR 825/06, NZA 2008, 40 Rn. 13; BAG 31.08.2005 – 5 AZR 545/04, NZA 2006, 324 Rn. 39; BGH 14.07.2004 – VIII ZR 339/03, NJW 2004, 2961 (2962); zum Arbeitsrecht St. Rspr. BAG 18.09.2018 – 9 AZR 162/18, NZA 2018, 1619 Rn. 47; BAG 24.05.2018 – 6 AZR 116/17, NZA-RR 2018, 568 Rn. 15; BAG 20.09.2017 – 6 AZR 474/16, NJW 2018, 805 Rn. 33; BAG 23.03.2017 – 6 AZR 705/15, NJW 2017, 1895 Rn. 15; BAG 09.12.2015 – 7 AZR 68/14, NZA 2016, 695 Rn. 13; MüKoBGB/*Wurmnest*, BGB § 307 Rn. 69.

98 BAG 24.10.2007 – 10 AZR 825/06, NZA 2008, 40 Rn. 13; BAG 31.08.2005 – 5 AZR 545/04, NZA 2006, 324 Rn. 39.

99 BGH 14.02.1968 – VIII ZR 220/65, NJW 1968, 885; BGH 19.01.2005 – XII ZR 107/01, NJW 2005, 1183 II 1.

Abs. 1 S. 3 BGB nicht vor, wenn die Vertragsbedingungen zwischen den Vertragsparteien im Einzelnen ausgehandelt[100] worden und damit gem. § 305b BGB der Kontrolle entzogen sind. Aushandeln ist dabei kein Synonym zu „verhandeln“[101], sondern bedeutet, dass der Verwender den *„gesetzesfremden Kerngehalt“*[102] der Klausel *„inhaltlich ernsthaft zur Disposition stellt und dem Verhandlungspartner Gestaltungsfreiheit zur Wahrung eigener Interessen einräumt mit der realen Möglichkeit, die inhaltliche Ausgestaltung der Vertragsbedingungen zu beeinflussen.“*[103] Ausreichend ist dabei nicht das Vorlesen oder die reine Kenntnisnahme der Klausel.[104]

1. Der Vergleich

Diese Abgrenzungsmaßstäbe bedeuten für Erledigungsklauseln in einem Vergleich folgendes: Gemäß der Legaldefinition des § 779 Abs. 1 BGB ist ein Vergleich ein Vertrag, durch den der Streit oder die Ungewissheit der Parteien über ein Rechtsverhältnis im Wege gegenseitigen Nachgebens beseitigt wird. Daher wird teilweise ausgegangen, dass normalerweise ein individuelles Aushandeln der Parteien vorliegt, sodass Erledigungsklauseln in Vergleichen in der Regel grundsätzlich nicht der AGB-Kontrolle unterfallen sollen.[105] Die Situation des Vergleichsschlusses lege dabei nahe, dass es den Parteien offenstünde und -stand, über den konkreten Inhalt dieser Klausel zu diskutieren und sie im Zweifel auf ihre Bedürfnisse anzupassen.

---

100 BAG 06.09.2007 – 2 AZR 722/06, NZA 2008, 219 Rn. 19.

101 BGH 27.03.1991 – IV ZR 90/90, NJW 1991, 1678 2. a); BGH 09.10.1986 – VII ZR 245/85, NJW-RR 1987, 144 I. 2. a).

102 St. Rspr. BGH 19.03.2019 – XI ZR 9/18, NJW 2019, 2080 Rn. 14; BGH 26.03.2015 – VII ZR 92/14, NJW 2015, 1952 Rn. 33; BGH 20.11.2012 – VIII ZR 137/12, BeckRS 2013, 5597 Rn. 7; MüKoBGB/*Fornasier*, BGB § 305 Rn. 37.

103 St. Rspr. s. nur beispielsweise BGH 20.11.2012 – VIII ZR 137/12, BeckRS 2013, 5597 Rn. 7; BAG 01.03.2006 – 5 AZR 363/05, NZA 2006, 746 Rn. 21; BAG 27.07.2005 – 7 AZR 486/04, NZA 2006, 40B II 1 b bb) (2); BGH 03.11.1999 – VIII ZR 269/98, NJW 2000, 1110 II. 2. b) aa); BGH 10.10.1991 – VII ZR 289/90, NJW 1992, 1107 II. 2. b) aa).

104 BGH 15.12.1976 – IV ZR 197/75, NJW 1977, 624 I. 2. c); BeckOK ArbR/*Jacobs* BGB § 305 Rn. 32.

105 MAH ArbR/*Bengelsdorf/Reufels*, § 52 Aufhebungsverträge Rn. 320.

Betrachtet man jedoch die typische Situation eines Vergleichsabschlusses, geht diese pauschale Bejahung von Erledigungsklauseln als Individualvereinbarungen an der Praxis vorbei. So wird normalerweise in Vergleichsverhandlungen nicht über den Inhalt einer Erledigungsklausel diskutiert und dieser zur Disposition gestellt. Vielmehr ist die Erledigungsklausel oft bereits in den Vergleichstext integriert und wird nur abgenickt. Bei der Einordnung kommt es auf die Auslegung im Einzelfall und die tatsächliche Einflussnahme des Arbeitnehmers auf den Inhalt an. In Folge kann für den Vergleich kein eindeutiges Ergebnis festgestellt werden. Für die klarere Abgrenzung der Gestaltung von vorformulierten Erledigungsklauseln zu individuell ausgehandelten Erledigungsklauseln wird aber in den folgenden Kapiteln der Arbeit davon ausgegangen, dass eine tatsächliche Disposition der Parteien über den Inhalt der Erledigungsklausel in einem Vergleich stattfand und daher eine Individualklausel vorliegt.

2. Aufhebungs- und Abwicklungsvereinbarungen

Anders verhält es sich bei Aufhebungs- oder Abwicklungsvereinbarungen. Deren Inhalt gibt der Arbeitgeber vor, der Arbeitnehmer hat auf diesen keinerlei Einfluss.[106] Eine Erledigungsklausel ist damit normalerweise eine kontrollfähige Nebenabrede gem. §§ 305 ff. BGB.[107] Ist sie jedoch (unüblicherweise) Hauptleistungspflicht der Vereinbarung, ist sie gem. § 307 Abs. 3 S. 1 BGB der Kontrolle (abgesehen von der Transparenzkontrolle, § 307 Abs. 3 S. 2 BGB) entzogen, wenn sie keine von Rechtsvorschriften abweichenden oder ergänzenden Regelungen enthält.[108]

106 BAG 24.09.2015 – 2 AZR 347/14, NZA 2016, 351 Rn. 13.

107 BAG 21.06.2011 – 9 AZR 203/10, NZA 2011, 1338 Rn. 39 ff.; BAG 12.03.2015 – 6 AZR 82/14, NZA 2015, 676 Rn. 23 f.; ErfK/*Preis* BGB § 307 BGB Rn. 55; *Gaul/Breuer*, NZA-Beil. 2021, 29 (33).

108 St. Rspr., BGH 12.03.1987 –VII ZR 37/86, NJW 1987, 1931 (1935); nochmal klargestellt bzgl. einer Erledigungsklausel in Ausgleichsquittungen BAG 25.09.2014 – 2 AZR 788/13, NZA 2015, 350 Rn. 20; *Rolfs* in: FS Reuter, S. 825 (833); MAH ArbR/*Bengelsdorf/Reufels*, § 52 Aufhebungsverträge Rn. 320.

a. Unangemessenheit des Verzichts nach § 307 Abs. 1 S. 1 BGB

Relevant ist die Eröffnung der AGB-Kontrolle insbesondere wegen der Anwendbarkeit des § 307 Abs. 1 S. 1 BGB. Im Rahmen dieser Vorschrift ist zu untersuchen, ob ein Verzicht in einer Erledigungsklausel eine unangemessene Benachteiligung des Arbeitnehmers darstellt. Eine unangemessene Benachteiligung liegt vor, wenn der Verwender durch einseitige Vertragsgestaltung missbräuchlich eigene Interessen auf Kosten seines Vertragspartners durchzusetzen versucht, ohne von vornherein auch dessen Belange zu berücksichtigen und ihm einen angemessenen Ausgleich zu gewähren.[109] Grundsätzlich gehen die Rechtsprechung und die Literatur davon aus, dass eine Erledigungsklausel, die beidseitige Ansprüche der Parteien betrifft, den Arbeitnehmer nicht unangemessen benachteiligt.[110] Eine Ausnahme besteht, wenn der Arbeitgeber entgegen den Grundsätzen von Treu und Glauben die Situation des Arbeitnehmers zu seinem eigenen Vorteil missbraucht.[111] Diskutiert wird insofern, ob der Verzicht auf einseitige Arbeitnehmer-Ansprüche ohne kompensatorische Gegenleistung eine unangemessene Benachteiligung gem. § 307 Abs. 1 S. 1 BGB darstellt. Der Gedanke ist nicht neu: Denn nach der ständigen Rechtsprechung des BAG ist ein arbeitnehmerseitiger Verzicht auf die Erhebung der Kündigungsschutzklage unangemessen, außer der Arbeitnehmer erhält eine angemessene finanzielle Kompensation für seinen Verzicht.[112] Dies ist notwendig, da ein kompensationsloser Kündigungsverzicht die Rechtsposition des Arbeitgebers ohne Rücksicht auf die Interessen des Arbeitnehmers verbessern würde, indem er dem Arbeitnehmer die Möglichkeit einer gerichtlichen Überprüfung

---

109 St. Rspr. BAG 24.02.2016 – 5 AZR 258/14, NZA 2016, 762 Rn. 39; BAG 26.10.2017 – 6 AZR 158/16, NZA 2018, 297; BAG 25.09.2008 – 8 AZR 717/07, NZA 2009, 370 Rn. 36; BAG 24.10. 2002 – 6 AZR 632/00, NZA 2003, 668.

110 BAG 21.06.2011 – 9 AZR 203/10, NZA 2011, 1338 Rn. 46 ff.; BAG 24.02.2016 – 5 AZR 258/14, NZA 2016, 762 Rn. 40.

111 BAG 14.12.2010 – 9 AZR 642/09, NZA 2011, 509 Rn. 53; BAG 24.02.2016 – 5 AZR 258/14, NZA 2016, 762 Rn. 39.

112 BAG 06.09.2007 – 2 AZR 722/06, NZA 2008, 219 Rn. 29 ff.; BAG 25.09.2014 – 2 AZR 788/13, NZA 2015, 350 Rn. 24; BAG 24.09.2015 – 2 AZR 347/14, NZA 2016, 351 Rn. 16 ff.; **a. A.** BeckOK ArbR/*Jacobs*, BGB § 307 Rn. 34.

der Kündigung entzieht.[113] Die konkrete Höhe dieser „angemessenen" finanziellen Kompensation ist dabei nicht genau bestimmbar, sondern *„grundsätzlich nach einem generellen und typisierenden, vom Einzelfall losgelösten Maßstab zu prüfen"*.[114]

Gegen die Übertragung des Gedankens eines finanziellen Ausgleichs auf den Verzicht von arbeitnehmerseitigen Ansprüchen in einer Erledigungsklausel spricht aber, dass die Arbeitsvertragsparteien im Interesse auf eine schnelle Schaffung von Rechtsfrieden beidseitig auf ihre Ansprüche verzichten und deshalb keine unangemessene Benachteiligung vorliege.[115] Das ergebe sich aus den Besonderheiten des Arbeitsrechts nach § 310 Abs. 4 BGB.[116] Jedoch ist das genaue Verlustrisiko des einzelnen Anspruchs und der sich daraus für den Arbeitnehmer ergebende Nachteil zu beachten, die Besonderheiten des Arbeitsrechts helfen darüber nicht hinweg.[117] Erledigungsklauseln führen zu einem unmittelbaren Verlust von Ansprüchen ohne „Schonfrist", woraus eine hohe Belastung für den Arbeitnehmer resultiert.[118] Eine unangemessene Benachteiligung des Arbeitnehmers liegt also dann vor, wenn auf allein arbeitnehmerseitig betroffene Ansprüche ohne kompensatorische Gegenleistung verzichtet wird, die keinem vergleichbaren Verzicht auf Arbeitgeberseite entsprechen.[119] Jedoch ist zu beachten,

---

113 BAG 06.09.2007 – 2 AZR 722/06, NZA 2008, 219 Rn. 37; s. zum kompensationslosen Verzicht in einer Ausgleichsquittung BAG 25.09.2014 – 2 AZR 788/13, NZA 2015, 350; LAG Düsseldorf 13.04.2005 – 12 Sa 154/05, BeckRS 2005, 41644 II. 2. c.; LAG Hamburg 29.04.2004 – 1 Sa 47/03, NZA-RR 2005, 151 (153); LAG Schleswig-Holstein 24.09.2003 – 3 Sa 6/03, NZA-RR 2004, 74 (75 f.).

114 BAG 24.09.2015 – 2 AZR 347/14, NZA 2016, 351 Rn. 19; bei Anwendung des Kündigungsschutzgesetzes (KSchG) soll jedenfalls § 1a KSchG einen Richtwert darstellen, *Meyer*, BB 2016, 1589 (1594); *Stoffels*, RdA 2016, 304 (306); kritisch *Rolfs* in: FS Reuter, S. 825 (836).

115 Ascheid/Preis/Schmidt/*Rolfs*, 2. Teil Aufhebungsvertrag Rn. 57; *Reuter* in: 50 Jahre Bundesarbeitsgericht, S. 177 (190) zur Ausgleichsquittung.

116 Ascheid/Preis/Schmidt/*Rolfs*, 2. Teil Aufhebungsvertrag Rn. 57; zu den Besonderheiten des Arbeitsrechts s. noch genauer Kapitel 2 A. II. 2.

117 *Preis/Bleser/Rauf*, DB 2006, 2812 (2816 ff.).

118 BAG 21.06.2011 – 9 AZR 203/10, NZA 2011, 1338 Rn. 49; LAG Düsseldorf 13.04.2005 – 12 Sa 154/05, BeckRS 2005, 41644 II. 2. c); *Preis/Bleser/Rauf*, DB 2006, 2812 (2815 f.).

119 So auch BAG 25.09.2014 – 2 AZR 788/13, NZA 2015, 350 Rn. 23 f.; BAG 21.06.2011 – 9 AZR 203/10, NZA 2011, 1338 Rn. 46 ff.; ErfK/*Preis* § 307 BGB Rn. 55; *Preis/Bleser/Rauf*, DB 2006, 2812 (2815).

dass eine angemessene Abfindung in Kombination mit dem Zweck der abschließenden Erledigung des Rechtsverhältnisses ausreichend als Kompensation sein kann.[120] Genauer soll darauf in Kapitel 3 bei den einzelnen allein arbeitnehmerseitigen Ansprüchen eingegangen werden.

b. (Keine) Überraschende Klausel gem. § 305c Abs. 1 BGB

Eine Erledigungsklausel, die der AGB-Kontrolle unterfällt, ist grundsätzlich keine überraschende Klausel gem. § 305c Abs. 1 BGB. Eine überraschende Klausel ist zu bejahen, wenn der Regelung ein Überrumpelungseffekt innewohnt, da der Vertragspartner mit dieser den Umständen nach vernünftigerweise nicht rechnen musste.[121] Dies wird bei Erledigungsklauseln regelmäßig verneint, da die Verwendung solcher Klauseln gerade typischer Bestandteil einer Aufhebungs- oder Abwicklungsvereinbarung ist.[122]

3. Zwischenergebnis

Ob Erledigungsklauseln in Vergleichen allgemeine Geschäftsbedingungen darstellen, ist vom konkreten Einzelfall abhängig. Entscheidend ist dabei, ob ein tatsächliches Aushandeln der Parteien über den Inhalt der Erledigungsklausel bei den Vergleichsverhandlungen stattfand. In diesem Fall liegt eine Individualvereinbarung vor. Erledigungsklauseln in Aufhebungs- oder Abwicklungsvereinbarungen unterfallen dagegen regelmäßig nach §§ 305 ff. BGB dem Regelungsregime der AGB-Kontrolle. Ein einseitiger Verzicht des Arbeitnehmers und der fehlende Verzicht des Arbeitgebers auf dessen Ansprüche und Rechte benachteiligt den Arbeitnehmer nach § 307 Abs. 1 S. 1 BGB ohne kompensatorische Gegenleistung unangemessen. Die Erle-

120 So LAG Rheinland-Pfalz 14.09.2012 – 9 Sa 254/12, BeckRS 2012, 75943 Rn. 47.

121 BGH 10.11.1989 – V ZR 201/8, NJW 1990, 576 II. 2. d); BAG 15.02.2007 – 6 AZR 286/06, NZA 2007, 614 Rn. 22.

122 Vgl. z.B. BAG 24.02.2016 – 5 AZR 258/14, NZA 2016, 762 Rn. 33; eine Ausnahme besteht nur, wenn die Klausel an einer unerwarteten Stelle im Text steht, was wiederum zu einem Überraschungsmoment führt, vgl. z.B. BAG 29.11.1995 – 5 AZR 447/94, NZA 1996, 702 II. 2.; BAG 23.02.2005 – 4 AZR 139/04, NZA 2005, 1193 (1198).

digungsklausel ist normalerweise keine überraschende Klausel nach § 305c BGB.

II. Rechtliche Grundsätze bezüglich der Rechtsfolgen von unwirksamen Klauseln

1. Bei Unanwendbarkeit der AGB-Kontrolle

Bei Individualklauseln wird grundsätzlich auf die Rechtsfolge des § 139 BGB abgestellt.[123] Gem. § 139 BGB führt die Nichtigkeit eines Teils des Rechtsgeschäfts zur Gesamtnichtigkeit des gesamten Rechtsgeschäfts, außer es ist ersichtlich, dass das Rechtsgeschäft auch ohne den nichtigen Teil vorgenommen worden wäre.[124] § 139 BGB ist subsidiär zu anderen Normen, wenn diese ausdrücklich oder ihrem Zweck nach eine Teilwirksamkeit der nicht nichtigen Teile vorsehen, auch wenn nicht ersichtlich ist, ob das Rechtsgeschäft bei Kenntnis geschlossen worden wäre.[125] Darunter fallen beispielsweise die Schutzvorschriften des Arbeitsrechts.[126] Der Anwendung des § 139 BGB steht hierbei das grundsätzlich überwiegende Schutzinteresse des Arbeitnehmers entgegen, der bei Unwirksamkeit jegliche vertraglichen Ansprüche verlöre.[127]

2. Bei Anwendbarkeit der AGB-Kontrolle

Bei der Anwendung der AGB-Kontrolle bei vorformulierten Klauseln in einer Aufhebungs- oder Abwicklungsvereinbarung richten sich die Rechtsfolgen nach § 306 BGB, ein lex specialis zu § 139 BGB.[128]

---

123 Staudinger/*Roth* BGB § 139 Rn. 27.

124 BGH 17.06.2020 – VIII ZR 81/19, BeckRS 2020, 17802 Rn. 29.

125 MüKoBGB/*Busche* BGB § 139 Rn. 8; Staudinger/*Roth* BGB § 139 Rn. 3 f.

126 BeckOK BGB/*Wendtland*, BGB § 139 Rn. 6.

127 BeckOGK/*Bonin*, BGB § 306 Rn. 83; st. Rspr. BAG 31.08.1978 – 3 AZR 313/77, AP BetrAVG § 1 Gleichberechtigung Nr. 1 III. 3. a; BAG 14.10.1986 – 3 AZR 66/83, NZA 1987, 445 (448 f.); BAG 20.11.1990 – 3 AZR 613/89, NZA 1991, 635 (637); BAG 24.08.2016 – 5 AZR 129/16, NZA 2017, 58 Rn. 53.

128 BAG 18.09.2018 – 9 AZR 162/18, NZA 2018, 1619 Rn. 65 ff.; BAG 21.04.2016 – 8 AZR 474/14, NZA 2016, 1409 Rn. 42; Grüneberg/*Grüneberg* BGB § 306 Rn. 1; dies gilt jedoch nicht, wenn es sich bei der Klausel um eine Individualvereinbarung gem. § 305b BGB handelt, Grüneberg/*Grüneberg* BGB § 306 Rn. 2; BAG 25.05.2005 – 5 AZR 572/04, NZA 2005, 1111 (1116).

Nach § 306 Abs. 1 BGB bleibt der Vertrag bei einer (teilweisen) Unwirksamkeit der Klausel (außer im Ausnahmefall des § 306 Abs. 3 BGB) im Übrigen wirksam. Dies gilt auch, wenn die Klausel wegen eines Verstoßes gegen § 134 BGB oder § 138 BGB oder eine Formvorschrift unwirksam ist.[129] Im Falle der Unwirksamkeit einer Klausel ist auf die gesetzlichen Vorschriften zurückzugreifen (§ 306 Abs. 2 BGB).

Von herausragender Bedeutung ist dabei das Verbot der geltungserhaltenden Reduktion der Klausel, woraus resultiert, dass bei Verstoß einer Klausel gegen die Inhaltskontrolle die Klausel insgesamt unwirksam und keine geltungserhaltende Auslegung vorzunehmen ist.[130] Grund dafür ist der Schutz des Vertragspartners, da ansonsten der Klauselersteller risikofrei unwirksame Klauseln verwenden könnte (sog. Präventionscharakter[131] der AGB-Kontrolle).[132] Außerdem wäre durch eine Teilwirksamkeit für den Vertragspartner nicht ohne Probleme ersichtlich, in welchem Umfang die Klausel weiterhin für ihn Rechte oder Pflichten formuliert.[133] Eine Ausnahme von dem Grundsatz des Verbots der geltungserhaltenden Reduktion bildet der sog. Blue-Pencil Test[134] bei einer klaren inhaltlichen und sprachlichen Trennbarkeit der Klausel. Daneben kann im Rahmen der sog. ergänzenden Vertragsauslegung die Klausel dahingehend ausgelegt werden, was redliche

---

129 BAG 21.04.2016 – 8 AZR 474/14, NZA 2016, 1409 Rn. 42; BGH 06.04.2022 – VIII ZR 295/20, NJW 2022, 1944 Rn. 43.

130 St. Rspr. BGH 17.05.1982 – VII ZR 316/81, NJW 1982, 2309 (2310); BAG 25.05.2005 – 5 AZR 572/04, NZA 2005, 1111 III. 8. a); BAG 18.12.2008 – 8 AZR 81/08, NZA-RR 2009, 519 Rn. 61 f.; BGH 03.12.2015 – VII ZR 100/15, BeckRS 2015, 20862 Rn. 25; BAG 18.09.2018 – 9 AZR 162/18, NZA 2018, 1619 Rn. 57; BAG 25.09.2008 – 8 AZR 717/07, NZA 2009, 370 Rn. 72; Grüneberg/*Grüneberg* BGB § 306 Rn. 6; dieses Verbot ist gesetzlich nicht verankert, sondern durch die ständige Rechtsprechung des BAG und des BGH entwickelt worden, MüKoBGB/*Fornasier* BGB § 306 Rn. 19; *Schlewing,* RdA 2011, 92; grundlegend BGH 17.05.1982 – VII ZR 316/81, NJW 1982, 2309 (2310); BAG 04.03.2004 – 8 AZR 196/03, NZA 2004, 727 III. 2. c).

131 BT-Drs. 7/3919, S. 47; *Schlewing,* RdA 2011, 92.

132 Seit BGH 17.05.1982 – VII ZR 316/81, NJW 1982, 2309 II. 2. b); *Schlewing,* RdA 2011, 92.

133 BAG 13.12.2011 – 3 AZR 791/09, NZA 2012, 738 Rn. 30; BAG 25.05.2005 – 5 AZR 572/04 2005, 1111 (1114 f.); *Schlewing,* RdA 2011, 92 (96).

134 BGH 31.03.2021 – IV ZR 221/19, NJW 2021, 2193 Rn. 64; BGH 13.02.2020 – IX ZR 140/19, NJW 2020, 1811 Rn. 26; BAG 21.04.2016 – 8 AZR 474/14, NZA 2016, 1409 Rn. 43; BAG 09.03.2021 – 9 AZR 323/20, NZA 2021, 1257 Rn. 25; BAG 13.07.2021 – 3 AZR 298/20, NZA 2022, 193 Rn. 64.

Parteien wahrscheinlich vereinbart hätten, wenn ihnen die Unwirksamkeit der Klausel bewusst gewesen wäre.[135] Anwendbar ist sie nur, wenn die Gesamtunwirksamkeit der Klausel nicht interessensgerecht bzw. unzumutbar für den Verbraucher wäre und Anhaltspunkte für den Willen der redlichen Vertragspartner vorliegen.[136] Wenn ursprünglich AGB-konforme Altklauseln durch eine veränderte Gesetzeslage (aber nicht durch eine Rechtsprechungsänderung)[137] unwirksam geworden sind, ist außerdem wegen des Verhältnismäßigkeitsprinzips aus Gründen des Vertrauensschutzes eine klauselerhaltende Auslegung vorzunehmen.[138] Eine Gesamtunwirksamkeit nach § 306 BGB würde eine echte Rückwirkung bedeuten, die zu Rechtsunsicherheiten in der Gestaltung führen würde.[139]

3. Zwischenergebnis

Bei einer Individualklausel wird auf die Rechtsfolge des § 139 BGB abgestellt, woraus sich ergibt, dass die Unwirksamkeit der Klausel das gesamte Rechtsgeschäft unwirksam macht. Da dies aber mit dem Schutzgedanken des Arbeitsrechts kaum vereinbar ist, verbleibt es im Falle einer unwirksamen Erledigungsklausel bei der Wirksamkeit der restlichen Vereinbarung. Bei Erledigungsklauseln, die der AGB-Kontrolle unterliegen, richten sich die Rechtsfolgen nach § 306 BGB. Dieser schreibt als Grundsatz vor, dass die Klausel insgesamt unwirksam ist, der Rest der Vereinbarung aber wirksam bleibt. Die unwirksame

---

135 Für viele BGH 17.10.2019 – I ZR 34/18, BeckRS 2019, 28672 Rn. 37.

136 St. Rspr. BGH 15.02.2019 – V ZR 77/18, NJW 2019, 2602 Rn. 18; BGH 06.04.2016 – VIII ZR 79/15, NJW 2017, 320 Rn. 29; BGH 03.12.2014 – VIII ZR 370/13, NJW 2015, 1167 Rn. 24 ff.; BAG 24.09.2019 – 9 AZR 273/18, NZA 2020, 310 Rn. 27 ff.; BAG 25.05.2005 – 5 AZR 572/04, NZA 2005, 1111 (1115); verfassungsrechtlich bestätigt durch BVerfG 07.09.2010 – 1 BvR 2160/09 u. a., NJW 2011, 1339; zum Vorliegen des redlichen Willens ErfK/*Preis* BGB § 306 Rn. 3; vgl. dazu auch BAG 11.02.2009 – 10 AZR 222/08, NZA 2009, 428 Rn. 36.

137 BAG 28.11.2007 – 5 AZR 992/06, NZA 2008, 293 Rn. 31; BGH 05.03.2008 – VIII ZR 95/07, NJW 2008, 1438 Rn. 19 f.; BGH 18.01.1996 – IX ZR 69/95, NJW 1996, 924 II. 6 b); dazu ausführlicher auch *Stoffels*, ZfA 2009, 861 (893 ff.).

138 Dazu BAG 24.09.2019 – 9 AZR 273/18, NZA 2020, 310 Rn. 27 ff.; BAG 12.01.2005 – 5 AZR 364/04, NZA 2005, 465 II. 1.

139 BAG 24.09.2019 – 9 AZR 273/18, NZA 2020, 310 Rn. 30.

Klausel wird durch die Gesetzeslage ersetzt. Im Ergebnis ergibt sich im Falle einer arbeitsrechtlichen Klausel in Bezug auf die Rechtsfolgen zwischen Individual- und AGB-Klauseln kein Unterschied. Wie sich Formulierungsfehler hinsichtlich der einzelnen Ansprüche auf die (Gesamt-) Wirksamkeit der Erledigungsklausel auswirken, soll in Kapitel 3 vertieft werden.

F. Ergebnis des ersten Kapitels

Die Auslegung im Einzelfall gem. §§ 133, 157 BGB anhand des Wortlauts, des Parteiwillens, der Verkehrsanschauung und aller Umstände des Vertragsschlusses ist maßgeblich entscheidend für die konkrete Rechtsnatur einer Erledigungsklausel. Es verbietet sich eine pauschale rechtliche Einordnung. Welche Rechtsnatur eine Erledigungsklausel hat, ist einzelfallabhängig zu bestimmen. Eine Erledigungsklausel ist grundsätzlich weit auszulegen, um dem Zweck der Schaffung von Rechtsfrieden nachzukommen. Meistens handelt es sich daher bei einer Erledigungsklausel um ein negatives konstitutives Schuldanerkenntnis nach § 397 Abs. 2 BGB. Entscheidend ist aber bei der Auslegung insbesondere der Kontext der Erledigungsklausel, weniger die Wortwahl der Klausel. Ist diese nicht in einem Aufhebungsvertrag oder Vergleich enthalten, spricht mehr für die Auslegung als deklaratorisches Schuldanerkenntnis.

Die Erledigungsklausel ist nicht mit einer Ausschlussquittung gleichzusetzen. Sie ist außerdem trennscharf von der Ausschlussklausel zu unterscheiden. Wenngleich diese Parallelen zu der Erledigungsklausel aufweisen, dürfen die Rechtsinstitute nicht verwechselt werden. Die Ausschlussquittung ist zumeist ein deklaratorisches Schuldanerkenntnis und im Zweifel eng auszulegen. Ausschlussklauseln finden sich in Arbeitsverträgen und sollen sicherstellen, dass die Parteien nur zeitlich begrenzt nach Ende des Arbeitsverhältnisses ihre Ansprüche geltend machen können. Da sie sich anders als Erledigungsklauseln auf zukünftige Ansprüche beziehen, sind sie eng auszulegen.

In Aufhebungsverträgen sind Erledigungsklauseln regelmäßig vom Arbeitgeber vorformuliert und daher als AGB-Klauseln nach den

§§ 305 ff. BGB einzustufen. Bei einem Vergleich ist anhand des Einzelfalls zu entscheiden, ob die Parteien im Wege des gegenseitigen Nachgebens auch den Inhalt der Erledigungsklausel ausgehandelt haben und damit eine Individualklausel vorliegt. Die Unterscheidung ist wegen den unterschiedlichen Anforderungen an die konkrete Gestaltung der jeweiligen Erledigungsklausel relevant.

Kapitel 2
Das Transparenzgebot bei Erledigungsklauseln

Zentrum dieses Kapitels ist der Disput zwischen praxistauglicher und verwenderfreundlicher Gestaltung von Erledigungsklauseln und den strengen Voraussetzungen des Transparenzgrundsatzes.

A. Der Transparenzbegriff im Arbeitsrecht

I. Definition des Transparenzgebots

1. Transparenz in Individualklauseln

Im Falle einer individuell vereinbarten Klausel erschöpfen sich die Anforderungen an die transparente Gestaltung darauf, dass die Klausel wie jede schuldrechtliche Vereinbarung nach den allgemeinen Auslegungsregeln *„bestimmt oder zumindest bestimmbar"*[140] sein muss und nicht gegen die Vorschriften der §§ 134, 138, 142 BGB verstößt.[141] Wegen § 305b BGB ist das Transparenzgebot nach § 307 Abs. 1 S. 2 BGB nicht anwendbar.

2. Transparenz in AGB-Klauseln

Spätestens seit der Normierung des Transparenzgebots im Zuge der Schuldrechtsreform in § 307 Abs. 1 S. 2 BGB ist dessen Bedeutung für die Vertragsgestaltung unbestritten.[142] Es wird gleichsam als ein

140 BGH 08.04.2020 – XII ZR 120/18, NJW-RR 2020, 656 Rn. 14, zu der genauen Auslegung vgl. Rn. 15 ff.

141 BeckOK BGB/*Wendtland*, BGB § 134 Rn. 1 f.; *von Steinau-Steinrück/Jöris*, NJW-Spezial 2019, 242, so beispielsweise für das Mietrecht BGH 18.03.2009 – XII ZR 200/06, NJW-RR 2009, 947 Rn. 19.

142 Vgl. für einen präzisen Überblick der Historie *Krause* in: FS Preis, S. 685 (687 f.) mwN. Außerdem ist das Transparenzgebot europarechtlich geprägt vgl. Richtlinie 93/13/EWG des Rates vom 5. April 1993 über mißbräuchliche [sic!] Klauseln in Verbraucherverträgen, ABl. L 95, S. 29, wonach Klauseln stets „klar und verständlich" formuliert sein müssen, vgl. zur genauen Auslegung St. Rspr. des EuGH z. B. EuGH 06.12.2021 – C-670/20 (ERSTE Bank

„Kernstück“[143] der AGB-Kontrolle betitelt. Nach dem Wortlaut des § 307 Abs. 1 S. 2 liegt ein besonderer Fall der unangemessenen Benachteiligung nach § 307 Abs. 1 S. 1 BGB entgegen den Geboten von Treu und Glauben vor, wenn die Klausel nicht klar und verständlich formuliert ist.[144] Maßstab ist im Arbeitsrecht damit die Sicht des *„verständigen, nicht rechtskundigen durchschnittlichen Arbeitnehmers“*.[145] Dabei stellen das Verständlichkeits- und Bestimmtheitsgebot die zwei wichtigsten[146] Ausprägungen des Transparenzgebots dar.[147]

Eine Klausel muss dem sog. Verständlichkeitsgebot oder auch Gebot der Klarheit und Durchschaubarkeit[148] entsprechen. Darunter versteht man, dass *„die Rechte und Pflichten des Vertragspartners möglichst klar und durchschaubar dargestellt sind und die Klauseln darüber hinaus die wirtschaftlichen Nachteile und Belastungen so weit erkennen lassen, wie dies nach den Umständen gefordert werden kann.“*[149] Von Bedeutung ist dabei, dass die Belastungen insoweit für den Vertragspartner erkennbar sind, dass er sie als auch seine damit einher-

Hungary), ECLI:EU:C:2021:1002 Rn. 23; EuGH 10.06.2021 – C-609/19 (BNP Paribas Personal Finance), ECLI:EU:C:2021:469 Rn. 43; EuGH 03.03.2020 – C-125/18 (Gómez del Moral Guasch), ECLI:EU:C:2020:138 Rn. 49. Diese Richtlinie ist aber nicht auf das Arbeitsrecht anwendbar, ErwGr. 10 der RL 93/13/EWG.

143 Grüneberg/*Grüneberg* BGB § 307 Rn. 1.

144 St. Rspr und allgemeine Meinung. vgl. nur BAG 24.09.2019 – 9 AZR 273/18, NZA 2020, 310 Rn. 42; BAG 18.09.2018 – 9 AZR 162/18, NZA 2018, 1619 Rn. 35; BAG 21.01.2015 – 10 AZR 84/14, NZA 2015, 871 Rn. 59; BGH 03.12.2015 – VII ZR 100/15, NJW 2016, 401 Rn. 22; BeckOK BGB/*H. Schmidt*, BGB § 307 Rn. 42; BeckOK ArbR/*Jacobs*, BGB § 307 Rn. 59.

145 BAG 23.03.2017 – 6 AZR 705/15, NJW 2017, 1895 Rn. 15; st. Rspr. BAG 24.05.2018 – 6 AZR 116/17, NZA-RR 2018, 568 Rn. 15; BAG 20.09.2017 – 6 AZR 474/16, NJW 2018, 805 Rn. 33; BAG 09.12.2015 – 7 AZR 68/14, NZA 2016, 695 Rn. 13; MüKoBGB/*Wurmnest*, BGB § 307 Rn. 69.

146 *Annuß*, BB 2006, 1333 (1337).

147 Daneben besteht noch das Täuschungsverbot, welches aber in Kontext von Erledigungsklauseln weniger relevant ist, genauer dazu. Grüneberg/*Grüneberg* BGB § 307 Rn. 27.

148 *Stoffels*, AGB-Recht Rn. 569; MüKoBGB/*Wurmnest*, BGB § 307 Rn. 63; so auch BGH 13.01.2016 – IV ZR 38/14, NJW 2016, 1646 Rn. 24.

149 BGH 13.01.2016 – IV ZR 38/14, NJW 2016, 1646 Rn. 24; BGH 11.07.2012 – IV ZR 164/11, NJW 2012, 3647 Rn. 40; s. auch BGH 08.10.1997 – IV ZR 220/96, NJW 1998, 454 (456).

gehenden Rechte identifizieren kann.[150] Der Vertragspartner muss bei Vertragsschluss wissen, „*was auf ihn zukommt.*“[151] Die Maßstäbe des Verständlichkeitsgebots sind bei der Gestaltung von Erledigungsklauseln wegen der Diskussion um den konkreten Umfangs des Verzichts hochrelevant.

Eine weitere wichtige Ausprägung des Transparenzgebots stellt das Bestimmtheitsgebot dar. Nach der Rechtsprechung des BAG „*müssen die tatbestandlichen Voraussetzungen und Rechtsfolgen so genau beschrieben werden, dass für den Verwender keine ungerechtfertigten Beurteilungsspielräume entstehen.*“[152] Aus dieser Definition ergibt sich, dass sich das Bestimmtheitsgebot primär auf Leistungsabreden bezieht, die im Kontext der Erledigungsklausel weniger eine Rolle spielen.[153] Ferner besteht aber auch eine Verletzung des Bestimmtheitsgebots, wenn die in Frage stehende Klausel „*vermeidbare Unklarheiten und Spielräume enthält*“[154]. Dies betrifft nicht Verständnisprobleme[155] des Arbeitnehmers bezüglich der Regelung, sondern, „*dass der Vertragspartner des Klauselverwenders wegen unklar abgefasster Allgemeiner Vertragsbedingungen seine Rechte nicht wahrnimmt*“[156].

---

150 BGH 16.01.2020 – IX ZR 351/18, NJW 2020, 986 Rn. 25; BGH 07.02.2019 – III ZR 38/18, NJW-RR 2019, 942 Rn. 22; BGH 25.02.2016 – VII ZR 156/13, NJW 2016, 1575 Rn. 31; Grüneberg/*Grüneberg* BGB § 307 Rn. 25.

151 BAG 21.01.2015 – 10 AZR 84/14, NZA 2015, 871 Rn. 33; Grüneberg/*Grüneberg* BGB § 307 Rn. 25; s. auch BAG 03.04.2007 – 9 AZR 867/06, NZA 2007, 1045 Rn. 30.

152 BAG 21.01.2015 – 10 AZR 84/14, NZA 2015, 871 Rn. 33.

153 BGH 19.10.1999 – XI ZR 8/99, NJW 2000, 651 (652); *Hromadka*, NJW 2002, 2523 (2529); so auch hinsichtlich Ausgleichsquittungen *Schütt*, Vertragskontrolle von Ausgleichsquittungen, S. 259 Fn. 1189.

154 St. Rspr. BAG 22.02.2012 – 5 AZR 765/10, NZA 2012, 861 Rn. 15; BAG 19.02.2014 – 5 AZR 920/12, BeckRS 2014, 68290 Rn. 38; BAG 01.09.2010 – 5 AZR 517/09, NZA 2011, 575 Rn. 14.

155 BAG 21.01.2015 – 10 AZR 84/14, NZA 2015, 871 Rn. 33; BAG 14.09.2011 – 10 AZR 526/10, NZA 2012, 81 Rn. 22; BAG 10.12.2008 – 10 AZR 1/08, NZA-RR 2009, 576 Rn. 15.

156 St. Rspr. z. B. BAG 20.03.2013 – 10 AZR 8/12, NZA 2013, 970 Rn. 23; BAG 14.09.2011 – 10 AZR 526/10, NZA 2012, 81 Rn. 22; BAG 10.12.2008 – 10 AZR 1/08, NZA-RR 2009, 576 Rn. 15.

II. Auslegung von Klauseln im Arbeitsrecht unter Berücksichtigung des Transparenzgebots

Bei der Prüfung und Auslegung einer Klausel unter Berücksichtigung auf das Transparenzgebot ist allein die gesetzliche Lage zum Zeitpunkt der Vereinbarung der Klausel entscheidend, spätere Gesetzesänderungen wirken sich nicht auf die Wirksamkeit der Klausel aus.[157]

1. Allgemeine Auslegungsregeln

Welche Ansprüche genau von der Klausel erfasst sind, ist im Wege der Auslegung zu ermitteln.[158] Problematisch ist, dass die Grenzen zwischen Auslegung und Transparenz fließend sind.[159] Grundsätzlich richtet sich die Auslegung nach den allgemeinen Auslegungsregeln der §§ 133, 157 BGB, Zweifel gehen gem. § 305c Abs. 2 BGB zulasten des Verwenders. Eine ergänzende Vertragsauslegung ist bei der Auslegung einer Klausel in Bezug auf ihre Transparenz nicht vorzunehmen.[160] Ursprünglich wurde davon ausgegangen, dass die Vertragsparteien keine gesetzeswidrigen Fälle in einer Klausel regeln wollen und damit die Grundsätze der ergänzenden Vertragsauslegung angewendet werden.[161] Das BAG gibt diese Auslegung vermehrt auf, da durch die ergänzende Vertragsauslegung eine Umgehung des Transparenzgebots und damit die Gefahr der missbräuchlichen Gestaltung von Klauseln droht.[162] Von der Unangemessenheit einer intransparenten Klausel im Sinne des § 307 Abs. 1 S. 1 BGB wird zunächst ausgegangen.[163] Die

---

157 BAG 24.09.2019 – 9 AZR 273/18, NZA 2020, 310 Rn. 45; BAG 18.09.2018 – 9 AZR 162/18, NZA 2018, 1619 Rn. 45; BAG 12.01.2005 – 5 AZR 364/04, NZA 2005, 465 (468); **a. A.**, die für sog. „dynamische Transparenzanforderungen" plädiert, vgl. *Seiwerth*, NZA 2019, 17 ff.

158 *Stoffels*, AGB-Recht Rn. 358; BAG 30.01.2019 – 5 AZR 43/18, NZA 2019, 768 Rn. 25; BGH 14.01.1999 – VII ZR 73–98, NJW 1999, 1108.

159 Däubler/Deinert/Walser/*Bonin/Walser* § 307 Rn. 157; *Köllmann/Wubbernitz*, NZA 2023, 793 (799).

160 S. dazu Kapitel 1 E. II. 2.

161 Z. B. BAG 20.06.2013 – 8 AZR 280/12, NZA 2013, 1265, Rn. 22; dazu auch *Wutte*, DZWIR 2019, 205 (207 f.).

162 S. dazu beispielsweise die Rechtsprechungsänderung BAG 18.09.2018 – 9 AZR 162/18, NZA 2018, 1619 hinsichtlich der Auslegung von Ausschlussklauseln, die den Mindestlohn nicht ausdrücklich ausnehmen.

163 *Stoffels*, AGB-Recht Rn. 564.

tatsächliche Benachteiligung des Arbeitnehmers ist dann aber unter der Gesamtschau der Umstände unter Beachtung der typischen Interessen der Beteiligten zu bestimmen.[164]

2. Besonderheiten des Arbeitsrechts gem. § 310 Abs. 4 BGB

Im Arbeitsrecht sind bei der Auslegung von Klauseln außerdem die im Arbeitsrecht geltenden Besonderheiten nach § 310 Abs. 4 BGB bei der Anwendung der §§ 305 ff. BGB angemessen zu berücksichtigen.[165] Danach sind nach der ständigen Rechtsprechung des BAG die *„rechtlichen und tatsächlichen Besonderheiten des Arbeitslebens"*[166] zu beachten. Damit einher geht kein Vorrang vor den gesetzlichen Regelungen der §§ 305 ff. BGB, sondern, dass *„eine dem Rechtsverhältnis innewohnende Eigenheit"*[167] ersichtlich ist, die sich im Gesetz widerspiegelt und ausdrücklich gebilligt ist.[168] Daraus ergibt sich ein Verbot schematischer Prüfungen und dafür die Notwendigkeit flexibler Lösungen.[169] Bei der AGB-Kontrolle von arbeitsrechtlichen Klauseln wird immer wieder auf § 310 Abs. 4 BGB rekurriert, um für die Einhaltung des Transparenzgebot im Arbeitsrecht eine weitere Auslegung zu ermöglichen.[170] Die Auslegung im Lichte des § 310 Abs. 4 BGB birgt aber auch Risiken, da nicht ersichtlich ist, wann und in welchem Umfang eine Abweichung von den allgemeinen AGB-Regelungen

---

164 St. Rspr. BGH 12.12.2019 – IX ZR 77/19, BeckRS 2019, 35945 Rn. 24; BAG 21.06.2018 – 6 AZR 38/17, NZA 2018, 1413 Rn. 34 ff.; BAG 24.08.2016 – 5 AZR 703/15, NZA 2016, 1539 Rn. 29 f.; BAG 21.06.2011 – 9 AZR 236/10, NZA 2011, 1274 Rn. 38; BeckOK BGB/*H. Schmidt*, BGB § 307 Rn. 46 f.

165 BT-Drs. 14/6857, S. 54; BAG 04.03.2004 – 8 AZR 196/03, NZA 2004, 727 B; *Roloff* in: FS Willemsen, S. 407 (412); ErfK/*Preis* § 310 BGB Rn. 5.

166 BAG 23.09.2010 – 8 AZR 897/08, NZA 2011, 89 Rn. 41; BAG 14.01.2009 – 3 AZR 900/07, NZA 2009, 666 Rn. 28; BAG 25.05.2005 – 5 AZR 572/04, NZA 2005, 1111 IV. 5.

167 *Naber/Schulte,* BB 2018, 2100; s. dazu auch *Thüsing*, NZA 2002, 591 (591 ff.); *Hromadka*, NJW 2002, 2523 (2528); ErfK/*Preis* BGB § 310 Rn. 5.

168 *Roloff* in: FS Willemsen, S. 407 (412).

169 *Roloff*, in: FS Willemsen, S. 407 (412).

170 So zu Ausschlussklauseln *Roloff*, in: FS Willemsen, S. 407 (412); so auch andenkend *Naber/Schulte,* BB 2018, 2100 (2104); die Frage aufwerfend *Moll*, RdA 2023, 321 (324).

dadurch rechtswirksam begründbar ist.[171] Außerdem fehle es an einer verlässlichen Systematik der Ausnahmen.[172]

III. Zwischenergebnis

Bei Individualklauseln beschränken sich die Anforderungen an die Transparenz von Klauseln auf die allgemeinen Auslegungsregeln, wonach eine Klausel zumindest bestimmbar sein muss. Das Transparenzgebot hat vor allem bei kontrollfähigen Klauseln nach §§ 305 ff. BGB wegen § 307 Abs. 1 S. 2 BGB eine hohe Bedeutung. Maßstab bei der Transparenz einer Klausel ist immer der durchschnittliche verständige Arbeitnehmer. Für Erledigungsklauseln ist insbesondere das Verständlichkeitsgebot relevant, wonach jegliche aus der Klausel resultierenden Rechte und Pflichten für den Arbeitnehmer erkennbar sein müssen.

Anzuwenden bei der Auslegung der Transparenz einer Klausel sind die allgemeinen Auslegungsregeln der §§ 133, 157 BGB. Zweifel gehen gem. § 305c Abs. 2 BGB zulasten des Klauselverwenders. Eine ergänzende Vertragsauslegung ist beim Transparenzgebot systematisch abzulehnen, da ansonsten die Gefahr missbräuchlicher Gestaltungen drohen würde. Die Anwendung des § 310 Abs. 4 BGB, der Besonderheiten des Arbeitsrechts, ist bei der Auslegung der Transparenz von Klauseln nur in Ausnahmefällen möglich.

B. Transparente Gestaltung von Erledigungsklauseln

I. Die Bedeutung des Transparenzgebots bei der Gestaltung von Erledigungsklauseln

Erledigungsklauseln, die der AGB-Kontrolle unterliegen, müssen den Transparenzanforderungen des § 307 Abs. 1 S. 2 BGB genügen. Aus diesem Grund ist auch die eingangs in Kapitel 1 vorgestellte Erledigungsklausel *„Die Parteien sind sich einig, dass sämtliche Ansprüche*

171 *Joost* in: FS Ulmer, S. 1199 (1203); *Salamon*, NZA 2019, 1529 (1532 f.).
172 *Seiwerth*, ZFA 2020, 100 (122 f.).

aus und in Verbindung mit dem Arbeitsverhältnis, gleich aus welchem Rechtsgrund, nicht mehr gegeneinander bestehen. "[173] intransparent, da sich aus dieser nicht ergibt, dass unverzichtbare/unabdingbare Ansprüche nicht von der Klausel erfasst sind und damit vonseiten des Arbeitnehmers auch noch nach Beendigung des Arbeitsverhältnisses geltend gemacht werden können.[174] Bei der Formulierung von Erledigungsklauseln hat sich für eine transparente Gestaltung in der Praxis etabliert, dass die Ausnahme von „unabdingbaren/unverzichtbaren gesetzlichen Ansprüchen" ausreichend sein soll.[175] Dies bleibt jedoch zu Recht nicht ohne Kritik, da dadurch die tatsächlich erfassten Ansprüche nicht erkennbar sind.[176] Das AGB-Recht differenziere nicht zwischen „zentralen" und „nebensächlichen" Ansprüchen.[177] Vorliegend ergibt sich daher ein Spannungsfeld zwischen der vollständigen Regelung der Beendigung des Arbeitsverhältnisses ohne „bösen Überraschungen" für den Arbeitnehmer und der ausdrücklichen Ausnahme sämtlicher unverzichtbaren Ansprüche aus Transparenzgründen mit der Gefahr der überschießenden Formulierung.[178]

II. Praxistauglichkeit als rechtssicherer Maßstab für die Transparenz von Erledigungsklauseln?

Der Maßstab des durchschnittlich verständigen Vertragspartners stellt die vertragsgestaltende Praxis vor eine Sisyphusaufgabe: Wie soll eine Klausel formuliert werden, die einerseits transparent alle ausgenommenen Ansprüche darstellt und gleichzeitig durch die schiere Länge der Klausel nicht wieder intransparent wird? Denn *„Klarheit und Verständlichkeit heißt dabei nicht unbedingt, dass die Regelung be-*

---

173 *Bauer/Krieger/Arnold*, Arbeitsrechtliche Aufhebungsverträge, M Checkliste und Muster Rn. 25.

174 So auch *Raif/Dorka*, ArbRAktuell 2020, 540 (541).

175 Maschmann/Sieg/Göpfert/*Künzl*, 162 Ausgleichsklauseln Rn. 12; *Lingemann/Groneberg*, NJW 2011, 3629 (3631); *Lembke*, NZA 2016, 1 (9); *Riechert/Nimmerjahn*, MiLoG § 3 Rn. 35; *Fuhlrott*, NJW 2019, 3762 (3764); diese Formulierung wird von der Rechtsprechung nicht beanstandet vgl. z. B. LAG Schleswig-Holstein 08.08.2023 – 2 Sa 44/23, BeckRS 2023, 27774 Rn. 28 ff.

176 *Bayreuther*, DB 2017, 487 (490).

177 *Bayreuther*, DB 2017, 487 (490).

178 Zur Transparenz von Ausgleichsquittungen s. *Schütt*, Die Vertragskontrolle von Ausgleichsquittungen, S. 249 ff.

sonders ausführlich jeden denkbaren Einzelfall im Auge behalten und ausdrücklich regeln müsste. Zuviel an Einzelregelung kann durchaus auch vernebelnd wirken und damit intransparent sein."[179]

Die sich daraus ergebende Frage ist, welche unverzichtbaren Ansprüche für eine wirksame und transparente Erledigungsklausel aufgeführt werden müssen und was einem verantwortungsvollen Arbeitsnehmer vom Verständnis her zugemutet werden kann. Der Streit zur transparenten Gestaltung besteht parallel in Rechtsprechung und Literatur bei der Ausschlussklausel. In Folge soll daher für die Diskussion um die transparente Gestaltung einer Erledigungsklausel der Rechtsstand bei der Ausschlussklausel betrachtet werden.

Auch bei der Formulierung einer Ausschlussklausel ergibt sich das Problem, dass sich im Arbeitsverhältnis unverzichtbare Ansprüche kaum abschließend aufzählen lassen.[180] Hinzu kommen branchenabhängige Ansprüche, die die Formulierung weiter verkomplizieren.[181] Daher wird die Lösung, aus Transparenzgründen alle möglichen unverzichtbaren und unabdingbaren Ansprüche in der Klausel aufzuzählen, stark kritisiert.[182] In Konsequenz hatte *Roloff*[183] als einen „Mittelweg" bei seinem Klauselvorschlag zur Ausschlussklausel nur beispielhaft eine Aufzählung unverzichtbarer Ansprüche benannt. Nach seinem Vorschlag soll es transparent genug sein, wenn die Formulierung neben der expliziten Herausnahme der Haftung aufgrund Vorsatzes und Schäden aus der Verletzung von Leben und Gesundheit folgendermaßen lautet: „*Die Ausschlussfrist gilt nicht [...] für Ansprüche des Arbeitnehmers, die kraft Gesetzes dieser Ausschlussfrist entzogen sind (zB [sic!] AEntG, MiLoG, BetrVG, TVG).*"[184] Begründet wird diese Formulierung mit den im Arbeitsrecht geltenden Besonderheiten nach § 310 Abs. 4 BGB und der Dynamik des Arbeits-

---

179 BeckOK BGB/*H. Schmidt*, BGB § 307 Rn. 43.

180 Schon dazu *Bayreuther*, DB 2017, 487 (489 f.) zum damaligen Rechtsstand.

181 *Bayreuther*, DB 2017, 487 (489); *Hexel*, DB 2017, 73; *Naber/Schulte*, BB 2019, 501 (504).

182 *Bayreuther*, DB 2017, 487 (489); *Hexel*, DB 2017, 73 f.; *Naber/Schulte* BB 2018, 2100 (2102); *Wutte*, DZWIR 2019 205 (213); für eine beispielhafte Aufzählung plädierend *Dzida/Krois*, MDR 2016, 1357 (1361).

183 *Roloff* in: FS Willemsen, S. 407 (416); zustimmend *Naber/Schulte* BB 2018, 2100 (2106).

184 *Roloff*, in: FS Willemsen, S. 407 (416).

verhältnisses als Dauerschuldverhältnis.[185] Hierbei wird aber auch betont, dass Verzichtsverbote und Ausschlussfristenverbote nicht gleichlaufend sind, da diese rechtlich nicht identisch sind.[186]

Diese Formulierung wurde vom BAG bestätigt: „*Der Senat anerkennt, dass das Transparenzgebot den Klauselverwender nicht überfordern darf. Es verpflichte ihn nur im Rahmen des Möglichen und Zumutbaren. Für die konkreten Anforderungen im Einzelfall sei insbesondere auf die Komplexität des Sachverhalts und den Regelungsgegenstand abzustellen. Für eine Verfallklausel könne ein Hinweis verlangt werden, die vertragliche Ausschlussfrist gelte nicht für Ansprüche des Arbeitnehmers, welche ihr kraft Gesetzes entzogen sind*“[187] In einem weiteren Urteil ergänzt das BAG, dass sich betroffene unabdingbare Ansprüche durch Auslegung ergeben würden.[188]

Kritikfrei blieb diese Ansicht jedoch nicht. Durch eine derartige Formulierung würde die Rechtslage gerade unvollständig und fehlerhaft dargestellt werden.[189] Dem Arbeitnehmer werde auferlegt, dass er aktiv prüft, welche Ansprüche damit gemeint sind.[190] Als Lösungsvorschlag wird daher die positive Aufzählung aller entsprechenden Ansprüche aus dem Arbeitsverhältnis genannt, die tatsächlich von der Klausel erfasst sein dürfen.[191] Dadurch soll dem Arbeitnehmer transparent dargestellt werden, welche Ansprüche im Umkehrschluss nicht von der Ausschlussklausel erfasst sind. Der positiven Aufzählung stehe jedoch entgegen, dass sie die im Arbeitsrecht geltenden Besonderheiten verkenne.[192] Die Dynamik des Arbeitsrechts erfordere eine gewisse Regelungsflexibilität in Arbeitsverhältnissen, die durch eine positive Aufzählung verloren ginge.[193] Außerdem fordere sie eine

185 *Roloff* in: FS Willemsen, S. 407 (412 ff.).
186 *Roloff* in: FS Willemsen, S. 407 (415); s. dazu auch Kapitel 3 A. I.
187 BAG 18.09.2018 – 9 AZR 162/18, NZA 2018, 1619 Rn. 50 f. zu der Gestaltung von Ausschlussfristen; damit wendet das BAG dieselben Maßstäbe wie der BGH an, vgl. z. B. BGH 09.06.2011 – III ZR 157/10, NJW-RR 2011, 1618 Rn. 27.
188 BAG 30.01.2019 – 5 AZR 43/18, NZA 2019, 768 Rn. 25 ff.
189 *Seiwerth*, ZFA 2020, 100 (121); *Salamon*, NZA 2019, 1529 (1533).
190 *Salamon*, NZA 2019, 1529 (1533).
191 *Seiwerth*, ZFA 2020, 100 (121); *Lingemann/Groneberg*, NJW 2011, 3629 (3631); *Reufels*, § 2 Rn. 10.
192 *Roloff* in: FS Willemsen, S. 407 (414).
193 *Roloff* in: FS Willemsen, S. 407 (414 f.).

weitaus größere Differenzierung und Konkretisierung bei der Ausarbeitung der genau umfassten Rechtspositionen, da die Aufzählung das existierende Recht darstellen müsse und damit das Bestehen des Rechts abhängig von der exakten Formulierung sei.[194]

Auch die Begründung der beispielhaften Formulierung mit den Besonderheiten des Arbeitsrechts wird stark kritisiert. Praxistauglichkeit dürfe nicht als Maßstab angeführt werden, da damit der Schutzzweck des AGB-Rechts, den Verbraucher vor unangemessenen, einseitigen Klauseln[195] zu bewahren, unterlaufen werden würde.[196] Notwendig sei vielmehr eine erkennbar normative Verankerung der Auslegung, da reine „Bedürfnisse der Praxis" oder eine zeitlich längere Durchführung in der Praxis allein nicht ausreichend für die Bejahung des § 310 Abs. 4 BGB seien.[197]

III. Stellungnahme

Das Transparenzgebot stellt Klauselgestalter nicht nur in arbeitsrechtlichen Gestaltungen regelmäßig vor große Herausforderungen. Es bedeutet eine schier unlösbare Aufgabe, eine Klausel inhaltlich transparent, aber auch prägnant zu formulieren. Das Ziel muss daher sein, den Spagat zwischen den Transparenzanforderungen und der Vermeidung eines „Erledigungsklauselmonsters" zu schaffen. Ausgangspunkt bei der Frage nach einer möglichst transparenten Formulierung ist dabei immer der Zweck einer Erledigungsklausel, für Rechtsfrieden und Rechtssicherheit zwischen den Parteien zu sorgen.

Zweck der transparenten Gestaltung ist die Möglichkeit einer informierten Entscheidung des Arbeitnehmers, da er weiß, was bei Vertragsschluss auf ihn zukommt.[198] Im Falle einer Erledigungsklausel bedeutet dies, dass der Arbeitnehmer wissen muss, welche Ansprüche

194 *Wutte*, DZWIR 2019, 205 (215 f.).
195 S. dazu schon BT-Drs. 7/3939, S. 1.
196 *Seiwerth*, ZFA 2020, 100 (124).
197 *Preis/Roloff*, ZFA 2007, 43 (57 ff.); *Seiwerth*, ZFA 2020, 100 (124); s. dazu auch die Rechtsprechung des BGH, BGH 12.03.1987 – VII ZR 37/86, NJW 1987, 1931 (1937 f.), BGH 23.02.1984 – VII ZR 274/82, NJW 1985, 3016 (3017), die betonten, dass eine langjährige Praxis einer Klausel im AGB-Recht nicht vor Unangemessenheit der Klausel schützt.
198 Vgl. Ausführungen A. 2.

er trotz der Beendigung seines Arbeitsverhältnisses noch nachträglich geltend machen kann. Die Möglichkeiten für die Formulierung sind – parallel zur Diskussion bei der Ausschlussklausel – die Aufzählung aller nicht von der Klausel erfassten Ansprüche, die vom BAG bevorzugte Variante der exemplarischen Aufzählung und zu guter Letzt die positive Aufzählung aller entsprechender Ansprüche, die überhaupt von einer Erledigungsklausel erfasst sein können. Die Orientierung bei diesen Gestaltungsmöglichkeiten an der vielfach mehr diskutierten Ausschlussklausel ist dabei nicht abwegig. Diese hat, wenngleich nicht von der Rechtsnatur mit der Erledigungsklausel vergleichbar, ebenso das Ziel des Rechtsfriedens vor Augen.

Wutte[199] betont, dass die ausgearbeiteten Grundsätze bei der Gestaltung von Ausschlussklauseln auch auf andere Gestaltungen übertragbar seien. Bei Berücksichtigung dieser Transparenzvoraussetzungen könne eine transparente Formulierung trotz gesetzlich notwendiger Ausnahmen gefunden werden und man schaffe *„Klarheit durch Kürze, anstatt perfektionistisch mit langen Ausnahmelisten die Vertragsklauseln aufzublähen und dabei ständig jede kleinste Änderung der Rechtslage berücksichtigen zu müssen.“*[200] Eine Eins-zu-Eins-Übertragung der Einzelfallrechtsprechung zur Ausschlussklausel ist aber zu verneinen, da die tatsächliche Situation bei Abschluss der Klausel unterschiedlich ist.[201]

Problematisch an der exemplarischen Aufzählung ist aber, dass die genauen Beispiele der Ansprüche selbst in der höchstrichterlichen Rechtsprechung unsicher sind und Diskussionen in der Literatur entfachen.[202] Andererseits sind die Besonderheiten des Arbeitsrechts nach § 310 Abs. 4 BGB zu berücksichtigen. Unter Heranziehung dieser Wertungen muss bei der Beurteilung der Transparenz einer Erledigungsklausel die Situation in einem beendeten Arbeitsverhältnis beachtet werden. Ziel ist, das Ende des Arbeitsverhältnisses rechtssicher zu regeln. Es kann im Einklang mit *Wutte* nicht Zweck des Transparenzgebots sein, Klauseln derart zu aufzublasen, dass sie allein schon

199 *Wutte*, DZWIR 2019, 205 (217).
200 *Wutte* DZWIR 2019, 205 (217).
201 Dazu auch nochmal genauer Kapitel 3 zu den jeweiligen Ansprüchen.
202 S. dazu auch die Kritik *Wutte,* DZWIR 2019, 205 (214).

aus ihrer schieren Länge wiederum intransparent werden könnten.[203] Sinn einer transparenten Gestaltung im Sinne des AGB-Rechts ist der Schutz der schwächeren Vertragspartei (Verbraucher) und nicht die Schaffung von Unsicherheit bezüglich der Wirksamkeit von Klauseln. Das Transparenzgebot wird sonst damit ad absurdum geführt.

Eine abschließende Aufzählung aller nicht von der Erledigungsklausel erfassten Ansprüche ist (unabhängig von der praktischen Umsetzbarkeit) aus Transparenzgründen nicht notwendig. Es ist einem durchschnittlichen Arbeitnehmer zumutbar, dass er durch Auslegung der beispielhaften Aufzählung erkennt, welche Ansprüche ihm noch zustehen. Aus diesem Grund ist auch dem Vorschlag einer positiven Aufzählung der tatsächlich von der Wirkung der Erledigungsklausel umfassten Ansprüche nicht zuzustimmen. Hinzu kommt, dass das Fehlerpotenzial einer derartigen Klausel ebenso hoch ist wie bei der negativen Aufzählung. Es ergeben sich auch bei dieser Formulierung Auslegungsschwierigkeiten. Der Arbeitnehmer muss erkennen können, was beispielsweise mit „Entgeltansprüchen" gemeint sein soll. Der Rechtsunsicherheit kann durch eine positive Aufzählung nicht entgegengewirkt werden.

Ziel des Transparenzgebots ist auch, dass die Bedeutung von Ansprüchen für den Arbeitnehmer deutlich zum Ausdruck kommt. Dies muss aber jeweils beim konkreten Anspruch und unter Berücksichtigung der Schaffung von Rechtsfrieden und Rechtssicherheit und der Interessen beider Parteien im Rahmen der Erledigungsklausel diskutiert werden. Bei der Abwägung der Interessen spielen beispielsweise die gerechte Risikoverteilung[204] oder das „Erscheinungsbild des Gesamtvertrags"[205] eine Rolle.[206] Dies soll keine Einladung zur Gestaltung missbräuchlicher Erledigungsklauseln sein. Selbstverständlich liegt es der Abschluss einer wirksamen und rechtssicheren Erledigungsklausel im Interesse beider Parteien. Gerade aber aus diesem Grund darf nicht

---

203 So auch *Stoffels*, AGB-Recht Rn. 573.

204 Henssler/Willemsen/Kalb/*Roloff*, BGB § 307 Rn. 16; ErfK/*Preis*, BGB § 307 Rn. 13; BAG 12.01.2005 – 5 AZR 364/04, NZA 2005, 465 B I. 4. c) bb); BAG 13.08.1980 – 5 AZR 296/78, NJW 1981, 781 II. 2.

205 ErfK/*Preis*, BGB § 307 Rn. 15.

206 Zu einer beispielhaften Übersicht verschiedener Kriterien einer Interessensabwägung s. Henssler/Willemsen/Kalb/*Roloff*, BGB § 307 Rn. 16; ErfK/*Preis*, BGB § 307 Rn. 14 ff.

vorschnell eine unangemessene Intransparenz mangels genauer Nennung eines Anspruchs angenommen werden.

IV. Zwischenergebnis

Es besteht ein Konflikt zwischen Praxistauglichkeit und Transparenzgebot. Kautelarjuristen wird es praktisch unmöglich gemacht, eine transparente Klausel zu entwerfen. Aus diesem Grund haben sich mehrere Ansichten zu der möglichst transparenten Gestaltung einer Erledigungsklausel gebildet. Hierbei ist wegen der ähnlichen Interessenslage bis zu einem gewissen Maß eine Parallele zur Ausschlussklausel zu ziehen. Die „lückenlose“ Aufzählung aller unverzichtbaren Ansprüche ist kaum umsetzbar, da schon je nach Branche Unterschiede bestehen. Hinzu kommt, dass es an einer stringenten Behandlung in der Rechtsprechung fehlt. Abzulehnen ist gleichfalls eine positive Aufzählung aller von der Erledigungsklausel umfassten Ansprüche. Einerseits führt das nicht zu einer vergrößerten Transparenz und andererseits birgt diese Formulierungsweise ein hohes Fehlerpotenzial. Eine beispielhafte Aufzählung unverzichtbarer Ansprüche in Erledigungsklauseln genügt daher grundsätzlich den Transparenzanforderungen. Daneben bestehen Ansprüche im Arbeitsverhältnis, die wegen ihrer Bedeutung für den Arbeitnehmer einer Erwähnung als Ausnahme bedürfen. Was das für die einzelnen Ansprüche und die Formulierung einer Erledigungsklausel an sich bedeutet, wird in Kapitel 3 erläutert.

V. Auswirkung auf die Wirksamkeit der Erledigungsklauseln

Bei kontrollfähigen Erledigungsklauseln richten sich die Rechtsfolgen grundsätzlich nach § 306 Abs. 1 BGB.[207] Eine Erledigungsklausel ist daher insgesamt unwirksam, wenn sie wegen Intransparenz unangemessen benachteiligend ist. Bei einem individual ausgehandelten Vergleich hat die „*Klarstellung, wonach die Erledigungsklausel gesetzlich unverzichtbare Ansprüche nicht umfasst, [] nur deklaratorische Bedeutung und ist nicht konstitutiv für dessen Wirksamkeit.*“[208] Bei In-

207 S. Ausführungen Kapitel 1 E. II. 2.
208 *Fuhlrott*, NJW 2019, 3762 (3764).

dividualklauseln muss der Verzichtswille des Arbeitnehmers bezogen auf die betroffenen Ansprüche deutlich erkennbar und damit unstrittig sein. Das Fehlen der Erwähnung der Ausnahme unverzichtbarer Ansprüche führt aber nicht zwingend zu einer Gesamtunwirksamkeit der Klausel.

C. Ergebnis des zweiten Kapitels

Die Bedeutung einer transparenten Gestaltung von Erledigungsklauseln ist nicht von der Hand zu weisen. Das Transparenzgebot nach § 307 Abs. 1 S. 2 BGB ist bei der Formulierung kontrollfähiger Klauseln zwingend zu beachten. Danach muss ein verständiger durchschnittlicher Arbeitnehmer wissen, was auf ihn zukommt. In diesem Fall bildet der Begriff der „Unangemessenheit" den Maßstab. Die Klausel muss dem Verständlichkeits- und Bestimmtheitsgebot entsprechen.

Bei der transparenten Gestaltung ist die Besonderheit von Erledigungsklauseln zu berücksichtigen. Eine beispielhafte Aufzählung unverzichtbarer Ansprüche ist ausreichend. Sowohl eine Aufzählung aller unverzichtbaren Ansprüche als auch die positive Aufzählung aller von der Erledigungsklauseln erfassten Ansprüche birgt ein hohes Fehlerpotenzial. Außerdem fördern diese Formulierungen nicht eine gesteigerte Transparenz sondern vielmehr eine Überfrachtung der Klausel. Eine gewisse Rechtsunsicherheit wird jedoch verbleiben, da die Auslegung von Klauseln im Lichte der Transparenz im stetigen Wandel ist und die Bedeutung des Transparenzgebots tendenziell zunimmt. Hier wird sich zeigen, inwiefern die Rechtsprechung eine einheitliche Linie zu finden vermag oder ob es sogar eine gesetzgeberische Vorgabe bedarf.

Bezüglich der Rechtsfolgen einer intransparenten Erledigungsklausel ist wiederum der Unterschied zwischen Individualklauseln und AGB-Klauseln entscheidend. Bei Ersterem ist eine Intransparenz nur zu bejahen, wenn die Klausel gegen §§ 134, 138 oder 242 BGB verstößt und nicht bestimmbar/zu unbestimmt ist. Ist die AGB-Kontrolle eröffnet, ist die Klausel grundsätzlich nach § 306 BGB insgesamt unwirksam.

Kapitel 3
Verzicht und Abdingbarkeit in Erledigungsklauseln

Besonders im Hinblick auf die im ersten Kapitel angesprochene tendenziell weite Auslegung von Erledigungsklauseln sowie die im zweiten Kapitel erläuterten Transparenzanforderungen für kontrollfähige Klauseln wird die rechtssichere Gestaltung einer Erledigungsklausel zunehmend anspruchsvoller. Dies gilt insbesondere für „neuere“ und europarechtlich geprägte Ansprüche, wie solche aus der Datenschutzgrundverordnung (DSGVO) oder dem Entgelttransparenzgesetz (EntgTranspG), bei denen erhebliche Rechtsunsicherheit besteht. Das vorliegende Kapitel widmet sich daher der Analyse der Abdingbarkeit und des Verzichts auf einzelne Ansprüche und Rechte innerhalb einer Erledigungsklausel und erörtert die Auswirkungen auf deren rechtssichere Gestaltung.

A. Die Begriffe Verzicht und Abdingbarkeit[209]

Wichtig ist, dass Abdingbarkeit und Verzicht keine Synonyme darstellen.[210] Unter Verzicht versteht man das Aufgeben eines Rechts oder eines Anspruchs.[211] Eine gefestigte Definition von Abdingbarkeit existiert nicht.[212] Der Verzicht bewirkt das Erlöschen der Forderung oder des Rechts iSd. § 397 BGB, aus einer Abdingbarkeit dagegen

209 Ausführlich zu den Begriffen unter Berücksichtigung der in der Rechtswissenschaft existierenden Theorien zum Verzicht in der Abgrenzung zur Abdingbarkeit *Simon*, Unabdingbarkeit und vertraglicher Verzicht. Ein Beitrag zu Reichweite und Grenzen der Vertragsfreiheit im Arbeitsrecht, Diss. Hannover 2007, S. 29 ff.; zu dem Verzicht arbeitsrechtlicher Ansprüche s. auch *Schütt*, Die Vertragskontrolle von Ausgleichsquittungen, S. 75 ff.

210 *Roloff* in: FS Willemsen, S. 407 (408); *Simon*, Unabdingbarkeit und vertraglicher Verzicht S. 29; BAG 24.02.2016 – 5 AZR 258/14, NZA 2016, 762 Rn. 54.

211 So z. B. bei ErfK/*Franzen* TVG § 4 Rn. 44.

212 Einen guten Überblick über den Streitstand bietet *Simon*, Unabdingbarkeit und vertraglicher Verzicht, S. 29 ff. mwN. In dieser Arbeit wird im Einklang mit *Simon* unter Abdingbarkeit das in die Zukunft gerichtete vertragliche Verhindern des Entstehens eines Anspruchs verstanden.

folgt die Unanwendbarkeit einer Norm auf das Schuldverhältnis.[213] So regelt § 3 Mindestlohngesetz (MiLoG) in S. 1 beispielsweise das grundsätzliche Verbot der Abdingbarkeit des Mindestlohns und in S. 2 das grundsätzliche Verbot des Verzichts. Da es in der Natur von Erledigungsklauseln liegt, dass sie bei Beendigung des Vertragsverhältnisses zwischen Parteien vereinbart werden, handelt es sich inhaltlich meistens um einen Verzicht auf Ansprüche. Umfasst die konkrete Klausel auch zukünftige Ansprüche, ist die Abdingbarkeit der Ansprüche zu diskutieren. Die Grenze der Abdingbarkeit eines Anspruchs oder Rechts beziehungsweise des Verzichts auf einen Anspruch oder ein Recht findet sich immer in den Wertungen der § 134 BGB und § 138 BGB und dem zwingenden Arbeitnehmerschutzrecht.[214] Daneben ergibt sich bereits aus dem Wortlaut, dass tarifliche Rechte aus § 4 Abs. 4 Tarifvertragsgesetz (TVG) nicht zur Disposition der Parteien stehen.[215] Ebenso kann nicht auf Ansprüche aus Betriebsvereinbarungen gem. § 77 Abs. 4 S. 2 Betriebsverfassungsgesetz (BetrVG) ohne Zustimmung des Betriebsrats verzichtet werden. Bestimmte Ansprüche können nicht im Voraus abbedungen, aber im Nachhinein auf sie verzichtet werden.[216]

---

213 *Simon*, Unabdingbarkeit und vertraglicher Verzicht, S. 33.

214 Ascheid/Preis/Schmidt/*Rolfs*, 2. Teil Aufhebungsvertrag Rn. 55.

215 Umfasst alle tariflichen Rechte, BAG 22.02.1961 – 4 AZR 44/59, AP TVG § 1 Auslegung Nr. 106; BAG 19.11.1996, NZA 1997, 1117; LAG Hamm 12.09.2018 – 4 Sa 417/18, BeckRS 2018, 28583 Rn. 35 ff.; auf Ansprüche aus einem Arbeitsvertrag mit Bezugnahmeklausel auf einen Tarifvertrag kann aber verzichtet werden, LAG Schleswig-Holstein 26.02.1981 – 3 Sa 438/80, DB 1981, 900.

216 So ist bei der Entgeltfortzahlung im Voraus kein Abbedingen möglich, BAG 26.10.1971 – 1 AZR 40/71, NJW 1972, 702 2.; im Nachhinein aber unproblematisch möglich z. B. BAG 11.06.1976 – 5 AZR 506/75, NJW 1977, 1213 II. 1.; BAG 20.08.1980 – 5 AZR 227/79, NJW 1981, 1059 III. 2. a); einen Überblick über die Diskussion hinsichtlich der Auswirkung des Unterschieds für Ausschlussklauseln bietet *Moll*, RdA 2023, 321 (323 f.).

B. Die einzelnen unverzichtbaren und unabdingbaren Ansprüche und Rechte

I. Vorsatzhaftung[217]

1. Auslegung der Vorsatzhaftung

Gem. § 202 Abs. 1 BGB kann die Verjährung bei Haftung wegen Vorsatzes nicht im Voraus durch Rechtsgeschäft erleichtert werden. Eine derartige Vereinbarung wäre nach § 134 BGB nichtig.[218] § 202 Abs. 1 BGB ergänzt damit § 276 Abs. 3 BGB, der den Erlass der Haftung wegen Vorsatzes im Voraus verbietet.[219] Der Begriff „Erleichterung" gem. § 202 Abs. 1 BGB umfasst dabei nach der ständigen Rechtsprechung die Abdingbarkeit der Vorsatzhaftung im Voraus in Ausschlussklauseln.[220]

Erledigungsklauseln regeln aber im Gegensatz zu Ausschlussklauseln grundsätzlich das Rechtsverhältnis im Nachhinein. Infolgedessen ist § 202 Abs. 1 BGB, der nur Erleichterungen „im Voraus" erfasst, nicht auf Erledigungsklauseln anwendbar. Abzulehnen ist laut der Gesetzesbegründung eine Ausdehnung dieses Begriffs auf die Abdingbarkeit im Nachhinein.[221] Da die Rechtsfolge die Nichtigkeit der Vereinbarung ist, würde ansonsten keinerlei Platz für die Privatautonomie bleiben. Daraus kann aber nicht pauschal geschlossen werden, dass ein Verzicht auf die Vorsatzhaftung im Rahmen einer Erledigungsklausel unproblematisch möglich ist. Vielmehr ist hier eine differenzierte Betrachtung geboten. Für vorformulierte Erledigungsklauseln gem. §§ 305 ff. BGB normiert nämlich bereits § 309 Nr. 7 BGB, dass ein Haftungsausschluss bei Verletzung von Leben, Körper, Gesundheit

217 Im Folgenden wird bei der Darstellung der Begriff „Vorsatzhaftung" als Überbegriff sowohl für vorsätzliche Schäden gem. §§ 276 Abs. 1, 202 Abs. 1 BGB als auch Haftung bei Verletzung von Leben, Körper, Gesundheit und bei grobem Verschulden gem. § 309 Nr. 7 BGB verwendet.

218 Schon für die Vorgängernorm BGH 26.10.1983 – VIII ZR 132/82, NJW 1984, 289 I. 2. a); s. auch *Bayreuther*, NZA 2021, 1375.

219 BT-Drs. 14/6040, S. 110; BAG 26.11.2020 – 8 AZR 58/20, NZA 2021, 702 Rn. 66.

220 BAG 20.06.2013 – 8 AZR 280/12, NZA 2013, 1265.

221 BT-Drs. 14/6040, S. 110.

und bei grobem Verschulden unwirksam ist.[222] Nach § 309 Nr. 7b BGB gilt letzteres auch für Erfüllungsgehilfen und gesetzliche Vertreter.

Doch auch bei einer individual vereinbarten Erledigungsklausel in einem Vergleich kann nicht pauschal ein umfassender Verzicht auf die genannten Ansprüche erfolgen. Grundsätzlich soll ein Vergleich das Rechtsverhältnis abschließend bereinigen. Nun mögen Erledigungsklauseln primär vergangene Ansprüche erfassen, jedoch können sie bei einer Auslegung als konstitutives negatives Schuldanerkenntnis auch zukünftige Ansprüche umfassen. Insbesondere Schadensersatzansprüche des Arbeitgebers wegen Pflichtverletzungen des Arbeitnehmers ergeben sich oftmals erst nach Beendigung des Arbeitsverhältnisses.[223] Unter Berücksichtigung der Wertung des § 242 BGB darf jedenfalls in Fällen, in denen eine Partei vor Abschluss der die Erledigungsklausel enthaltenen Vereinbarung bereits weiß, dass sie eine vorsätzliche unerlaubte Handlung begangen hat, dieser Anspruch nicht von der Erledigungsklausel umfasst sein.[224]

2. Konsequenzen für die Gestaltung von Erledigungsklauseln

Konsequenterweise drängt sich die Frage auf, ob bei der Formulierung von Erledigungsklauseln die Vorsatzhaftung explizit aus deren Anwendungsbereich herauszunehmen ist und was die Rechtsfolgen einer fehlerhaften Formulierung wären.

a. Vergleich: Rechtslage bei Ausschlussklauseln

Bei der Auslegung von Ausschlussklauseln ging die ständige Rechtsprechung lange davon aus, dass in die Formulierung „hiermit sind alle Ansprüche aus dem Arbeitsverhältnis erledigt" pauschal hineinzulesen ist, dass diese unabdingbare Ansprüche und Rechte wie Ansprüche aus unerlaubter Handlung nicht erfassen soll.[225] Am 26.11.2020

222 So auch *Stoffels*, RdA 2021, 314 (318).
223 *Steinau-Steinrück v./Jöris,* NJW-Spezial 2019, 242 (243).
224 So zu Recht LAG Düsseldorf 28.08.2001 – 16 Sa 610/01, BeckRS 2001, 41635 II. 2. b mit Hinweis auf BAG 09.03.1972 – 1 AZR 165/71, AP BGB § 242 Unzulässige Rechtsausübung-Verwirkung Nr. 10.
225 BAG 18.08.2011 – 8 AZR 187/10, BeckRS 2011, 77790 Rn. 26; BAG 20.06.2013 – 8 AZR 280/12, NZA 2013, 1265 Rn. 21 f.; BAG 28.09.2017 – 8 AZR 67/15, NZA 2018, 589 Rn. 61 ff.

änderte der 8. Senat des BAG diese Rechtsprechung und entschied, dass eine die Haftung wegen Vorsatzes umfassende Verfallklausel wegen § 202 Abs. 1 in Verbindung mit (i. V. m.) § 134 BGB insgesamt unwirksam ist.[226] Diese Rechtsprechung wurde nur einige Monate später vom 9. Senat bestätigt.[227]

Begründet wurde diese Kehrtwende damit, dass *„gerade nicht davon ausgegangen werden [kann], dass die Parteien solche Ansprüche nicht einbeziehen wollten, die zur Nichtigkeit bzw. zur Unwirksamkeit der Verfallklausel führen. Andernfalls würde den Parteien – entgegen dem unmissverständlichen Wortlaut der Klausel – generell der Wille unterstellt, sich mit ihren Regelungen stets im Rahmen dessen zu halten, was nach den geltenden Gesetzen zulässig ist.“*[228] Für allgemeine Geschäftsbedingungen bedeutet dies, dass arbeitsvertragliche Klauseln, die die Vorsatzhaftung explizit nicht ausnehmen, gem. § 307 Abs. 1 S. 2 BGB intransparent sind. Diese Rechtsauffassung ist im Hinblick auf die Systematik des § 202 Abs. 1 BGB nur zu begrüßen. Infolgedessen ist die Vorsatzhaftung zwingend aus dem Geltungsbereich von Ausschlussklauseln auszuklammern.[229]

b. Übertragung dieser Rechtsprechung auf Erledigungsklauseln und Bedeutung für Formulierung von Erledigungsklauseln

Eine direkte Anwendung von dieser Rechtsprechung auf Erledigungsklauseln in Aufhebungsverträgen ist nur begrenzt möglich, da Erledigungsklauseln anders als Ausschlussklauseln vorrangig vergangene Ansprüche regeln.[230] Bei der Formulierung von Erledigungsklauseln kann aber für jeden einzelnen Anspruch geprüft werden, ob die rechtlichen Überlegungen zu Ausschlussklauseln sinngemäß übertragbar sind. Zu berücksichtigen ist dabei insbesondere, ob der Schutzzweck vergleichbar ist. Bei Ansprüchen aus der Vorsatzhaftung drängt sich bei der Berücksichtigung des teilweise als sehr weit auszulegenden Umfangs einer Erledigungsklausel notwendigerweise auf, dass zu-

---

226 BAG 26.11.2020 – 8 AZR 58/20, NZA 2021, 702.

227 BAG 09.03.2021 – 9 AZR 323/20, NZA 2021, 1257 Rn. 18 ff.; Rn. 28.

228 BAG 26.11.2020 – 8 AZR 58/20, NZA 2021, 702 Rn. 60.

229 S. dazu *Roloff* in: FS Willemsen, S. 407 (416).

230 Dörner u. a./*Hoß*, Handbuch des Arbeitsrechts, Kapitel 6 Rn. 326; **a. A.** *Stoffels*, RdA 2021, 314 (318), der den gleichen Auslegungsmaßstab anwenden möchte.

mindest hinsichtlich zukünftiger Ansprüche eine klare Ausnahmeregelung notwendig ist. Dazu kommt, dass im Einzelfall oft unsicher ist, ob eine Klausel vorformuliert ist. Im Falle einer kontrollfähigen Erledigungsklausel verstößt nämlich die Klausel sowohl gegen § 309 Nr. 7 BGB als auch gegen das Transparenzgebot nach § 307 Abs. 1 S. 2 BGB und ist damit gem. § 306 BGB insgesamt unwirksam. Aus Gründen der Rechtssicherheit sind diese Ansprüche in der Formulierung der Klausel bewusst aus dem Geltungsbereich auszunehmen.[231] Allein aus einer Formulierung, die „zukünftig entstehende" Ansprüche ausnehmen möchte, resultiert nicht die notwendige Erkennbarkeit und Transparenz für den Arbeitnehmer, sodass dieser seine Rechte sicher geltend machen kann. Damit ergibt sich im Ergebnis, dass in diesem Fall der gleiche Maßstab wie bei Ausschlussklauseln angewandt werden muss.

3. Zwischenergebnis

Vorformulierte Erledigungsklauseln dürfen die Haftung wegen Vorsatz oder wegen groben Verschuldens sowie die Haftung wegen Verletzung von Körper, Leben und Gesundheit nicht umfassen. Dies ergibt sich schon aus § 309 Nr. 7 BGB. Bei Erledigungsklauseln in einem Vergleich, die nicht der AGB-Kontrolle unterliegen, besteht die Gefahr, dass sie auch zukünftig entstehende Ansprüche umfassen. Nach § 202 Abs. 1 BGB sind nämlich Vereinbarungen, die die Haftung wegen Vorsatz im Voraus erleichtern, unwirksam.

In der jüngeren Rechtsprechung hat sich bei der Gestaltung von Ausschlussklauseln bereits eine klare Linie herausgebildet: Aus Gründen der Transparenz muss die Vorsatzhaftung ausdrücklich vom Anwendungsbereich ausgeschlossen werden. Obwohl Ausschluss- und Erledigungsklauseln nicht unmittelbar vergleichbar sind, verfolgen beide bei der Vorsatzhaftung denselben Schutzzweck. Daher ist bei der Formulierung von Erledigungsklauseln bei der Vorsatzhaftung derselbe Maßstab wie bei Ausschlussklauseln anzuwenden. Kontrollfähige Erledigungsklauseln müssen die Vorsatzhaftung wegen § 307 Abs. 1 BGB explizit aus ihrem Geltungsbereich ausklammern. Aus Gründen

231 So auch HK-ArbR/*Däubler/Kreuder/Matthiessen-Kreuder,* BGB §§ 611, 611a Rn. 632; *Lingemann/Groneberg*, NJW 2011, 3629 (3631).

der Rechtssicherheit ist es zudem ratsam, diese Ausnahme auch in Individualvereinbarungen ausdrücklich zu erwähnen.

II. Anspruch auf Mindestlohn gem. § 1 MiLoG

1. Auslegung des § 3 MiLoG

a. Wortlaut

Gem. § 1 Abs. 1 MiLoG hat jede Arbeitnehmerin und jeder Arbeitnehmer Anspruch auf Zahlung eines Arbeitsentgelts mindestens in Höhe des Mindestlohns durch den Arbeitgeber, wenn der Anwendungsbereich nach § 22 MiLoG eröffnet ist.[232] § 3 S. 1 MiLoG regelt, dass Vereinbarungen, die den Anspruch auf Mindestlohn unterschreiten oder seine Geltendmachung beschränken oder ausschließen, insoweit unwirksam sind.[233] „Vereinbarungen" ist dabei sehr weit zu verstehen, um das Schutzniveau des Mindestlohngesetzes bestmöglich aufrechterhalten zu können.[234] Eine Einschränkung des Wortlauts hinsichtlich Erledigungsklauseln ist nicht ersichtlich. Der Gesetzgeber hat bewusst einen weiten Wortlaut gewählt, um das Missbrauchspotenzial möglichst einzudämmen. Aus dem Wortlaut ergibt sich die Tendenz, den Anspruch aus einer Erledigungsklausel herausnehmen zu müssen.

b. Systematik

Systematisch ist § 3 S. 2 MiLoG bewusst parallel zu § 4 Abs. 5 S. 2 TVG und § 9 S. 2 Hs. 1 Arbeitnehmerentsendegesetz (AEntG) formuliert.[235] Bei diesen Normen ist ein Verzicht auf die enthaltenen Rechte im Rahmen einer umfassenden Erledigungsklausel grundsätzlich nicht wirksam, da der Schutz des Arbeitnehmers vor nachteiligen Vereinbarungen im Vordergrund steht.[236] Nun mögen diese Normen einen geringeren Anwendungsbereich als das MiLoG haben, doch erschließt

232 Zum Umfang des Mindestlohnanspruchs vgl. *Lembke*, NZA 2016, 1 (5 ff.); *Bayreuther*, NZA 2014, 865.

233 Die Rechtsfolge der Unwirksamkeit ergibt sich direkt aus der Norm, sodass § 134 BGB nicht hinzugezogen werden muss, Thüsing/*Greiner* § 3 MiLoG Rn. 4; **a. A.** *Däubler*, NJW 2014, 1924 (1927).

234 Nicht darunter fallen laut der Gesetzesbegründung nur Vereinbarungen nach § 1 BetrAVG, BT-Drs. 15/1558, S. 28.

235 *Bayreuther*, NZA 2014, 865 (870).

236 Vgl. § 1 AEntG; ErfK/*Franzen*, TVG § 4 Rn. 43.

sich nicht, dass dies zu einer Privilegierung des Mindestlohngesetzes führen sollte. Im Gegenteil: Dass der Mindestlohnanspruch jedem Arbeitsverhältnis immanent ist, spricht vielmehr für das mindestens gleiche Schutzniveau. Festzuhalten ist bei dieser Diskussion außerdem, dass § 3 S. 2 MiLoG bewusst die Abbedingung von vergangenen Ansprüchen aus dem MiLoG – parallel zu § 9 S. 1 AEntG und § 4 Abs. 5 S. 2 TVG – in einem gerichtlichen Vergleich zulässt. Der Gesetzgeber bejahte die Zulässigkeit des Verzichts in einem gerichtlichen Vergleich, da *„dieser einen ausreichenden Schutz der Arbeitnehmerin und des Arbeitnehmers vor einem ungerechtfertigten Verlust des Mindestlohnanspruchs sicherstellt.*“[237] Zu beachten ist dabei, dass sich diese Ausnahme dem Wortlaut nach nur auf bereits „entstandene“ Ansprüche beziehen kann. Daraus ist im Umkehrschluss zu schließen, dass der Gesetzgeber allgemeine Erledigungsklauseln in außergerichtlichen Vergleichen oder Aufhebungs- oder Abwicklungsvereinbarungen, die § 1 MiLoG umfassen, nicht billigt. Bei einem gerichtlichen Vergleich ist eine weitere Kontrollinstanz durch das Gericht gewährleistet. Diese fehlt bei einer Aufhebungs- oder Abwicklungsvereinbarung.[238]

c. Telos

Das Mindestlohngesetz wurde eingeführt, um zu *„verhindern, dass Arbeitnehmerinnen und Arbeitnehmer zu Arbeitsentgelten beschäftigt werden, die jedenfalls unangemessen sind und den in Artikel 2 Absatz 1 und Artikel 20 Absatz 1 des Grundgesetzes zum Ausdruck kommenden elementaren Gerechtigkeitsanforderungen nicht genügen.“*[239] Rechtspolitisch soll das Gesetz Lohndumping unterbinden und einen branchenunabhängigen Mindeststandard gewährleisten.[240] Wie sich aber aus der zitierten Gesetzesbegründung ergibt, soll der „ungerechtfertigte Verlust“ des Mindestlohnanspruchs verhindert werden. Der Mindestlohnanspruch ist aber im Falle der Beendigung eines Arbeitsverhältnisses bei Vereinbarung einer Erledigungsklausel im Großteil der Fälle bereits entstanden. Die Gefahr des Verlusts besteht nicht

---

237 BT-Drs. 15/1558, S. 28.
238 So auch *Viethen*, NZA-Beil. 2014, 143 (146).
239 BT-Drs. 15/1558, S. 28.
240 *Schweibert/Leßmann,* DB 2014, 1866 (1869).

bzw. kaum mehr. Doch kann dies allein nicht dazu führen, dass allgemeine Erledigungsklauseln auch den Mindestlohnanspruch umfassen können. Dies widerspricht dem eindeutigen Willen des Gesetzgebers, der den Verzicht in Vereinbarungen verbietet. Allgemeine Erledigungsklauseln dürfen im Ergebnis nicht pauschal Mindestlohnansprüche erfassen.[241] Einem Verzicht über Entgeltansprüche, die über dem Mindestlohnniveau liegen, steht dies aber nicht entgegen.[242]

d. Zwischenergebnis

Im Ergebnis lässt sich feststellen, dass allgemeine Erledigungsklauseln den Anspruch auf Mindestlohn nicht umfassen dürfen.[243] Dies widerspricht dem Wortlaut, der Systematik und dem Telos des MiLoG. Der Zweck des Mindestlohngesetzes ist die Sicherstellung des Mindestentgeltniveaus jeden Arbeitnehmers. Ausnahme von dieser Regel ist nach § 3 S. 2 MiLoG der Verzicht im Rahmen eines gerichtlichen Vergleichs auf bereits entstandene Ansprüche.[244] Auf zukünftige Ansprüche darf auch nicht im gerichtlichen Vergleich verzichtet werden.

2. Auswirkung auf die Gestaltung von Erledigungsklauseln

Das obengenannte Ergebnis wirkt sich auf die Gestaltung von Erledigungsklauseln aus. Wichtig ist, dass dem Schutzzweck des Mindestlohngesetzes Genüge getan wird. Erledigungsklauseln, die einer AGB-Kontrolle nach den §§ 305 ff. BGB unterliegen, müssen nach § 307 Abs. 1 S. 2 BGB transparent gestaltet sein.[245] Als Konsequenz wird daher eine notwendige explizite Erwähnung der Ausnahme des

---

241 So auch *Bayreuther*, NZA 2015, 385 (385); *Viethen*, NZA-Beil. 2014, 143 (146); *Schiefer/Köster/Pöttering*, DB 2014, 2891 (2893); *Riechert/Nimmerjahn,* MiLoG § 3 Rn. 35; HK-MiLoG/*Trümmer*, § 3 Rn. 13; *Gaul/Breuer*, NZA-Beil. 2021, 29 (33); *Fuhlrott*, NZA 2021, 530 (536), wobei dieser keine Differenzierung zwischen Erledigungsklausel und Ausschlussklausel vornimmt.

242 *Bayreuther*, NZA 2015, 385 (385); *Schiefer/Köster/Pöttering*, DB 2014, 2891 (2893).

243 Mittlerweile etablierte Meinung, *Riechert/Nimmerjahn,* MiLoG § 3 Rn. 35; HK-MiLoG/*Trümmer*, § 3 Rn. 13; *Schiefer/Köster/Pöttering*, DB 2014, 2891 (2893).

244 So zuletzt BAG 27.05.2020 – 5 AZR 101/19, NZA 2020, 1130 Rn. 25.

245 S. ausführlich zur Transparenz Kapitel 2.

Mindestlohns in Erledigungsklauseln vertreten.[246] Schon bei der Ausschlussklausel wurde bis zur BAG-Entscheidung vom 18.09.2018[247] vielfach diskutiert, ob der Anspruch auf Mindestlohn aus Transparenzgründen tatsächlich explizit ausgenommen werden muss.[248] Hauptargument war dabei, dass in die Klausel hineingelesen werden könnte, dass diese hinsichtlich der Vergütungsansprüche nicht den Mindestlohnanspruch erfasse.[249] Auch die Erledigungsklausel umfasst ihrem Zweck nach primär Vergütungsansprüche. Der Mindestlohnanspruch wurde im Falle des Abschlusses einer Erledigungsklausel aber normalerweise bereits gem. § 362 Abs. 1 BGB erfüllt.[250] Die Schutznotwendigkeit des Arbeitnehmers ist daher bei Beendigung des Arbeitsverhältnisses nicht vergleichbar zu der in die Zukunft gerichteten Ausschlussklausel, bei der die entstehenden Mindestlohnansprüche noch nicht konkretisiert sind. Die Gefahr für den Arbeitnehmer, den Mindestlohnanspruch zu verlieren, ist sehr reduziert.

Doch spricht dieses Argument nicht per se gegen die explizite Aufzählung in einer Erledigungsklausel. Eine reduzierte Missbrauchsgefahr ist nicht gleichzusetzen mit keiner Missbrauchsgefahr. Diese Ansicht würde den Arbeitgeber, der die Zahlung des Mindestlohns in der Hand hat, begünstigen. Es ist daher zu differenzieren. Dem Arbeitnehmer muss klar sein, über welche Ansprüche er (nicht) verfügt. Der Arbeitgeber als Klauselgestalter, der das Risiko einer fehlerhaften Gestaltung trägt, muss wissen, ob der Anspruch noch nicht erfüllt wur-

---

246 S. beispielsweise Beck'sches Rechtsanwalts-Handbuch/*Michels* § 8 Rn. 245; Dörner u. a./*Hoß,* Handbuch des Arbeitsrechts, Kapitel 6 Rn. 333; *Gaul/Breuer*, NZA-Beil. 2021, 29 (33); *Raif/Dorka*, ArbRAktuell 2020, 540 (542); *Reufels*, § 2 Rn. 245.

247 BAG 18.09.2018 – 9 AZR 162/18, NZA 2018, 1619.

248 S. dazu beispielsweise *Bayreuther*, NZA 2015, 385 (387); Thüsing/*Greiner*, § 3 MiLoG Rn. 12; *Lembke*, NZA 2016, 1 (8 f.); *Lingemann/Otte*, NZA 2016, 519 (522); *Preis/Ulber*, Ausschlussfristen und Mindestlohngesetz, 53 ff.; *Riechert/Nimmerjahn*, MiLoG § 3 Rn. 26 ff.; *Sagan*, RdA 2017, 264 (266 f.); *Bayreuther*, DB 2017, 487 (489).

249 *Bayreuther*, NZA 2014, 865 (870); *Lingemann/Otte*, NZA 2016, 519 (522); verwiesen wurde immer auf die (damals geltende) Rechtsprechung des BAG zur Vorsatzhaftung BAG 20.06.2013 – 8 AZR 280/12, NZA 2013, 1265.

250 Ausführlich dazu *Bayreuther*, NZA 2015, 385 (386) mit dem (richtigen) Hinweis, dass eine Tilgungsbestimmung nach § 366 BGB nicht notwendig ist, **a. A.** *Lembke*, NZA 2016, 1 (9).

de.[251] In dem Fall, in dem der Beendigungszeitpunkt und der Vereinbarungszeitpunkt der Erledigungsklausel nicht übereinstimmen und weiterhin noch ein Anspruch auf (mindestens) Mindestlohn besteht, muss für den Arbeitnehmer aus der Erledigungsklausel hervorgehen, dass er nicht auf diesen Anspruch in einem Aufhebungsvertrag verzichten und ihn damit auch nach Beendigung des Arbeitsverhältnisses noch geltend machen kann. Dies ist unter Berücksichtigung der immer strengeren Transparenzanforderungen in der Rechtsprechung bei AGB-Klauseln zwingend.

In einem außergerichtlichen Vergleich als Individualvereinbarung muss der Mindestlohnanspruch dagegen nicht explizit ausgenommen werden. Es reicht aus, dass in der Vergleichserledigungsklausel erwähnt wird, dass unverzichtbare Ansprüche nicht von der Klausel erfasst sind.

3. Rechtsfolgen von Formulierungsfehlern

Doch stellt sich in Folge die Frage, was ein Fehlen der Ausnahme für Rechtsfolgen für die Erledigungsklausel hätte. Eine nicht kontrollfähige Erledigungsklausel ist höchstens teilunwirksam, wie sich aus dem Wortlaut des § 3 S. 1 MiLoG („insoweit“) ergibt. Der Gesetzgeber hat bewusst die Teilunwirksamkeit als lex specialis zu § 139 BGB normiert.

Bei Erledigungsklauseln, die der AGB-Kontrolle unterliegen, ist die Situation wegen § 307 Abs. 1 S. 2 BGB komplizierter. Bislang fehlt es an einer höchstrichterlichen Rechtsprechung, die sich mit den Rechtsfolgen eines Formulierungsfehlers bei einer Erledigungsklausel im Hinblick auf das Transparenzgebot und den Mindestlohn auseinandergesetzt hat. Systematisch gibt die Vorschrift des § 306 BGB und das Verbot der geltungserhaltenden Reduktion zunächst die augenscheinlich eindeutige Antwort: Grundsätzlich führt ein Verstoß gegen die Vorschriften der AGB-Kontrolle zu der Gesamtunwirksamkeit der Klausel.

---

251 Für das bewusste Abstecken des Umfangs einer Erledigungsklausel s. *Raif/Dorka*, ArbRAktuell 2020, 540 (543); *von Steinau-Steinrück*, NJW-Spezial 2019, 242.

Doch wirkt das bei einem in der Praxis meist bereits geleisteten Anspruch und unter der Berücksichtigung des Zwecks einer Erledigungsklausel etwas weit gegriffen. Man könnte zunächst auf die normierte Teilunwirksamkeit des § 3 S. 2 MiLoG abstellen. Bereits im Hinblick auf die Ausschlussklausel bestand die Auffassung, dass diese Norm lex specialis zu den Regelungen der §§ 305 ff. BGB sei.[252] Doch schob das BAG dieser Ansicht in dem bereits genannten Urteil aus dem Jahr 2018 den Riegel vor. § 3 S. 2 MiLoG stehe neben der Systematik der AGB-Kontrolle und sei kein spezielleres Gesetz.[253] Dadurch ergebe sich, dass die Gesamtunwirksamkeit des § 306 BGB die Teilunwirksamkeit des Mindestlohngesetzes überlagert.[254] Es scheint fern, dass das BAG diese Aussage nur bezüglich Ausschlussklauseln treffen wollte, sondern vielmehr insgesamt das Verhältnis der AGB-Regelungen zum Mindestlohngesetz klarstellen wollte.[255] Daraus ergibt sich demnach kein überzeugendes Argument gegen die Gesamtunwirksamkeit.

Eine Abweichung von der ausnahmslos formulierten Grundregel der Gesamtunwirksamkeit muss systematisch und rechtlich erklärbar sein. Allein Praxistauglichkeit als Argument ist wegen der immer weiter gesteigerten Bedeutung des Transparenzgrundsatzes in der Rechtsprechung nicht haltbar. Systematische Abhilfe könnte die Auslegung der Klausel unter der angemessenen Beachtung der Besonderheiten des Arbeitsrechts nach § 310 Abs. 4 BGB schaffen.[256] Danach könnte sich abweichend von der Grundregel der Gesamtunwirksamkeit und Verbot der geltungserhaltenden Reduktion fehlerhafter AGB-Klauseln nur eine Teilunwirksamkeit der Klausel im Hinblick auf den Mindestlohnanspruch ergeben. Dieser Rechtsgedanke ist nicht neu. So hat das BAG dies bereits für Ausschlussklauseln angenommen, die die unverzichtbaren und unabdingbaren Ansprüche aus einer Betriebsver-

---

252 *Sagan/Witschen*, jM 2014, 372 (376); *Bayreuther*, NZA 2015, 385; *Lembke*, NZA 2015, 70 (73); *Ders.*, NZA 2016, 1 (8); Thüsing/*Greiner*, MiLoG § 3 Rn. 12; dazu tendierend *Reinhard/Kettering*, ArbRB 2014, 302 (303).

253 BAG 18.09.2018 – 9 AZR 162/18, NZA 2018, 1619 Rn. 66.

254 BAG 18.09.2018 – 9 AZR 162/18, NZA 2018, 1619 Rn. 66 ff.

255 S. dazu auch Grüneberg/*Grüneberg* BGB § 306 Rn. 1.

256 So ohne weitere tiefere Ausführungen auch schon bei Ausschlussklauseln andenkend *Lingemann/Chakrabarti*, NJW 2019, 978.

einbarung oder aus dem Tarifrecht nicht ausdrücklich ausnehmen.[257] Normatives Hauptargument war, dass der Zweck dieser Vorschriften der Schutz der kollektiven Ordnung ist, dem durch einer Teilunwirksamkeit der Klausel Genüge getan werde.[258]

Die normative Verankerung könnte im Mindestlohngesetz selbst zu finden sein, in dem der Gesetzgeber bewusst die Teilunwirksamkeit als Rechtsfolge zuließ. Doch das ist widersinnig und systematisch abzulehnen. Durch die Hintertür wird damit die Rechtsprechung umgangen, dass § 306 BGB vorrangig zu § 3 S. 2 MiLoG anzusehen ist.[259] Bei der Ausschlussklausel wurde die Anwendung der Besonderheiten des Arbeitsrechts deswegen verneint, da die geltungserhaltende Reduktion keine angemessenen, sondern nur für den Arbeitgeber begünstigende Rechtsfolgen hätte.[260] So urteilte das BAG: *„Für den Arbeitnehmer führte eine geltungserhaltende Reduktion nicht zu mehr Rechtsklarheit, sondern zu Rechtsunsicherheit und durch die Fortschreibung intransparenter Ausschlussfristenregelungen – faktisch – zur Gefahr von Rechtsverlusten.“*[261] Im Falle einer in die Zukunft gerichteten Ausschlussklausel überzeugt diese Auslegung. An dieser Stelle muss jedoch der Sonderfall der Erledigungsklausel im Arbeitsrecht berücksichtigt werden. Die Norm des § 310 Abs. 4 BGB soll gerade die Besonderheiten des Arbeitsverhältnisses berücksichtigen und im Arbeitsrecht die notwendige Flexibilität der AGB-Kontrolle ermöglichen, solange damit der Schutzgehalt der AGB-Regelungen und der geltungserhaltenden Reduktion nicht unangemessen umgangen wird.[262] Entscheidend ist deshalb, ob der Zweck der Erledigungsklausel ausreichend ist, eine arbeitsrechtliche Besonderheit zu begründen.

Eine Erledigungsklausel wird zur Beendigung des Arbeitsverhältnisses zwischen den Parteien zur Schaffung von Rechtsfrieden und

---

257 BAG 30.01.2019 – 5 AZR 43/18, NZA 2019, 768, insbesondere ab Rn. 32 ff.

258 BAG 30.01.2019 – 5 AZR 43/18, NZA 2019, 768 Rn. 34.

259 So auch schon *Marski*, NJW 2021, 2164 Rn. 21 hinsichtlich der Ausschlussklausel.

260 *Roloff* in: FS Willemsen, S. 407 (414); BAG 18.09.2018 – 9 AZR 162/18, NZA 2018, 1619 Rn. 76.

261 BAG 18.09.2018 – 9 AZR 162/18, NZA 2018, 1619 Rn. 76.

262 BT-Drs. 14/6857, S. 54; *Roloff* in: FS Willemsen, S. 407 (413 f.); BAG 18.09.2018 – 9 AZR 162/18, NZA 2018, 1619 Rn. 75 f.; BAG 04.03.2004 – 8 AZR 196/03, NZA 2004, 727 II.

Rechtssicherheit geschlossen. Würde ein Formulierungsfehler zu einer Gesamtunwirksamkeit der Klausel führen, wäre dieser Zweck nicht erfüllt. Die Rechtsfolge verhält sich damit konträr zum eigentlichen Parteiwillen. Das Schutzbedürfnis des Arbeitnehmers ist außerdem nicht annähend vergleichbar zu der Situation bei einer Ausschlussklausel. Die tatsächliche Missbrauchsgefahr und die Gefahr eines Rechtsverlusts sind erheblich verringert und gehen gegen Null. Anders als bei der Ausschlussklausel ist bei einer Erledigungsklausel der bereits entstandene und damit auch zumeist bereits erfüllte Mindestlohnanspruch feststehend. Eine Umgehungsgefahr ist damit weitestgehend ausgeschlossen. Diese Auslegung ist außerdem nicht nur für den Arbeitgeber als Verwender der Erledigungsklausel vorteilhaft.[263] Auch für den Arbeitnehmer entsteht dadurch nicht die Gefahr, dass durch einen Formulierungsfehler bezüglich des Mindestlohnanspruchs die komplette Erledigungsklausel unwirksam ist und der Zweck des Rechtsfriedens nicht erfüllt wird. Einzig in dem Fall, in dem das Beendigungsdatum in der Zukunft liegt und damit ein Mindestlohnanspruch noch in der Zukunft entsteht, ist dieser Maßstab zu verneinen.

Vergessen wird aber dabei, dass die Systematik der AGB-Kontrolle in all ihrer für das Arbeitsrecht vorgesehenen Flexibilität beim Transparenzgebot keine einzelfallabhängige Abwägung billigt. Man erkennt mit Blick auf das bereits erwähnte Urteil des BAG zu der Teilunwirksamkeit bei Kollektivnormen, dass primär auf deren kollektiven Schutzzweck abgestellt wurde. Der Schutzzweck des Mindestlohns ist aber der individuelle Schutz des einzelnen Arbeitnehmers vor zu niedrigen Löhnen. Der Gesetzgeber hat diese Gefahr als so hoch angesehen, dass er den Anspruch in einem eigenen Gesetz normierte. Eine Umgehung des Mindestlohns ist bei Erledigungsklauseln nur „weitestgehend" ausgeschlossen, ein gewisses Missbrauchspotenzial verbleibt. Der Konflikt zwischen der Schaffung von Rechtsfrieden und Rechtssicherheit durch eine Erledigungsklausel und der drohenden Gesamtunwirksamkeit wegen Intransparenz lässt sich daher nicht

263 Dies wurde oftmals als Argument gegen die Anwendung des § 310 Abs. 4 S. 2 BGB vorgebracht, vgl. nur *Roloff* in: FS Willemsen, S. 407 (414); BAG 18.09.2018 – 9 AZR 162/18, NZA 2018, 1619 Rn. 76; kritisch auch hinsichtlich der Auferlegung des gesamten Risikos auf den Arbeitgeber *Stoffels*, ZFA 2009, 861 (891).

durch den handwerklichen Kunstgriff der Besonderheiten des Arbeitsrechts lösen. Es fehlt an einer letzten normativen Verankerung, die eindeutig den Zweck des Mindestlohngesetzes und des AGB-Rechts hinter dem der Erledigungsklausel zurücktreten lässt. Jedoch ist vor dem Hintergrund der erläuterten Argumente eine Differenzierung angebracht. Notwendigerweise ist, wie bereits bei der Gestaltung von Erledigungsklauseln ausgeführt, der Mindestlohnanspruch aus Transparenzgründen in den Erledigungsklauseln anzugeben, in denen der Anspruch noch nicht geleistet worden ist. In den (meisten) anderen Fällen ist diese Gestaltung nicht zwingend, vielmehr könnte eine Angabe des bereits geleisteten Mindestlohnanspruchs den Arbeitnehmer verwirren und sogar zu einer Intransparenz führen. Aus diesem Grund droht eine Gesamtunwirksamkeit nur in den Fällen, in denen tatsächlich noch der Mindestlohn aussteht. Um welche Fälle es sich handelt, unterfällt der Risikosphäre des Arbeitgebers, da dieser in der Hand hat, den Mindestlohn zu leisten. Aus diesen Gründen liegt es bei der Gestaltung von AGB-rechtlichen Erledigungsklauseln im Interesse des Arbeitgebers, den Mindestlohnanspruch zu beachten.

Insgesamt lässt sich daher festhalten, dass eine Gesamtunwirksamkeit einer Erledigungsklausel aufgrund einer fehlenden Ausnahme des Mindestlohnanspruchs trotz der Beachtung des Zwecks einer Erledigungsklausel und dem verringerten Schutzbedürfnis des Arbeitnehmers die notwendige Folge zu sein hat, wenn der Mindestlohnanspruch noch nicht vollständig geleistet wurde. Der Anwendung des § 310 Abs. 4 BGB steht eine fehlende normative Verankerung entgegen, es verbleibt ein Missbrauchsrisiko für den Arbeitnehmer. Aufgrund der unsicheren Rechtslage und der Bedeutung einer wirksamen Erledigungsklausel in Beendigungssituationen sollte daher der Mindestlohnanspruch aus Gründen der Rechtssicherheit und des Rechtsfriedens explizit herausgenommen werden.[264] Zu betonen ist hierbei, dass dies aber nicht notwendig ist, wenn der Mindestlohnanspruch vollständig geleistet wurde. In diesen Fällen hat die Erledigungsklausel einen rein deklaratorischen Charakter der Wiederholung der Rechtslage. Das Gestaltungsrisiko trägt dabei der Arbeitgeber.

---

264 *Bayreuther*, NZA 2015, 385 (385).

4. Zwischenergebnis

Im Ergebnis lässt sich feststellen, dass allgemeine Erledigungsklauseln den Anspruch auf Mindestlohn nicht umfassen dürfen. Dies widerspricht dem Wortlaut, der Systematik und dem Telos des MiLoG. Sinn des Mindestlohngesetzes ist die Sicherstellung des Mindestentgelts des Arbeitnehmers und dem darin einhergehenden Schutz. Ausnahme dieser Regel ist nach § 3 S. 2 MiLoG der Verzicht im Rahmen eines gerichtlichen Vergleichs auf bereits entstandene Ansprüche.[265] Auf zukünftige Ansprüche darf aber auch nicht im gerichtlichen Vergleich verzichtet werden. Dieses Ergebnis steht einem Verzicht über Entgeltansprüche, die über dem Mindestlohnniveau liegen, nicht entgegen.

Für die Formulierung einer Erledigungsklausel ergibt sich dadurch, dass der Mindestlohnanspruch in einer Erledigungsklausel explizit ausgenommen werden muss, wenn der Anspruch noch nicht erfüllt wurde. Das ergibt sich für Aufhebungsverträge aus dem Transparenzgebot nach § 307 Abs. 1 BGB. Der Mindestlohn wurde vom Gesetzgeber bewusst in seiner Bedeutung betont. Auch wenn der Mindestlohnanspruch in den meisten Fällen bereits gem. § 362 Abs. 1 BGB erfüllt wurde und die Gefahr für den Arbeitnehmer dann nicht mehr besteht, zeigt die jüngere Rechtsprechung die eindeutige Tendenz zur Stärkung des Transparenzgrundsatzes durch die konkrete Ausnahme von Ansprüchen. Entscheidend ist daher bei der Formulierung, ob tatsächlich noch ein unerfüllter Mindestlohnanspruch besteht. Ist das der Fall, muss die Erledigungsklausel ihn aus ihrem Umfang ausklammern. Eine pauschale Angabe der Ausnahme in jeder Erledigungsklausel ist jedoch abzulehnen. Anders verhält es sich bei Vergleichen, die nicht den strengen AGB-Vorgaben unterliegen. Bei diesen ist ausreichend, dass die Erledigungsklausel unverzichtbare Ansprüche ausnimmt.

Bezüglich der Rechtsfolgen ist festzuhalten, dass nicht zwingend eine Gesamtunwirksamkeit droht. Die Erledigungsklausel bezieht sich grundsätzlich auf vergangene und damit feststehende, bereits erfüllte Mindestlohnansprüchen nach § 362 Abs. 1 BGB. In diesen Fall besteht der Anspruch nicht mehr, sodass eine Erwähnung in der Erledigungsklausel rein deklaratorisch und rechtlich gesehen nicht notwendig ist.

---

265 So zuletzt BAG 27.05.2020 – 5 AZR 101/19, NZA 2020, 1130 Rn. 25.

Eine Gesamtunwirksamkeit der Klausel ist daher zu verneinen. Eine allgemeine Teilunwirksamkeit einer Erledigungsklausel bei Intransparenz wegen Nichterwähnens des Mindestlohnanspruchs durch eine Ausnahme des Grundsatzes der geltungserhaltenden Reduktion ergibt sich aber nicht. Darüber kann auch die Wertung der Besonderheiten des Arbeitsrechts nach § 310 Abs. 4 BGB nicht hinweghelfen. § 3 S. 2 MiLoG ist nicht lex specialis zu § 306 BGB. Denn in den Fällen, in denen nicht erfüllte Mindestlohnansprüche noch bestehen, müssen diese wegen ihrer Unverzichtbarkeit zwingend aus Transparenzgründen erkennbar aus der Erledigungsklausel ausgenommen werden. Andernfalls ist die Erledigungsklausel insgesamt unwirksam. Das Gestaltungsrisiko trägt dabei der Arbeitgeber, der die rechtmäßige Erfüllung des Mindestlohnanspruchs selbst in der Hand hat.

5. Notwendigerweise Vergleich iSd. § 278 Abs. 6 Alt. 2 Zivilprozessordnung (ZPO)?

Der Verzicht auf den Anspruch auf Mindestlohn in einer Erledigungsklausel in einem „gerichtlichen Vergleich" scheint zunächst einmal eindeutig formuliert. Immerhin ist gem. § 795b ZPO ein gerichtlicher Vergleich ein Vergleich, der vor einem deutschen Gericht geschlossen wurde. Nach § 46 Abs. 2 Arbeitsgerichtsgesetz (ArbGG) iVm § 278 Abs. 6 S 1 Alt. 1 beziehungsweise 2, S. 2 ZPO können sich die Parteien auch gerichtlich vergleichen, wenn sie dem Gericht einen schriftlichen Vergleichsvorschlag unterbreiten oder einen schriftlichen Vergleichsvorschlag des Gerichts durch Schriftsatz gegenüber dem Gericht annehmen.

a. Eingrenzung des Begriffs „gerichtlicher Vergleich" bei § 14 Abs. 1 S. 2 Nr. 8 Teilzeit- und Befristungsgesetz (TzBfG) nach dem BAG

Das BAG sieht jedoch ausnahmsweise im Rahmen des § 14 Abs. 1 S. 2 Nr. 8 TzBfG einen Vergleich nach § 278 Abs. 6 S. 1 Alt. 1 ZPO nicht als gerichtlichen Vergleich und damit nicht als sachlichen Grund im Sinne des Wortlauts der Norm an.[266] Begründet wird diese Ungleich-

---

266 St. Rspr seit BAG 15.02.2012 – 7 AZR 734/10, NZA 2012, 919 Rn. 19 ff.; BAG 08.06.2016 – 7 AZR 339/14, NZA 2016, 1485 Rn. 17 f.; **a. A.** LAG Niedersachsen 05.11.2013 – 1 Sa 489/13 – juris.

behandlung und teleologische Reduktion[267] der Norm damit, dass es an der *„erforderlichen verantwortlichen Mitwirkung des Gerichts“*[268] für den Arbeitnehmerschutz fehle. Die Gerichte hätten gegenüber dem Arbeitnehmer eine Schutzpflicht vor Missbrauch.[269] Das Gericht habe durch die alleinige Protokollierung des Vergleichsvorschlags aber kaum Einflussmöglichkeiten auf die Gestaltung der Parteien.[270] Daneben zeige die Gesetzeshistorie, dass der Gesetzgeber diese Variante nicht für ausreichend ansieht, da beim Entwurf des TzBfG die Möglichkeit eines Vergleichsschlusses nach § 278 Abs. 6 ZPO noch nicht bestand.[271] Außerdem ergebe sich aus der Auslegung der dem TzBfG zugrundeliegenden Richtlinie[272], dass eine einschränkende Auslegung des Wortlauts des § 14 Abs. 1 S. 2 Nr. 8 TzBfG notwendig sei.[273]

b. Anwendung der Rechtsprechung auf § 3 S. 2 MiLoG

aa. Argumente für die Übertragung der Rechtsprechung

Beim MiLoG steht die Unterbindung von missbräuchlichem Verhalten und Stärkung des Arbeitnehmerschutzes im Vordergrund. Die notwendige Möglichkeit des schützenden Einflusses des Gerichts betont die Bedeutung der Vereinbarung für die Parteien.[274] In der Gesetzesbegründung des § 14 Abs. 1 S. 2 Nr. 8 TzBfG wurde die Sachgrundbefristung damit gerechtfertigt, dass *„[d]ie Mitwirkung des Gerichts an dem Vergleich [] hinreichende Gewähr für die Wahrung der Schutzinteressen des Arbeitnehmers“*[275] bietet. Wenn diese Schutzgewähr beim TzBfG nur durch einen Vergleich gem. Alt. 2 gewährleistet ist, warum sollte dies beim Anspruch aus dem MiLoG anders sein? We-

267 Genauer zur teleologischen Reduktion in der juristischen Methodik s. *Larenz/Canaris*, Methodenlehre der Rechtswissenschaft, S. 194 ff.; *Canaris*, Die Feststellung von Lücken im Gesetz, S. 150 ff.; *Danwerth*, ZfPW 2017, 230.

268 BAG 08.06.2016 – 7 AZR 339/14, NZA 2016, 1485 Rn. 18.

269 BAG 26.04.2006 – 7 AZR 366/05AP TzBfG § 14 Vergleich Nr. 1 Rn. 27; BAG 15.02.2012 – 7 AZR 734/10, NZA 2012, 919 Rn. 17; BAG 08.06.2016 – 7 AZR 339/14, NZA 2016, 1485 Rn. 15.

270 BAG 15.02.2012 – 7 AZR 734/10, NZA 2012, 919 Rn. 25.

271 Ausführlich BAG 15.02.2012 – 7 AZR 734/10, NZA 2012, 919 Rn. 20.

272 RL 1999/70/EG des Rates v. 28.06.1999 zu der EGB-UNICE-CEEP-Rahmenvereinbarung über befristete Arbeitsverträge.

273 BAG 14.01.2015 – 7 AZR 2/14, NZA 2016, 39 Rn. 29.

274 Zum TzBfG *Sievers*, TzBfG, § 14 Rn. 509.

275 BT-Drs. 14/4374, S. 19.

gen dieser vergleichbaren Interessenslage teilen viele Vertreter in der Literatur die Auffassung, dass bei § 3 S. 2 MiLoG der gleiche Maßstab gelten muss.[276] Deshalb könne nur wirksam in einem Vergleich nach § 278 Abs. 6 S. 1 Alt. 2 ZPO im Rahmen einer Erledigungsklausel auf den Mindestlohn verzichtet werden. Die Übertragung sei „ohne Weiteres“[277] möglich.

bb. Argumente gegen die Übertragung der Rechtsprechung

Schon bei der Entscheidung des BAG zum TzBfG war die Kritik in der Literatur laut.[278] Die Rechtsprechung sei „praxisfern“[279], der Vergleich nach Alt. 1 kein Vergleich „zweiter Klasse“[280]. Es sei nicht ersichtlich, dass bei einem Vergleichsschluss nach Alt. 1 der Schutz der Parteien geringer sei.[281] Ein Vergleichsschluss nach Alt. 1 bedeute nicht, dass gar keine gerichtliche Kontrolle stattfinde, da das Gericht nämlich weiterhin zu prüfen hat, ob der Vergleichsvorschlag der Parteien gegen die guten Sitten, die öffentliche Ordnung oder gesetzliche Verbote verstößt.[282] Außerdem hat es zu berücksichtigen, ob die Schutzinteressen des Arbeitnehmers hinreichend berücksichtigt wurden.[283] Diese Argumentationsstruktur wird auch bei § 3 S. 2 MiLoG angeführt.[284]

---

276 *Lakies*, AuR 2014, 360 (363); *ders.* AuR 2016, 14 (19); HK-ArbR/*Däubler*, § 3 Rn. 16; Schaub ArbR-HdB/*Vogelsang*, § 66. Gesetzlicher Mindestlohn Rn. 41; HK-MiLoG/*Trümner* § 3 Rn. 53; *Hilgenstock*, Mindestlohngesetz, Rn. 159; MHdB ArbR/*Krause*, § 71 Einwendungen und Einreden Rn. 2; Küttner Personalbuch 2025/*Schmidt*, Verzicht Rn. 2; zumindest andenkend *Schiefer/Köster/Pöttering*, DB 2014 2891 (2893).

277 So *Hilgenstock*, Mindestlohngesetz, Rn. 159.

278 Beispielhaft *Schnelle* NZA 2018, 1445; *Kern*, ArbRAktuell 2012, 352; *Bayreuther*, NZA 2015, 385 (386); BeckOK ArbR/*Bayreuther*, TzBfG § 14 Rn. 76; *Bohlen*, NZA-RR 2015, 449 (454 f.).

279 *Kern*, ArbRAktuell 2012, 352.

280 *Riechert/Nimmerjahn*, MiLoG § 3 Rn. 53.

281 *Schnelle*, NZA 2018, 1445 (1448).

282 BT-Drs. 15/3482, S. 17.

283 BGH 03.08.2011 – XII ZB 153/10, NJW 2011, 3451 Rn. 21.

284 ErfK/*Franzen* MiLoG § 3 Rn. 5; *Pötters/Krause*, NZA 2015, 398 (399), *Riechert/Nimmerjahn*, MiLoG § 3 Rn. 51 ff; MüKoBGB/*Müller-Glöge*, MiLoG § 3 Rn. 4; *Sura*, NZA-RR 2021, 630.

Dazu kommt, dass die Gesetzeshistorie des § 3 S. 2 MiLoG dafür spreche, dass keine teleologische Reduktion der Norm angewendet wird.[285] Der Deutsche Gewerkschaftsbund (DGB) hatte sich nämlich im Gesetzesverfahren dafür stark gemacht, im Rahmen des § 3 S. 2 MiLoG *„den gerichtlichen Vergleich insofern zu konkretisieren, sodass dieser „auf Vorschlag des Gerichts" erfolgt. Nach § 278 Abs. 1 S. 1 ZPO sind auch andere Möglichkeiten zulässig, die ebenfalls in einen gerichtlichen Vergleich münden können. Diese Ergänzung wird vorgeschlagen, um eine größere Richtigkeitsgewähr bei Verzichtserklärungen zu erreichen."*[286]

c. Stellungnahme

Ein Hauptargument bei der Entscheidung des BAG war die Historie des TzBfG. Das historische Argument ist aber nicht auf das MiLoG übertragbar. Im Jahr 2014 bei Einführung des MiLoG wusste der Gesetzgeber von der Existenz des § 278 Abs. 6 S. 1 Alt. 2 ZPO.[287] Hätte er die 1. Alternative des § 278 Abs. 6 S. 1 ZPO nicht unter die Vorschrift fassen wollen, hätte er die Formulierung dahingehend gewählt. Der Begriff „Gerichtliche Vergleich" erfasst systematisch hingegen auch § 278 Abs. 6 S. 1 Alt. 1 ZPO. Dafür spricht auch die Historie des Gesetzgebungsverfahrens des § 3 MiLoG. Der Gesetzgeber wäre dem Vorschlag des DGB gefolgt, hätte er eine einschränkende Formulierung gewünscht. Im Umkehrschluss ergibt sich, dass der Gesetzgeber eine weitere Auslegung angestrebt hat und die Übertragung der Rechtsprechung beim Teilzeit- und Befristungsgesetz nicht bezweckt ist. Die gleiche Intention des Gesetzgebers liegt gerade nicht vor.[288] Ein europarechtlicher Hintergrund des Mindestlohngesetzes besteht nicht, sodass sich daraus keine Argumentationsgrundlage ergibt. Wirkliche Gründe für eine teleologische Reduktion des § 3 S. 2 MiLoG sind damit nicht ersichtlich.[289]

Unabhängig davon sind die Regelungen nicht vergleichbar und das Schutzniveau nicht identisch. Bei § 14 Abs. 1 S. 2 Nr. 8 TzBfG wollen

---

285 So auch *Riechert/Nimmerjahn*, MiLoG § 3 Rn. 52.
286 DGB-Ausschuss-Drs. 18 (11) 148, S. 32 (35).
287 *Pötters/Krause*, NZA 2015, 398 (399).
288 **A.A** Schaub ArbR-HdB/*Vogelsang*, § 66. Gesetzlicher Mindestlohn Rn. 41.
289 Vgl. *Richter*, ArbRAktuell 2015, 291 (293).

die Parteien ein Arbeitsverhältnis begründen, beim Verzicht auf einen entstandenen Mindestlohnanspruch die Abwicklung eines beendeten Arbeitsverhältnisses regeln. Dazu erschließt sich nicht, wie ein Vergleichsschluss nach § 278 Abs. 6 S. 1 Alt. 1 ZPO weniger Schutzniveau für den Arbeitnehmer haben soll als ein Vergleichsschluss nach Alt. 2. Bei beiden Alternativen ist eine schützende Mitwirkung des Gerichts gewährleistet.

Der pauschalen Übertragung der Rechtsprechung bezüglich des TzBfG auf das MiLoG kann nicht zugestimmt werden. Zugegeben verbleibt aber eine gewisse gestalterische Unsicherheit. Die Parteien sollten bei einem Verzicht auf den Mindestlohnanspruch im Zweifel auf die „sichere“ Variante des Vergleichs gem. § 278 Abs. 6 S. 1 Alt. 2 ZPO zurückgreifen oder das Gericht zumindest bitten, den von den Parteien vorgeschlagenen Vergleich als Vergleich gem. § 278 Abs. 6 S. 1 Alt. 2 ZPO zu bestätigen.[290]

6. Zwischenergebnis

Ein nachträglicher Verzicht auf den Mindestlohnanspruch ist gem. § 3 S. 2 MiLoG in einem gerichtlichen Vergleich möglich. Der Begriff gerichtlicher Vergleich umfasst dabei im Rahmen des Mindestlohngesetzes beide Varianten des § 278 Abs. 6 S. 1 ZPO. Eine Übertragbarkeit der Rechtsprechung zu § 14 Abs. 1 S. 2 Nr. 8 TzBfG ist nicht geboten. Die Voraussetzungen einer teleologischen Reduktion sind nicht gegeben. Eine vergleichbare Interessenslage liegt nicht vor. Einmal geht es um den Abschluss eines Arbeitsverhältnisses durch den Vergleich, bei dem der Arbeitnehmer ausreichend vor Missbrauch geschützt werden soll, im Falle des Vergleichs hinsichtlich des Mindestlohns jedoch um die Regelung des Rechtsverhältnisses nach Beendigung des Arbeitsverhältnisses. Die Missbrauchsgefahr ist dabei erheblich verringert. Der Schutz des Arbeitnehmers wird ausreichend in einem Vergleichsschluss nach § 278 Abs. 6 S. 1 Alt. 1 ZPO berücksichtigt. Es besteht weiterhin eine Kontrolle des Gerichts im Hinblick auf die Einhaltung der guten Sitten, der öffentlichen Ordnung und der gesetzlichen Verbote. Insbesondere spricht gegen die Übertragung der Rechtsprechung

290 *Richter*, ArbRAktuell 2015, 291 (293); *Bayreuther*, NZA 2015, 385 (386); *Raif/Dorka*, ArbRAktuell 2020, 540 (541); BeckOK ArbR/*Hilgenstock*, MiLoG, § 3 Rn. 31.

auch das historische Argument. Bei der Formulierung des Mindestlohngesetzes wurde bewusst dem Vorschlag des DGB nicht gefolgt, der die Normierung der Alt. 2 als zwingende Voraussetzung im Gesetzestext vorsah. Im Umkehrschluss ergibt sich daraus der Wille des Gesetzgebers, dass beide Vergleichsvarianten ausreichend sein sollen.

III. Urlaubsanspruch und Urlaubsabgeltungsanspruch

1. Systematik und Telos des Urlaubsrechts und Auswirkungen auf die Erledigungsklausel

a. Gesetzlicher Urlaubsanspruch

aa. Systematik

Das Urlaubsrecht ist maßgeblich unionsrechtlich geprägt. Dies wirkt sich auf die Auslegung des nationalen Rechts aus. Nach § 1 Bundesurlaubsgesetz (BUrlG) hat jeder Arbeitnehmer in jedem Kalenderjahr Anspruch auf bezahlten frei verfügbaren Erholungsurlaub, für den der Arbeitgeber den Arbeitnehmer freizustellen hat.[291] Die gesetzlich vorgeschriebene Mindestlänge von vier Wochen Urlaub bei einer Fünf-Tage-Woche ergibt sich aus § 3 BUrlG.[292] Diese Regelungen entsprechen Art. 7 Abs. 1 RL 2003/88/EG[293] und sind richtlinienkonform auszulegen.[294] Einer Verkürzung des gesetzlichen Mindesturlaubs steht der Wortlaut des § 13 Abs. 1 S. 3 BUrlG entgegen. Dieser verbietet die Abweichung von den Regelungen des Bundesurlaubsgesetzes

291 St. Rspr. seit BAG 28.01.1982 – 6 AZR 571/79, AP BUrlG § 3 Rechtsmißbrauch Nr. 11.

292 St. Rspr. des BAG, für viele BAG 05.09.2002 – 9 AZR 244/01, NZA 2003, 726 (729); bei Teilzeitarbeitnehmern BAG 14.02.1991 – 8 AZR 97/90, NZA 1991, 777; im Schichtdienst z. B. BAG 15.03.2011 – 9 AZR 799/09, AP TVöD § 26 Nr. 1; BAG 21.07.2015 – 9 AZR 145/14, AP TVG § 1 Tarifverträge: Versorgungsbetriebe Nr. 6; bei Veränderung der Anzahl der Wochentage z. B. BAG 14.03.2017 – 9 AZR 7/16, NZA-RR 2017, 376.

293 Richtlinie 2003/88/EG des Europäischen Parlaments und des Rates vom 4. November 2003 über bestimmte Aspekte der Arbeitszeitgestaltung, ABl. L 299, S. 9; Art. 7 ist wortgleich zu Art. 7 der Vorgängerrichtlinie Richtlinie 93/104/EWG des Rates vom 23.11.1993 über bestimmte Aspekte der Arbeitszeitgestaltung, ABl L 307, S. 18.

294 BAG 05.08.2014 – 9 AZR 77/13, NZA 2015, 625 Rn. 23.

zuungunsten des Arbeitnehmers außerhalb den in der Norm genannten Ausnahmefällen (sog. „Günstigkeitsprinzip“).[295]

Damit wird Art. 31 Abs. 2 Grundrechtscharta[296] (GrCh) Rechnung getragen, der vorschreibt, dass jeder Arbeitnehmer das Recht auf eine Begrenzung der Höchstarbeitszeit, auf tägliche und wöchentliche Ruhezeit sowie auf bezahlten Jahresurlaub hat. Art. 31 Abs. 2 GrCh ist ein im Arbeitsverhältnis zwischen Privaten unmittelbar anwendbares Recht, was zur Folge hat, dass entgegenstehendes nationales Recht unangewendet bleibt.[297] Den Vertragsparteien steht im Rahmen ihrer Privatautonomie offen, darüber hinaus vertraglich weitere Urlaubstage zu vereinbaren.[298] Das Recht auf bezahlten Urlaub ist ein „wesentliches Sozialrecht“[299] der Union. Der bezahlte Urlaub soll sicherstellen, *„dass der Arbeitnehmer über eine tatsächliche Ruhezeit verfügen kann, damit ein wirksamer Schutz seiner Sicherheit und Gesundheit gewährleistet ist“*[300] Er soll sich *„zum einen von der Ausübung der ihm nach seinem Arbeitsvertrag obliegenden Aufgaben [] erholen und zum anderen über einen Zeitraum der Entspannung und Freizeit []*

---

295 BAG 22.01.2002 – 9 AZR 601/00, NZA 2002, 1041 II. 2. d); BAG 05.07.2022 – 9 AZR 341/21, NZA 2022, 1469 Rn. 47; BeckOK ArbR/*Lampe*, BUrlG § 13 Rn. 5.

296 Die europäische Grundrechtscharta ist gem. Art. 6 Abs. 1 UAbs. 1 Vertrag über die Europäische Union (EUV) mit den Verträgen gleichrangiges Primärrecht und bindet gem. Art. 51 Abs. 1 S. 1 GrCh die Mitgliedsstaaten.

297 EuGH 06.11.2018 – C-684/16 (Max-Planck-Gesellschaft zur Förderung der Wissenschaften), ECLI:EU:C:2018:874 Rn. 80; vgl. auch EuGH 17.04.2018 – C-414/16 (Egenberger), ECLI:EU:C:2018:257 Rn. 79; wird auch kritisiert, s. dazu beispielweise *Wutte*, EuZA 2019, 222 (230); *Wank* in: FS Preis, S. 1463 (1470 ff.).

298 St. Rspr. s. nur BAG 24.03.2009 – 9 AZR 983/07, NZA 2009, 538; BAG 23.03.2010 – 9 AZR 128/09, NZA 2010, 810; BAG 04.05.2010 – 9 AZR 183/09, NZA 2010, 1011.

299 St. Rspr des EuGH vgl. nur EuGH 06.11.2018 – C-684/16 (Max-Planck-Gesellschaft zur Förderung der Wissenschaften), ECLI:EU:C:2018:874; EuGH 12.06.2014 – C-118/13 (Bollacke), ECLI:EU:C:2014:1755 Rn. 15; EuGH, 20.01.2009 – C-350/06 u. a. (Schultz-Hoff u. a.), ECLI:EU:C:2009:18 Rn. 22; EuGH 26.06.2001 – C-173/99 (BECTU), ECLI:EU:C:2001:356 Rn. 43.

300 EuGH 06.11.2018 – C-569/16, C-570/16 (Bauer und Willmeroth), ECLI:EU:C:2018:871 Rn. 42; damit im Sinne der st. Rspr. s. z. B. EuGH 16.03.2006 – C-131/04 (Robinson-Steele u. a.), ECLI:EU:C:2006:177 Rn. 49.

verfügen.“[301] Aus dieser Rechtsprechung resultiert, dass der Schutz nur bei tatsächlichem Nehmen des Urlaubs garantiert sein kann. Sowohl aus dem Wortlaut des § 13 Abs. 1 S. 3 BUrlG als auch aus dem zwingenden Europarecht ergibt sich, dass von den vier Wochen gesetzlichen Urlaubsanspruch abweichende Regelungen zuungunsten des Arbeitnehmers unzulässig sind.[302]

bb. Bedeutung für die Erledigungsklausel

Nach der ständigen Rechtsprechung ist der gesetzliche Urlaubsanspruch in einer Erledigungsklausel unabdingbar und unverzichtbar.[303] Dieses Verzichtsverbot besteht unabhängig von der Rechtsnatur der Erledigungsklausel und umfasst sowohl außergerichtliche als auch gerichtliche Vereinbarungen.[304] Damit soll sichergestellt werden, dass die zwingenden gesetzlichen Urlaubsregelungen nicht durch parteiliche Vereinbarungen umgangen werden.[305] In den Worten des EuGH: „*Der Arbeitnehmer ist nämlich als die schwächere Partei des Arbeitsvertrags anzusehen, so dass verhindert werden muss, dass der Arbeitgeber ihm eine Beschränkung seiner Rechte auferlegen kann. Aufgrund dieser schwächeren Position kann der Arbeitnehmer davon abgeschreckt werden, seine Rechte gegenüber seinem Arbeitgeber ausdrücklich geltend zu machen, da insbesondere die Einforderung dieser Rechte ihn Maßnahmen des Arbeitgebers aussetzen könnte, die sich zu seinem Nachteil auf das Arbeitsverhältnis auswirken kön-*

301 EuGH 13.12.2018 – C-385/17 (Hein), ECLI:EU:C:2018:1018 Rn. 26; damit im Sinne der st. Rspr vgl. nur EuGH 20.01.2009 – C-350/06 u. a. (Schultz-Hoff u. a.) ECLI:EU:C:2009:18 Rn. 25; EuGH 04.10.2018 – C-12/17 (Dicu), ECLI:EU:C:2018:799 Rn. 27.

302 So auch die st. Rspr. z. B. EuGH 19.11.2019 – C-609/17 (TSN), ECLI:EU:C:2019:981 Rn. 35; EuGH 13.12.2018 – C-385/17 (Hein), ECLI:EU:C:2018:1018 Rn. 22; EuGH 24.01.2012 – C-282/10 (Dominguez), ECLI:EU:C:2012:33 Rn. 17.

303 BAG 21.07.1978 – 6 AZR 1/77, AP BUrlG § 13 Unabdingbarkeit Nr. 5; BAG 31.05.1990 – 8 AZR 132/89, NZA 1990, 935; BAG 20.01.1998 – 9 AZR 812/96, NZA 1998, 816.

304 BAG 31.05.1990 – 8 AZR 132/89, NZA 1990, 935; BAG 21.07.1978 – 6 AZR 1/77, AP BUrlG § 13 Unabdingbarkeit Nr. 5 (hier jedoch zum Urlaubsabgeltungsanspruch, der wegen der damals noch vertretenen Surrogatstheorie gleichlaufend zum gesetzlichen Urlaubsanspruch behandelt wurde).

305 BAG 14.05.2013 – 9 AZR 844/11, NZA 2013, 1098 Rn. 13; BAG 19.02.2019 – 9 AZR 278/16, BeckRS 2019, 12128 Rn. 17.

nen".[306] Urlaubsrecht ist Arbeitsschutzrecht und liegt in der Verantwortung des Arbeitgebers.[307] Diese Rechtsprechung ist eins zu eins auf Erledigungsklauseln übertragbar.

b. Vertraglicher Urlaubsanspruch

Davon zu unterscheiden ist der vertragliche Mehrurlaub. Dieser unterfällt nicht dem Verbot des § 13 Abs. 1 S. 3 BUrlG, sodass eine abweichende Regelung zulasten des Arbeitnehmers möglich ist.[308] In Bezug auf den Verfall des vertraglichen Mehrurlaubs besteht jedoch ein Gleichlauf mit den gesetzlichen Regelungen, wenn eine unterschiedliche Behandlung nicht erkennbar von den Parteien gewollt ist.[309] Da der vertragliche Mehrurlaub Ausdruck der Privatautonomie der Parteien ist, darf auf diesen in einer Erledigungsklausel verzichtet werden, weder § 13 Abs. 1 S. 3 BUrlG noch Art. 7 RL 2003/88/EG stehen dem entgegen.[310]

c. Urlaubsabgeltungsanspruch

aa. Systematik

Nicht gleichzusetzen mit dem Urlaubsanspruch ist der Urlaubsabgeltungsanspruch. Der Anspruch auf Urlaubsabgeltung ergibt sich aus Art. 7 Abs. 2 RL 2003/88/EG[311] bzw. § 7 Abs. 4 BUrlG, der dessen

---

306 EuGH 06.11.2018 – C-684/16 (Max-Planck-Gesellschaft zur Förderung der Wissenschaften), ECLI:EU:C:2018:874 Rn. 41.

307 EuGH 16.03.2006 – C-131/04 (Robinson-Steele u. a.), ECLI:EU:C:2006:177 Rn. 68 hinsichtlich der Beweislast des Arbeitgebers.

308 St. Rspr, EuGH 24.01.2012– C-282/10 (Dominguez), ECLI:EU:C:2012:33, Rn. 47; EuGH 03.05.2012 – C-337/10 (Neidel), ECLI:EU:C:2012:263 Rn. 34; EuGH 19.11.2019 – C-609/17 (TSN), ECLI:EU:C:2019:981 Rn. 32 ff.; BAG 21.05.2019 – 9 AZR 579/16, NZA 2019, 1571 Rn. 63; BAG 05.07.2022 – 9 AZR 341/21, NZA 2022, 1469 Rn. 47.

309 BAG 31.01.2023 – 9 AZR 85/22, NZA 2023, 1121 Rn. 15; BAG 25.06.2019 – 9 AZR 546/17, NZA 2019, 1577 Rn. 21; BAG 22.01.2019 – 9 AZR 328/16, NZA 2019, 835 Rn. 33.

310 BAG 14.05.2013 – 9 AZR 844/11, NZA 2013, 1098 Rn. 14, 16; BAG 20.01.1998 – 9 AZR 812/96, NZA 1998, 816 I. 2. b) cc); BAG 31.05.1990 – 8 AZR 132/89, NZA 1990, 935 III. 2. b); BAG 21.06.1968 – 5 AZR 408/67, NJW 1968, 2396.

311 Seit EuGH 20.01.2009 – C-350/06 (Schultz-Hoff u. a.), ECLI:EU:C:2009:18 Rn. 56; kritisch *Sagan/Schneider*, NZA 2023, 1209 (1211).

Pendant im deutschen Recht darstellt[312]. Entscheidend bei der Differenzierung ist der Zeitpunkt der Geltendmachung: Urlaubsabgeltung kann erst nach Beendigung des Arbeitsverhältnisses gefordert werden, damit der Arbeitnehmer tatsächlich eine Ruhezeit zur Erholung und zum Gesundheitsschutz erhält.[313] Die Beendigung stellt eine Zäsur dar.[314] Die Art der Beendigung ist dabei irrelevant.[315] Eine Mitwirkungshandlung der Parteien braucht es für die Entstehung des Anspruchs nicht.[316] Die Urlaubsabgeltung ist eng mit dem bezahlten Urlaub verbunden und soll zumindest ermöglichen, dass der Arbeitnehmer, wenn er schon nicht in den Genuss von freier Zeit kam, wenigstens einen finanziellen Ausgleich für den Verlust erhält.[317] Die Berechnung der Höhe der Urlaubsabgeltung ergibt sich aus § 11 Abs. 1 BUrlG.[318]

Nach der früheren Rechtsprechung des BAG stellte der Urlaubsabgeltungsanspruch ein Surrogat des Urlaubsanspruchs dar, der als Ersatz für den Urlaubsanspruch gleichlaufend zu behandeln ist.[319] Anknüpfend an das Schultz-Hoff-Urteil[320] des EuGH änderte das BAG jedoch seine Ansicht und gab ausdrücklich[321] die Surrogatstheorie auf. Der Urlaubsabgeltungsanspruch ist im Unterschied zum Urlaubsanspruch

312 BAG 31.01.2023 – 9 AZR 244/20, NZA 2023, 818 Rn. 73.

313 EuGH 26.06.2001 – C-173/99 (BECTU), ECLI:EU:C:2001:356 Rn. 44; EuGH 18.03.2004 – C-342/01 (Merino Gómez), ECLI:EU:C:2004:160 Rn. 30; EuGH 16.03.2006 – C-131/04 (Robinson-Steele u. a.), ECLI:EU:C:2006:177 Rn. 60.

314 So erst BAG 31.01.2023 – 9 AZR 456/20, NZA 2023, 757 Rn. 41.

315 EuGH 20.07.2016 – C-341/15 (Maschek), ECLI:EU:C:2016:576 Rn. 28; der Urlaubsabgeltungsanspruch bleibt auch bestehen, wenn der Arbeitnehmer durch einen vorgezogenen Ruhestand das Arbeitsverhältnis frühzeitig beendet, EuGH 18.01.2024 – C-218/22 (Comune di Copertino), ECLI:EU:C:2024:51.

316 BAG 19.01.1993 – 9 AZR 8/92, NZA 1993, 798 (799); BAG 17.01.1995 – 9 AZR 664/93, NZA 1995, 531.

317 St. Rspr. EuGH 18.01.2024 – C-218/22 (Comune di Copertino), ECLI:EU:C:2024:51 Rn. 29 f.; EuGH 25.11.2021 – C-233/20 (job-medium), ECLI:EU:C:2021:960 Rn. 29; EuGH 06.11.2018 – C-684/16 (Max-Planck-Gesellschaft zur Förderung der Wissenschaften), ECLI:EU:C:2018:874 Rn. 22; EuGH 20.01.2009 – C-350/06 (Schultz-Hoff u. a.), ECLI:EU:C:2009:18 Rn. 56.

318 BAG 21.09.2010 – 9 AZR 510/09, NZA 2011, 805, Rn. 17.

319 Z. B. BAG 27.07.1967 – 5 AZR 112/67, BeckRS 1967, 10 Rn. 22.

320 EuGH 20.01.2009 – C-350/06 (Schultz-Hoff u. a.), ECLI:EU:C:2009:18.

321 BAG 19.06.2012 – 9 AZR 652/10, NZA 2012, 1087 Rn. 15 ff.

demnach als reiner Geldanspruch einzustufen, der sich nicht von anderen Entgeltansprüchen aus dem Arbeitsverhältnis unterscheidet.[322]

bb. Bedeutung für die Erledigungsklausel

Für die Behandlung des Urlaubsabgeltungsanspruchs in einer Erledigungsklausel ist die rechtliche Einordnung des Anspruchs relevant. Unter der Anwendung der Surrogatstheorie war ein Verzicht in einer Erledigungsklausel in der ständigen damaligen Rechtsprechung konsequenterweise unzulässig, da im Gleichlauf zum gesetzlichen Urlaubsanspruch § 13 Abs. 1 S. 3 BUrlG einer wirksamen Erledigungsklausel entgegenstand.[323] Die Einordnung des Urlaubsabgeltungsanspruchs als reinen Geldanspruch begründet jedoch eine gleichlaufende Behandlung des Urlaubsabgeltungsanspruchs in einer Erledigungsklausel mit anderen Vergütungsansprüchen, sodass ein Verzicht möglich sein muss.[324] Dabei besteht kein Unterschied zwischen dem gesetzlichen und dem vertraglichen Urlaubsabgeltungsanspruch.[325]

Anders verhält es sich aber, wenn das Beendigungsdatum noch in der Zukunft liegt. Bei einer noch laufenden Kündigungsfrist ist ein Verzicht auf Abgeltung des gesetzlichen Mindesturlaubs unwirksam, da der Arbeitnehmerschutz sonst umgangen werden würde.[326] Die Gefahr besteht zum Beispiel bei einer Erkrankung des Arbeitnehmers bis zum Ende des Arbeitsverhältnisses.[327] Sichergestellt werden muss auch,

---

322 BAG 09.08.2011 – 9 AZR 365/10, NZA 2011, 1421 Rn. 23; BAG 19.06.2012 – 9 AZR 652/10, NZA 2012, 1087 Rn. 16; BAG 14.05.2013 – 9 AZR 844/1, NZA 2013, 1098 Rn. 14; BAG 19.05.2015 – 9 AZR 725/13, NZA 2015, 989 Rn. 18; BAG 22.09.2015 – 9 AZR 170/14, NJW 2016, 1837 Rn. 14; BAG 05.07.2022 – 9 AZR 341/21, NZA 2022, 1469 Rn. 15; **a.A.** *Höpfner*, RdA 2013, 65 (69).

323 Z. B. BAG 31.07.1967 – 5 AZR 112/67, NJW 1967, 2376; BAG 21.07.1978 – 6 AZR 1/77, NJW 1979, 566 3.; BAG 05.04.1984 – 6 AZR 443/81, NZA 1984, 257 3. a).

324 BAG 19.06.2012 – 9 AZR 652/10, NZA 2012, 1087; BAG 14.05.2013 – 9 AZR 844/11, NZA 2013, 1098; LAG Schleswig-Holstein 09.06.2021 – 3 Sa 82/21, BeckRS 2021, 18456.

325 BAG 14.05.2013 – 9 AZR 844/11, NZA 2013, 1098; **a.A.** MAH ArbR/*Bengelsdorf/Reufels*, § 52 Aufhebungsverträge Rn. 317; Ascheid/Preis/Schmidt/*Rolfs*, 2. Teil Aufhebungsvertrag Rn. 55; *Höpfner*, RdA 2013, 65 (69).

326 BAG 14.05.2013 – 9 AZR 844/11, NZA 2013, 1098 Rn. 13.

327 *Fuhlrott*, NJW 2019, 3762 (3763).

dass der Urlaub tatsächlich auch hätte genommen werden können.[328] Kritik erfährt diese Ansicht dahingehend, dass die Wirksamkeit des Verzichts dadurch allein vom Zufall der Zeitpunkts des Vergleichs- oder Vereinbarungsschlusses abhängt, was rechtlich kaum begründbar sei.[329] Diese Problematik stellt sich auch insbesondere nochmals bei der Diskussion, inwieweit ein Tatsachenvergleich hinsichtlich der Urlaubsabgeltung möglich ist.[330]

Der Anspruch auf Urlaubsabgeltung muss nicht explizit in der Formulierung der Erledigungsklausel benannt werden, ausreichend ist vielmehr eine allgemeine Erledigungsklausel, die „alle gegenseitigen"[331] „sämtliche"[332] oder einfach nur „alle"[333] Ansprüche aus dem Arbeitsverhältnis erfasst. In einem Urteil des LAG München[334] führte jedoch die einzelfallabhängige Auslegung der Erledigungsklausel *„Mit Erfüllung dieses Vergleichs sind sämtliche finanziellen Ansprüche aus dem Arbeitsverhältnis und aus Anlass dessen Beendigung abgegolten und erledigt"* dazu, dass der Urlaubsabgeltungsanspruch nicht von der Klausel erfasst sein soll. Begründet wurde dies damit, dass in diesem Fall die Ansprüche nicht konkret tituliert wurden, die von der Erledigungsklausel umfasst sein sollen.[335] Ebenso hatte das BAG[336] in einem anderen Fall anhand der Auslegung im Einzelfall den Verzicht auf den Urlaubsabgeltungsanspruchs durch eine Erledigungsklausel verneint.

---

328 Vgl. beispielsweise ArbG Berlin 15.09.2016 – 4 Ca 4394/16, NZA-RR 2017, 67, da in dem vorliegenden Fall die Arbeitnehmerin wegen Mutterschutz und Elternzeit gar nicht in der Lage gewesen ist, den Urlaub tatsächlich zu nehmen.

329 *Höpfner*, RdA 2013, 65 (69).

330 S. dazu Kapitel 4 B. II.

331 LAG Schleswig-Holstein 09.06.2021 – 3 Sa 82/21, BeckRS 2021, 18456 Ls. 3.

332 LAG Mecklenburg-Vorpommern 12.05.2020 – 5 Sa 197/19, BeckRS 2020, 11667 Ls. 2.

333 BAG 20.01.1998 – 9 AZR 812/96, NZA 1998, 816 I 2. b).

334 LAG München 24.01.2023 – 6 Sa 326/22, NZA-RR 2023, 291 Rn. 23 ff.; **a. A.** LAG Schleswig-Holstein 09.06.2021 – 3 Sa 82/21, BeckRS 2021, 18456 Ls. 4 bei einer entsprechenden Formulierung.

335 LAG München 24.01.2023 – 6 Sa 326/22, NZA-RR 2023, 291 Rn. 28.

336 BAG 18.09.2018 – 9 AZR 162/18, NZA 2018, 1619 Rn. 16 ff.

2. Stellungnahme

a. Urlaubsanspruch

Unter Beachtung der herausragenden Bedeutung des bezahlten Erholungsurlaubs ist der Rechtsprechung zum Verzichtsverbot des gesetzlichen Urlaubsanspruchs in Erledigungsklauseln zuzustimmen. Diese rechtliche Einschätzung steht auch im Einklang mit Art. 31 Abs. 2 GrCh und Art. 7 Abs. 1 RL 2003/88/EG und widerspricht keiner europarechtlichen Wertung. Die Rechtsprechung und die Literatur unterscheiden davon richtigerweise den vertraglichen Urlaubsanspruch. Dieser ist – anders als der gesetzliche Urlaubsanspruch – als Ausdruck der Privatautonomie der Parteien frei regelbar und damit auch in Erledigungsklauseln verzichtbar.

b. Urlaubsabgeltungsanspruch

aa. Möglichkeit des Verzichts

Im Einklang mit der Rechtsprechung des EuGH und des BAG ergibt sich durch die Aufgabe der Surrogatstheorie kein Gleichlauf zwischen Urlaubsanspruch und Urlaubsabgeltungsanspruch als Vergütungsanspruch. Richtig ist, dass arbeitsrechtliche Vergütungsansprüche grundsätzlich vom Verzicht in einer Erledigungsklausel umfasst sind, soweit kein gesetzliches Verzichtsverbot besteht. Das ergibt sich aus dem Sinn und Zweck einer Erledigungsklausel. Dennoch resultiert daraus keine automatische Verzichtsmöglichkeit des Urlaubsabgeltungsanspruchs. Der Urlaubsabgeltungsanspruch wird in Art. 7 Abs. 2 RL 2003/88/EG explizit als notwendiger Teil des Urlaubsrechts erwähnt und stellt einen einseitigen Anspruch des Arbeitnehmers mit hohem Schutzgehalt dar. Dieses Argument wird auch von den Stimmen angeführt, die für ein Verzichtsverbot plädieren. Doch wird der Unterschied zwischen dem Urlaubsanspruch und dem Urlaubsabgeltungsanspruch außer Acht gelassen. Beim Urlaubsanspruch stehen die Erholung und die tatsächliche Ruhezeit ohne finanzielle Nachteile für den Arbeitnehmer im Vordergrund, die der Arbeitgeber aktiv gewährleisten muss. Der Urlaubsabgeltungsanspruch als Vergütungsanspruch hingegen ist nicht mehr Teil dieses Schutzzwecks. Die Urlaubsabgeltung dient rein der Schaffung eines finanziellen Ausgleichs für den Verlust des Anspruchs auf bezahlten Erholungsurlaub, der wegen der Beendigung des Arbeitsverhältnisses als solcher unmöglich geworden ist.[337] Ein Unterlaufen des Arbeitnehmerschutzes, den die unionsrechtliche und nationale Rechtsordnung vorsehen, besteht gerade nicht. Die Wertung des Art. 52 Abs. 1 GrCh steht dem Verzicht des Urlaubsabgeltungsanspruch in einer Erledigungsklausel nicht entgegen. Der Wesensgehalt des Urlaubs wird durch einen Verzicht nach Beendigung des Arbeitsverhältnisses nicht tangiert, soweit der Arbeitnehmer den Urlaub tatsächlich hätte nehmen können. Der Arbeitnehmer wird nicht in seiner Erholungsmöglichkeit beschnitten. Hier zeigt sich der Unterschied zu anderen einseitigen (Vergütungs-)Ansprüchen des Arbeitnehmers. Bei dem Anspruch auf betriebliche Altersvorsorge beispielsweise ist der Schutzzweck dem Anspruch immanent. Dieser soll als Vergütungsanspruch die Lebenshaltung des Arbeitnehmers nach seiner Erwerbstätigkeit sicherstellen. Würde man hier einen Verzicht leichtfertig bejahen, wäre der Vergütungsanspruch wertlos.

bb. Ausnahmefall: Beendigungsdatum in der Zukunft

Anders verhält es sich dann, wenn das Beendigungsdatum noch in der Zukunft liegt. In dieser Situation kann dem Hauptzweck des Urlaubs, Gesundheitsschutz und Erholung für den Arbeitnehmer zu ermöglichen, noch nachgekommen werden. Nach dem EuGH ist nämlich *„die Schaffung eines Anreizes, auf den Erholungsurlaub zu verzichten oder die Arbeitnehmer dazu anzuhalten, darauf zu verzichten, mit den [...] genannten Zielen unvereinbar, die mit dem Anspruch auf bezahlten Jahresurlaub verfolgt werden und ua [sic!] darin bestehen, zu gewährleisten, dass der Arbeitnehmer zum wirksamen Schutz seiner Sicherheit und seiner Gesundheit über eine tatsächliche Ruhezeit verfügt [...]. Demnach verstößt auch jede Praxis oder Unterlassung eines Arbeitgebers, die den Arbeitnehmer davon abhalten kann, den Jahresurlaub zu nehmen, gegen das mit dem Recht auf Jahresurlaub verfolgte Ziel“*[338].

Überträgt man diese Rechtsprechung auf die Situation der Erledigungsklausel, ergibt sich zwingend, dass ein Verzicht auf den Ur-

---

337 EuGH 06.11.2018 – C-569/16, C-570/16 (Bauer und Willmeroth), ECLI:EU:C:2018:871 Rn. 43.

338 EuGH 06.11.2018 – C-684/16 (Max-Planck-Gesellschaft zur Förderung der Wissenschaften), ECLI:EU:C:2018:874 Rn. 42.

laubsabgeltungsanspruch vor Beendigung des Arbeitsverhältnisses gleichzeitig einen unzulässigen Verzicht auf den Urlaubsanspruch darstellt.[339] Denn der Arbeitgeber würde den Arbeitnehmer durch eine Erledigungsklausel vor dem Beendigungszeitpunkt dazu bringen, indirekt auf seinen ihm zustehenden Erholungsurlaub zu verzichten, um rechtswirksam das Arbeitsverhältnis beenden zu können. Damit wird der Arbeitnehmer entgegen der zitierten Rechtsprechung des EuGH davon abgehalten, seinen Jahresurlaub zu nehmen. Die schwächere Position des Arbeitnehmers, die diesen Schutzgedanken des EuGH erfordert, endet erst bei der tatsächlichen Beendigung des Vertragsverhältnisses zwischen den Parteien als Zäsur.[340] Das ergibt sich auch schon aus dem Wortlaut des Art. 7 Abs. 2 RL 2003/88/EG. Auch wenn es paradox im Hinblick auf den Erholungszweck anmuten mag, dass dieser Grundsatz sogar noch eine Sekunde vor Beendigungszeitpunkt gilt, kann sich unter Berücksichtigung der Wertungen des Urlaubsrechts kein anderes Ergebnis ergeben. Der Urlaubsabgeltungsanspruch erfüllt seinen Zweck als „Ersatzvergütung für nicht genommenen Urlaub“ erst, wenn die Voraussetzungen des Urlaubsanspruchs tatsächlich nicht mehr bestehen.

Diese Bewertung deckt sich auch mit der Regelung des § 13 Abs. 1 S. 3 BUrlG, der sicherstellen soll, dass der Arbeitnehmer seinen Urlaub tatsächlich im (noch) laufenden Arbeitsverhältnis nehmen kann.[341] Würde man vor Beendigung des Arbeitsverhältnisses Einschränkungen oder einen Ausschluss durch Vereinbarungen der Parteien erlauben, würde das auch dessen Schutzzweck unterlaufen.[342] § 7 Abs. 4 BUrlG normiert ausdrücklich, dass ein Urlaubsabgeltungsanspruch nur entsteht, wenn der noch ausstehende Urlaub „wegen der Beendigung“

---

339 So auch beispielsweise LAG Köln 11.04.2024 – 7 Sa 516/23, BeckRS 2024, 11274 Rn. 40.

340 LAG Köln 11.04.2024 – 7 Sa 516/23, BeckRS 2024, 11274 Rn. 39; BAG 31.01.2023 – 9 AZR 456/20, NZA 2023, 757 Rn. 43.

341 BAG 19.02.2019 – 9 AZR 278/16, BeckRS 2019, 12128 Rn. 17; BAG 14.05.2013 – 9 AZR 844/11, NZA 2013, 1098 Rn. 13.

342 LAG München 12.01.2023 – 3 Sa 358/22, BeckRS 2023, 10843 Rn. 36; LAG Rheinland-Pfalz 09.06.2021 – 2 Sa 116/20, BeckRS 2021, 45644 Rn. 30; BAG 19.02.2019 – 9 AZR 278/16, BeckRS 2019, 12128 Rn. 17; BAG 14.05.2013 – 9 AZR 844/11, NZA 2013, 1098 Rn. 13.

nicht mehr erfüllt werden kann.[343] Wegen dieses ausdrücklichen Wortlauts und in Einklang mit dem Europarecht ist richtigerweise nicht ausreichend, dass der Beendigungszeitpunkt bereits verbindlich feststeht, sondern die Beendigung als Zäsur muss bereits eingetreten sein.[344] Notwendig ist aber bei Abschluss der Parteivereinbarung nicht, ob oder in welchem Umfang der Urlaubsabgeltungsanspruch existiert.[345] Auch wenn es kleinlich scheint, dass der Beendigungszeitpunkt derart bedeutsam ist, muss dem Schutzzweck des Urlaubs Vorrang gewährt und diese zwingende Zäsur beachtet werden. Es ist zu vermeiden, dass sich Arbeitgeber aus ihrer Pflicht der Urlaubsgewährung „herauskaufen“ können und damit der Urlaubszweck unterlaufen wird. Eine Erledigungsklausel darf also im Ergebnis den Urlaubsabgeltungsanspruch nicht umfassen, wenn der Beendigungszeitraum noch in der Zukunft liegt.

c. Zwischenergebnis

Bezüglich des gesetzlichen Urlaubsanspruchs ist ein Verzicht in einer Erledigungsklausel wegen § 13 Abs. 1 S. 3 BUrlG und den europarechtlichen Vorschriften unzulässig. Anders verhält es sich mit dem vertraglichen Mehrurlaub, auf den in einer Erledigungsklausel wegen der Privatautonomie der Parteien verzichtet werden kann.

Der Urlaubsabgeltungsanspruch kann als Teil einer Erledigungsklausel ebenso einem Verzicht der Parteien unterliegen. § 13 Abs. 1 S. 3 BUrlG steht dem nicht entgegen. Voraussetzung ist dabei jedoch, dass das Arbeitsverhältnis bereits tatsächlich beendet sein muss. Das ergibt sich aus dem Hauptzweck des Urlaubs, für den Arbeitnehmer Gesund-

---

343 LAG München 12.01.2023 – 3 Sa 358/22, BeckRS 2023, 10843 Rn. 36; BAG 19.02.2019 – 9 AZR 278/16, BeckRS 2019, 12128 Rn. 11; BAG 20.09.2011 – 9 AZR 416/10, NZA 2012, 326; vgl. auch die EuGH-Rechtsprechung EuGH 06.11.2018 – C-569/16, C-570/16 (Bauer und Willmeroth), ECLI:EU:C:2018:871 Rn. 44; EuGH 12.06.2014 – C-118/13 (Bollacke), ECLI:EU:C:2014:1755 Rn. 23.

344 Richtig dargestellt durch LAG Köln 11.04.2024 – 7 Sa 516/23, BeckRS 2024, 11274 Rn. 38 f.; verkannt durch LAG Berlin-Brandenburg 19.02.2016 – 8 Sa 1923/15, BeckRS 2016, 68938 Rn. 23; LAG Köln 08.11.2012 – 7 Sa 767/12 – juris Rn. 59, die entgegen dem Wortlaut des § 7 Abs. 4 BUrlG und der Systematik des Urlaubsrechts nach Aufgabe der Surrogatstheorie rein auf die Vertragsautonomie der Parteien abstellen.

345 LAG München 12.01.2023 – 3 Sa 358/22, BeckRS 2023, 10843 Rn. 36.

heitsschutz und Erholung zu gewährleisten und einer Ausnutzung der schwächeren Position des Arbeitnehmers entgegenzuwirken. Sowohl dieser Zweck als auch die strukturelle Ungleichheit entfallen bei Beendigung des Arbeitsverhältnisses. Wird die den Verzicht enthaltene Vereinbarung aber vor Beendigung des Vertragsverhältnisses geschlossen, unterläuft dies den Schutzzweck des Urlaubs. Auch wenn der Beendigungszeitraum marginal in der Zukunft liegt, verstößt eine Erledigungsklausel, die den Urlaubsabgeltungsanspruch umfasst, gegen das Europarecht und § 13 Abs. 1 S. 3 BUrlG und ist damit unwirksam. Ausreichend ist wegen des eindeutigen Wortlauts des § 7 Abs. 4 BUrlG als auch des Art. 7 Abs. 2 RL 2003/88/EG außerdem nicht, dass der Beendigungszeitraum nur verbindlich feststeht, aber noch nicht tatsächlich eingetreten ist.

3. Bedeutung für die Gestaltung von Erledigungsklauseln

Bislang wird in Erledigungsklauseln (unabhängig davon, ob sie individualvertraglich und AGB-rechtlicher Natur sind) hineingelesen, dass diese den unverzichtbaren Anspruch auf gesetzlichen Urlaub nicht umfassen, da das nicht dem Willen der Parteien entspreche.[346] Anders als beim Mindestlohn oder der Vorsatzhaftung stellt sich die höchstrichterliche Rechtsprechung jedoch bisher hinsichtlich der Ausschlussklausel auf den Standpunkt, dass der gesetzliche Urlaubsanspruch regelmäßig durch Auslegung von der Klausel ausgenommen und eine explizite Ausnahme aus Transparenzgründen nicht notwendig sei.[347] Erst recht könnte man aus dieser Rechtsprechung schließen, dass auch bei Erledigungsklauseln aus Transparenzgründen keine Ausnahme des gesetzlichen Urlaubsanspruchs notwendig ist. Berechtigterweise wird diese Rechtsprechung aber von verschiedenen Seiten kritisiert.[348] Die höchstrichterliche Rechtsprechung ist in sich nicht

346 BAG 20.06.2013 – 8 AZR 280/12, NZA 2013, 1265 Rn. 22.

347 BAG 24.05.2022 – 9 AZR 461/21, NZA 2022, 1328 Rn. 40 ff.

348 *Bayreuther*, NZA 2022, 1381 (1384 f.); *Köllmann/Wubbernitz*, NZA 2023, 793 (799 f.).; Preis/*Greiner* Der Arbeitsvertrag II A 150 Rn. 25; weiter geht noch *Fuhlrott*, ArbRAktuell 2022, 257, der eine ausdrückliche Herausnahme des Urlaubsabgeltungsanspruchs aus Ausschlussklauseln fordert. Dies ist aber im Ergebnis abzulehnen, vielmehr muss dem Arbeitnehmer der Unterschied zwischen dem unabdingbaren gesetzlichen Urlaubsanspruch, dem vertragliche Urlaubsanspruch und dem Urlaubsabgeltungsanspruch in der Behandlung

stringent. Einerseits wird beim Mindestlohnanspruch und seit neuerer Rechtsprechung bei der Vorsatzhaftung mit dem Totschlagargument Transparenz der Auslegung einer Klausel der Riegel vorgeschoben, ein *„aufmerksamer und sorgfältiger Arbeitnehmer"*[349] muss aber auch ohne Erwähnung des Urlaubsanspruchs erkennen, dass dieser einer Ausschlussklausel nicht unterliegt. Hinsichtlich der Erledigungsklausel wurde deshalb schon in der Rechtsprechung vertreten, dass es aus Transparenzgründen wichtig sei, dass aus der Erledigungsklausel hervorgeht, dass nur der vertragliche Mehrurlaub vom Verzicht umfasst ist.[350] Dies wird auch dadurch gestützt, dass anders als bei einer Ausschlussklausel keine Frist zur Geltendmachung besteht, sondern der Verzicht eine juristische Sekunde später wirkt.[351]

Unter den europarechtlichen Gesichtspunkten kann dem nur zugestimmt werden. Die bisherige Praxis, dass bei einer beispielhaften Aufzählung von unverzichtbaren Ansprüchen durch reine Auslegung auch der Urlaubsanspruch umfasst sein soll, enthält systematische Widersprüche. Nationale Regelungen wie der Mindestlohnanspruch sollen einem aufmerksamen Arbeitnehmer weniger klar sein und einer expliziten Erwähnung bedürfen als der europarechtlich zwingende gesetzliche Urlaubsanspruch. Vor dem Hintergrund der gestärkten Urlaubsrechtsprechung durch den EuGH[352] sowie der Bedeutung des Urlaubs in der europarechtlichen Systematik muss der gesetzliche Urlaubsanspruch als Ausnahme formuliert sein. Dies deckt sich auch mit dem Zweck der AGB-Kontrolle, den Schutz des Arbeitnehmers zu gewährleisten. Da der Sinn des Urlaubsrechts genau dieser Schutz des Arbeitnehmers ist, wird diesem Zweck damit Rechnung getragen. Durch die explizite Erwähnung der Ausnahme werden außerdem die Risiken der Unwirksamkeit der Erledigungsklausel für die Parteien

---

einer Ausschlussklausel klargemacht werden, so auch *Bayreuther*, NZA 2022, 1381 (1384) und *Köllmann/Wubbernitz*, NZA 2023, 793 (800).

349 BAG 24.05.2022 – 9 AZR 461/21, NZA 2022, 1328 Rn. 42.

350 LAG Rheinland-Pfalz 09.06.2021 – 2 Sa 116/20, BeckRS 2021, 45644 Rn. 31 ff.

351 BAG 21.06.2011 – 9 AZR 203/10, NZA 2011, 1338 Rn. 49.

352 Beispielsweise EuGH 22.09.2022 – C-518/20 (Fraport), ECLI:EU:C:2022:707; EuGH 22.09.2022 – C-120/21 (LB (Prescription du droit au congé annuel payé)), ECLI:EU:C:2022:718; EuGH 27.04.2023 – C-192/22 (Bayerische Motoren Werke AG), ECLI:EU:C:2023:347; EuGH 12.10.2023 – C-57/22 (Ředitelství silnic a dálnic), ECLI:EU:C:2023:770; EuGH 18.01.2024 – C-218/22 (Comune di Copertino), ECLI:EU:C:2024:51.

minimiert. Daher müssen der AGB-Kontrolle unterfallende Erledigungsklauseln den gesetzlichen Urlaubsanspruch als Ausnahme erwähnen.

Hinsichtlich des vertraglichen Urlaubsanspruchs ist außerhalb einer allgemeinen Erledigungsklausel keine weitere Gestaltung nötig. Er ist vom Verzichtswillen des Arbeitnehmers in einer Erledigungsklausel umfasst, da er ein klassischer Anspruch aus dem Arbeitsverhältnis ist. Der Schutzzweck des Urlaubs steht dem nicht entgegen. Ebenso verhält es sich mit dem Urlaubsabgeltungsanspruch. Aus der einzelfallabhängigen Auslegung der Erledigungsklausel durch das LAG München ergibt sich keine Grundregel, dass ein Verzicht auf den Urlaubsabgeltungsanspruch in einer allgemeinen Erledigungsklausel nicht möglich sein soll. Vielmehr ist daraus zu schließen, dass der Anspruch grundsätzlich von einer allgemeinen Erledigungsklausel und dem Verzichtswillen der Parteien umfasst ist, falls aus der Auslegung der konkreten Klausel nicht etwas Gegenteiliges resultiert. Auch der Schutzzweck des Anspruchs steht dem nicht entgegen. Für eine rechtssichere Gestaltung einer Erledigungsklausel kann angedacht werden, ob man nicht doch die Aufzählung der konkret umfassten Ansprüche wählt.[353] Damit werden Auslegungsschwierigkeiten umgangen. Ein Muss ist diese Gestaltung aber jedenfalls nicht.

Relevant wird beim Thema Urlaubsabgeltungsanspruch aber das Beendigungsdatum: Liegt dieses in der Zukunft nach Abschluss der Vereinbarung, muss festgehalten werden, dass der Urlaubsabgeltungsanspruch von der Erledigungsklausel nicht umfasst sein darf. Dies ergibt sich aus der Wertung des § 307 Abs. 1 S. 2 BGB sowie der Bedeutung des Urlaubs in der europarechtlichen Systematik.

4. Rechtsfolgen eines Formulierungsfehlers

Aus den obigen Ausführungen resultiert, dass der gesetzliche Urlaubsanspruch aus Schutzgründen explizit wegen § 307 Abs. 1 S. 2 BGB aus einer kontrollfähigen Erledigungsklausel ausgenommen werden muss. Andernfalls droht nach § 306 BGB die Gesamtunwirksamkeit der Klausel. Diese Auslegung ist bei der Entwicklung der transparenzstärkenden Rechtsprechung stringent. Ebenso verhält es sich bei der

353 So im Ergebnis *Glowe*, SPA 2023, 69; *Windhorst*, ArbRAktuell 2023, 184.

fehlenden Ausnahme des Urlaubsabgeltungsanspruchs, wenn die Erledigungsklausel vor dem Beendigungszeitpunkt geschlossen wird. Der Schutz des Arbeitnehmers hat im Urlaubsrecht höchste Priorität. Aus den Besonderheiten des Arbeitsrechts nach § 310 Abs. 4 BGB ergibt sich keine andere Wertung. Diese bestehen nicht, um die europarechtlich normierten Schutzmechanismen zu umgehen. Es findet sich keine normative Begründungsbasis, wieso ausnahmsweise nicht die Gesamtunwirksamkeit der Erledigungsklausel aus diesem Formulierungsfehler herrührt.

5. Zwischenergebnis

Der gesetzliche Urlaubsanspruch darf nicht von einer Erledigungsklausel umfasst sein. Das Verzichtsverbot in der Erledigungsklausel ergibt sich aus § 13 Abs. 1 BUrlG sowie dem Europarecht. Unionsrechtlich wird die Bedeutung und der gesundheitliche Schutzzweck des bezahlten Urlaubs, der den Arbeitnehmer die notwendige Ruhe und Erholung von der Arbeit bringen soll, hervorgehoben. Im Gegensatz dazu kann auf den über den gesetzlichen Urlaubsanspruch hinausgehenden vertraglichen Urlaubsanspruch wirksam in einer Erledigungsklausel verzichtet werden. Dieses „Mehr" an Urlaub unterfällt nicht den strengen Vorgaben des Mindesturlaubs und unterliegt der Privatautonomie der Parteien. Bezüglich des Urlaubsabgeltungsanspruchs ist aufgrund der richtigen Einstufung als Vergütungsanspruch die Verzichtsmöglichkeit in einer Erledigungsklausel zu bejahen. Relevant ist dabei aber der konkrete Beendigungszeitpunkt. Liegt dieser nämlich zeitlich nach der Vereinbarung der Erledigungsklausel, kann auf den Urlaubsabgeltungsanspruch nicht verzichtet werden. Dies zeigen schon die Formulierungen des Art. 7 Abs. 2 RL 2003/88/EG und § 7 Abs. 4 BUrlG, die als Voraussetzung der Urlaubsabgeltung auf die Beendigung des Arbeitsverhältnisses abstellen. Ein Verzicht unterläuft außerdem entgegen der Rechtsprechung des EuGH den Schutzzweck des Urlaubsanspruchs, da der Arbeitnehmer statt eines Erholungsurlaubs „nur" eine finanzielle Entschädigung erhält. Diese ist aber nicht gleichzusetzen mit einer tatsächlichen Ruhezeit.

Eine allgemeine Erledigungsklausel umfasst damit in Konsequenz sowohl den vertraglichen Urlaubsanspruch als auch grundsätzlich den Urlaubsabgeltungsanspruch. Letzterer darf nur nicht von der Erledigungsklausel umfasst sein, wenn das Beendigungsdatum in der Zukunft liegt. Zur Klarstellung und aus Transparenzgründen muss in der Erledigungsklausel der gesetzliche Urlaubsanspruch explizit ausgenommen werden. Dies ergibt sich aus dem Schutzzweck und der Bedeutung des Urlaubs für den Arbeitnehmer sowie aus der Rechtssystematik. Ebenso verhält es sich mit einem Urlaubsabgeltungsanspruch, wenn das Arbeitsvertragsverhältnis noch nicht beendet ist. Sonst droht eine Gesamtunwirksamkeit der Erledigungsklausel.

IV. Auskunftsrecht aus Art. 15 DSGVO

Die Betroffenenrechte der Art. 12 ff. DSGVO haben in der arbeitsrechtlichen Praxis mittlerweile eine hohe Relevanz. Insbesondere der Auskunftsanspruch über die im Arbeitsverhältnis verarbeiteten personenbezogenen Daten nach Art. 15 Abs. 1 DSGVO ist mittlerweile ein beliebtes Mittel für Arbeitnehmer, beispielsweise im Kündigungsschutzprozess eine bessere Verhandlungsposition zu erhalten.[354] Mit diesem Anspruch kommt nämlich für die Arbeitgeberseite ein nicht zu unterschätzender Aufwand einher, jegliche verarbeiteten Daten des betroffenen Arbeitnehmers zu sammeln. Dabei droht im Hintergrund die Gefahr einer Sanktion nach Art. 82 DSGVO, sollte der Arbeitgeber diesem Begehren nicht nachkommen. Daher liegt es im großen Interesse insbesondere der Arbeitgeberseite, diesen Anspruch möglichst in einer Erledigungsklausel abzubedingen und sich vor nachträglichen Auskunftsbegehren zu schützen.

---

354 Bereits als „Modeerscheinung" bezeichnet in *Klachin/Schaff/Rauer*, ZD 2021, 663; zur Bedeutung in Vergleichsverhandlungen s. *Schulte/Welge*, NZA 2019, 1110 (1115); Nutzung als „offensichtlich zweckwidrig" betitelt in *Sorber*, DSB 2021, 197 (197).

1. Überblick über den europarechtlichen Hintergrund und Auswirkungen auf die Auslegung[355]

Die Verordnung EU 2016/679[356] zum Schutz natürlicher Personen bei der Verarbeitung personenbezogener Daten, zum freien Datenverkehr und zur Aufhebung der Richtlinie 95/46/EG, kurz Datenschutzgrundverordnung, ersetzte 2016 die Datenschutzrichtlinie von 1995 (Richtlinie 95/46/EG[357]) und gilt seit 2018 zwingend und unmittelbar in ihrem Anwendungsbereich (vgl. Art. 2 und Art. 3 DSGVO). Zweck der DSGVO ist gem. Art. 1 Abs. 1 DSGVO der Schutz natürlicher Personen bei der Verarbeitung personenbezogener Daten und zum freien Verkehr solcher Daten. Die Definition zu personenbezogenen Daten findet sich in Art. 4 Nr. 1 DSGVO. Die Verordnung ist die Reaktion des europäischen Gesetzgebers auf die immer weiter fortschreitende Digitalisierung und die damit einhergehende Datenverarbeitung unterschiedlichster Stellen und beabsichtigt die Harmonisierung des Datenschutzstandards.[358]

Der Schutz personenbezogener Daten wurde bereits in Art. 8 GrCh normiert und sehr früh in der EuGH-Rechtsprechung als geltendes Grundrecht benannt.[359] Art. 8 GrCh ist nach der Rechtsprechung des EuGH auch im horizontalen Verhältnis zwischen Privaten anwendbar.[360] Die Norm ist im Allgemeinen und auch auf die Auskunft ein

355 Es wird auf die ausführliche Darstellung des Inhalts und Umfangs des datenschutzrechtlichen Auskunftsanspruchs in *Peisker*, Der datenschutzrechtliche Auskunftsanspruch, Diss. Bonn 2023 verwiesen, da eine Darstellung in dieser Breite den Umfang dieser Arbeit überschreiten würde. Vgl. hierzu ausführlich *Peisker*, Der datenschutzrechtliche Auskunftsanspruch, S. 53 ff.

356 ABl. L 119 S. 1 vom 27.04.2016, ber. L 314 S. 72, 2018 L 127 S. 2 und 2021 L 74 S. 35.

357 Richtlinie 95/46/EG des Europäischen Parlaments und des Rates vom 24. Oktober 1995 zum Schutz natürlicher Personen bei der Verarbeitung personenbezogener Daten und zum freien Datenverkehr, Abl. L 281 S. 31.

358 Erwägungsgrund (ErwGr.) 6 VO EU 2016/679.

359 EuGH 12.11.1969, Rs. 29/69, Slg. 1969, 419 ff. (Stauder), ECLI:EU:C:1969:57; im europäischen Primärrecht findet sich außerdem noch in Art. 16 AEUV eine Regelung zum Datenschutz. Für die Interpretation der Datenschutzgrundrechte ist des Weiteren die Rechtsprechung des Europäischen Gerichtshof für Menschenrechte (EGMR) zu Art. 8 Europäische Menschenrechtskonvention (EMRK) zu beachten.

360 EuGH 13.05.2014 – C-131/12 (Google Spain), ECLI:EU:C:2014:317 Rn. 81.

normgeprägtes und damit ausgestaltungsbedürftiges Grundrecht.[361] Es ist Ausdruck der Selbstbestimmung jeden Bürgers zur Verarbeitung seiner Daten.[362]

2. Inhalt des Auskunftsrechts

Das Auskunftsrecht dient der Transparenz und Rechtmäßigkeit der Datenverarbeitung.[363] Es ist für die Betroffenenrechte eines der Hauptinstrumente und wird als Teil der „Magna Charta" des Datenschutzrechts betitelt.[364] Bei Verstößen droht ein Bußgeld nach Art. 83 Abs. 5b DSGVO oder sogar ein unmittelbarer Schadensersatz gegen den Arbeitgeber als Verantwortlichen nach Art. 82 DSGVO.[365]

---

361 EuGH 12.01.2023 – C-154/21 (Österreichische Post), ECLI:EU:C:2023:3 Rn. 44.

362 EuGH 08.04.2018 – C-293/12, C-594/12 (Digital Rights Ireland), ECLI:EU:C:2014:238; zur Bedeutung der Selbstbestimmung im Hinblick auf die Datenverarbeitung im Rahmen des Grundgesetzes BVerfG 15.12.1983 – 1 BvR 209/83 u. a., NJW 1984, 419 (Volkszählungsurteil).

363 ErwGr. 63 S. 1 VO EU 2016/679; EuGH 17.07.2014 – C-141/12, C-372/12 (YS u. a.), ECLI:EU:C:2014:208.

364 BeckOK DatenschutzR/*Schmidt-Wudy,* DS-GVO Art. 15 Rn. 2; *Lembke*, NJW 2020, 1841 (1846); LAG Hamm 11.05.2021 – 6 Sa 1260/20, BeckRS 2021, 21866 Rn. 43.

365 Unter welchen Voraussetzungen ein Anspruch auf (im)materiellen Schadensersatz nach Art. 82 Abs. 1 DSGVO bei Verletzung des Auskunftsrechts entstehen kann, ist hoch umstritten und noch nicht abschließend geklärt, vgl. nur den kumulativen Voraussetzungskatalog von EuGH 04.05.2023 – C-300/21 (Österreichische Post), ECLI:EU:C:2023:370 Rn. 28 ff.; weiter konkretisiert in EuGH 14.12.2023 – C-456/22 (Gemeinde Ummendorf), ECLI:EU:C:2023:988 Rn. 12 ff.; EuGH 21.12.2023 – C-667/2 (Krankenversicherung Nordrhein), ECLI:EU:C:2023:1022 Rn. 88 ff.; EuGH 25.01.2024 – C-687/21 (MediaMarktSaturn), ECLI:EU:C:2024:72 Rn. 51 ff.; einen Überblick über die Diskussion und die unterschiedlichen Entscheidungen der nationalen Gerichte bietet *Fuhlrott/ Fischer*, NZA 2023, 606. Der Schadensersatzanspruch hat nach nunmehr ständiger Rechtsprechung des EuGH keine Straffunktion, sondern dient dem Ausgleich für den erlittenen Schaden aufgrund des Verstoßes gegen die DSGVO, EuGH 04.05.2023 – C-300/21 (Österreichische Post), ECLI:EU:C:2023:370 Rn. 38 und 40; EuGH 21.12.2023 – C-667/2 (Krankenversicherung Nordrhein), ECLI:EU:C:2023:1022 Rn. 85; EuGH 25.01.2024 – C-687/21 (MediaMarktSaturn), ECLI:EU:C:2024:72 Rn. 47.

a. Umfang des Auskunftsrechts

Das Auskunftsrecht nach Art. 15 Abs. 1 DSGVO enthält den Anspruch auf Auskunft bzw. Bestätigung, welche Daten des Betroffenen (Art. 4 Nr. 1 DSGVO) vom Verantwortlichen (Art. 4 Nr. 7 DSGVO) zu welchem Zweck verarbeitet werden.[366] Daneben wird das Auskunftsrecht durch Art. 15 in Absatz 1 Hs. 2 Teil 2 Buchstaben a bis h DSGVO durch ein Informationsrecht konkretisiert, falls eine Datenverarbeitung gegeben ist. Der sog. Kopieanspruch in Art. 15 Abs. 3 DSGVO ist kein eigenständiges Recht neben dem Auskunftsanspruch, sondern bestimmt lediglich dessen praktische Ausgestaltung.[367]

Der genaue Umfang der Erfüllung des Auskunftsanspruchs war bislang umstritten. Vertreten wurde ein sog. weites oder enges Verständnis des Anspruchs.[368] 2023 konkretisierte der EuGH in einem Vorlageverfahren den Umfang des datenschutzrechtlichen Auskunftsanspruchs im Hinblick auf den Kopieanspruch dahingehend, dass *„der betroffenen Person eine originalgetreue und verständliche Reproduktion aller dieser Daten ausgefolgt wird. Dieses Recht setzt das Recht voraus, eine Kopie von Auszügen aus Dokumenten oder gar von ganzen Dokumenten oder auch von Auszügen aus Datenbanken, die unter anderem diese Daten enthalten, zu erlangen, wenn die Zurverfügungstellung einer solchen Kopie unerlässlich ist, um der betroffenen Person die wirksame Ausübung der ihr durch diese Verordnung verliehenen Rechte zu ermöglichen, wobei insoweit die Rechte und Freiheiten anderer zu berücksichtigen sind.“*[369] Damit folgte der EuGH der weiten Auslegung des Anspruchs. Der Auskunftsanspruch ist vom

366 Zuletzt EuGH 12.01.2023 – C-154/21 (Österreichische Post), ECLI:EU:C:2023:2 mwN.

367 So EuGH 04.05.2023 – C-487/21 (Österreichische Datenschutzbehörde), ECLI:EU:C:2023:369 Rn. 31, der damit einen jahrelangen Streit in der Literatur beilegte.

368 Das erste deutsche Urteil zu dieser Thematik, LAG Baden-Württemberg 20.12.2018 – 17 Sa 11/18 – juris, vertrat eine extensive Auslegung des Anspruchs. Die höchstrichterliche Rechtsprechung hatte keine einheitliche Linie, vgl. BGH 15.06.2021 – VI ZR 576/19, NJW 2021, 2726; BAG 27.04.2021 – 2 AZR 342/20, NZA 2021, 1053. Zum Streitstand s. beispielsweise *Klachin/Schaff/Rauer*, ZD 2021, 663 (663 ff.); *Wybitul/Brams*, NZA 2019, 672; *Lembke/Fischels*, NZA 2022, 513.

369 EuGH 04.05.2023 – C-487/21 (Österreichische Datenschutzbehörde), ECLI:EU:C:2023:369 Ls. 1.

Arbeitgeber innerhalb von einem Monat zu erfüllen (Art. 12 Abs. 3 S. 1 DSGVO), ausnahmsweise wird diese Frist bei komplexen Anträgen auf drei Monate verlängert, Art. 12 Abs. 3 S. 2 DSGVO.

b. Beschränkungen des Auskunftsrechts

Das Auskunftsrecht besteht nicht unbeschränkt. Es wird durch konkret normierte Ausnahmefälle begrenzt. Einschränkungen erfährt das Auskunftsrecht durch die Grenze in Art. 12 Abs. 5 S. 2 DSGVO bei einem Rechtsmissbrauch des Anspruchs durch „exzessive"[370] oder „offenkundig unbegründete[]"[371] Anträge der betroffenen Person, ebenso bei „schikanösen"[372] Anträgen. Außerdem reicht das Auskunftsrecht nur so weit, solange es nicht mit den Rechten und Freiheiten andere Personen kollidiert. Dies ergibt sich auf europarechtlicher Ebene durch Art. 15 Abs. 4 DSGVO, der durch den Erwägungsgrund 63 S. 5 konkretisiert wird. Hier müssen die kollidierenden Interessen im Wege der praktischen Konkordanz unter Berücksichtigung des Einzelfalls und der Bedeutung des Auskunftsanspruchs abgewogen werden.[373] Auf nationaler Ebene hat der deutsche Gesetzgeber von der Öffnungsklausel des Art. 23 Abs. 1 DSGVO Gebrauch gemacht und in §§ 27 ff. Bundesdatenschutzgesetz (BDSG) Beschränkungen des Auskunftsanspruchs normiert.[374]

---

370 Z. B. BVerwG 30.11.2022 – 6 C 10.21, NVwZ 2023, 346 Rn. 32; s. dazu auch Gola/Heckmann/*Franck*, DS-GVO Art. 12 Rn. 39.

371 Kühling/Buchner/*Bäcker*, DS-GVO Art. 12 Rn. 37; allgemein zu unbegründeten Anträgen BVerfG 02.05.1984 – 2 BvR 1413/83, NJW 1984, 2028; BVerfG 14.05.1996 – 2 BvR 1516/93, NVwZ 1996, 678.

372 AG Pforzheim 05.08.2022 – 4 C 1845/21, BeckRS 2022, 19564 Rn. 21; LAG Niedersachsen 22.10.2021 – 16 Sa 761/20, BeckRS 2021, 2008 Rn. 177; Kühling/Buchner/*Bäcker*, DS-GVO Art. 12 Rn. 37.

373 Kühling/Buchner/*Bäcker*, DS-GVO Art. 15 Rn. 36; *Bernhardt*, NZA 2024, 666 (667); s. dazu schon vor der DSGVO zum Recht auf informationeller Selbstbestimmung nach Art. 2 Abs. 1 GG i. V. m. Art. 1 Abs. 1 GG BVerfG, 10.03.2008 – 1 BvR 2388/03, NJW 2008, 2099.

374 Einen guten Überblick über die nationalen Ausnahmen bietet Auernhammer/*Stollhoff*, DSGVO Art. 15 Rn. 44.

3. Möglichkeit des Verzichts auf das Auskunftsrecht

Infolgedessen stellt sich daran anknüpfend die Frage, inwieweit das Auskunftsrecht der Privatautonomie der Parteien unterliegt und damit verzichtbar ist.

a. Historie

Ursprünglich enthielt die alte Fassung des § 6 Abs. 1 BDSG, die die Unabdingbarkeit von Rechten regelte, ein Verbot der Abdingbarkeit des Auskunftsanspruchs.[375] Schon unter dem BDSG a. F. wurden auch ungeschriebene Unabdingbarkeitstatbestände bejaht.[376] Die ursprüngliche Datenschutzrichtlinie RL 95/467/EG enthielt keine Aussage darüber. Ebenso beinhalten die verabschiedete Fassung der DSGVO als auch deren Erwägungsgründe keinerlei Hinweise zur Dispositivität der darin enthaltenden Ansprüche und Rechte der Betroffenen.

b. Wortlaut und Systematik

In der Datenschutzgrundverordnung ist nichts zum Verzicht oder der Abdingbarkeit des Auskunftsanspruchs geregelt. Erwägungsgrund 63, der sich explizit auf das Auskunftsrecht bezieht, spricht nur davon, dass das Recht „problemlos" und „in angemessenen Abständen" wahrgenommen werden kann.[377] Systematisch hat das Auskunftsrecht eine hervorgehobene Bedeutung für die Geltendmachung der anderen Rechte eines von der Datenverarbeitung Betroffenen.[378]

Der systematische Vergleich mit anderen Vorschriften mit europarechtlichem Hintergrund führt zu keinem befriedigenden Ergebnis. In anderen Gesetzen – man denke nur an § 3 MiLoG – wird ein Verzichtsverbot von Ansprüchen explizit hervorgehoben, wenn es gewollt ist. E contrario könnte sich dadurch ergeben, dass der Anspruch weiterhin zur Disposition der Parteien stehen soll.[379] Möglicherweise ist dies aber wegen der Bedeutung des Auskunftsanspruchs nicht notwen-

---

375 BT-Drs. 11/4306 S. 7, S. 41.

376 Gola/Heckmann/*Franck,* DS-GVO Art. 12 Rn. 31.

377 ErwGr. 63 S. 1 VO EU 2016/679.

378 ErwGr. 63 VO EU 2016/679; Ehmann/Selmayr/*Ehmann* DS-GVO Art. 15 Rn. 1; BeckOK DatenschutzR/*Schmidt-Wudy,* DS-GVO Art. 15 Rn. 2; Kühling/Buchner/*Bäcker,* DS-GVO Art. 15 Rn. 5.

379 *Fuhlrott/Garden*, NZA 2021, 530 (532 ff.).

dig, da das Verbot der Disposition der Natur der Sache entspringt. Die Bedeutung des Anspruchs in der Systematik der Datenschutzgrundverordnung für die Transparenz sowie die Rechtmäßigkeitskontrolle und die Verankerung in den europäischen Grundrechten könnte ausreichend sein, um eine Normierung obsolet werden zu lassen.[380]

Diese Ansicht unterstützt systematisch der Erwägungsgrund 31 S. 2 des neuen Daten-Governance-Rechtsaktes.[381] Dieser lautet nämlich: „*In diesem Zusammenhang ist es wichtig anzuerkennen, dass die Rechte gemäß der Verordnung (EU) 2016/679 persönliche Rechte der betroffenen Personen sind und dass die betroffenen Personen nicht auf diese Rechte verzichten können.*“ Im europarechtlichen Zusammenhang spricht daher viel dafür, dass der europäische Gesetzgeber von einer grundsätzlichen Unverzichtbarkeit ausgeht und das Verzichtsverbot deshalb nicht explizit in der Verordnung normierte.

c. Telos

Der Auskunftsanspruch nach Art. 15 Abs. 1 Hs. 2 DSGVO ist eines der wichtigsten Instrumente der Datenschutzgrundverordnung zum Schutz persönlicher Daten und Transparenz der Datenverarbeitung. Bereits Art. 8 Abs. 2 S. 2 GrCh gewährleistet auf grundrechtlicher Ebene einen Auskunftsanspruch der von der Datenverarbeitung betroffenen Person. Art. 15 DSGVO ist die Ausgestaltung dieses Grundrechts. Gemäß Art. 52 Abs. 1 S. 1 GrCh muss jede Einschränkung der in dieser Charta anerkannten Rechte und Freiheiten gesetzlich vorgesehen sein und den Wesensgehalt dieser Rechte und Freiheiten achten. Satz 2 normiert, dass unter Wahrung des Grundsatzes der Verhältnismäßigkeit Einschränkungen nur vorgenommen werden dürfen, wenn sie erforderlich sind und den von der Union anerkannten dem Gemeinwohl dienenden Zielsetzungen oder den Erfordernissen des Schutzes der Rechte und Freiheiten anderer tatsächlich entsprechen.

---

380 So *Schulte/Welge*, NZA 2019, 1110 (1115); *Fuhlrott/Garden*, NZA 2021, 530 (534); *Mareck*, AA 2020, 185 (186 f.).

381 Verordnung (EU) 2022/868 des Europäischen Parlaments und des Rates vom 30. Mai 2022 über europäische Daten-Governance und zur Änderung der Verordnung (EU) 2018/1724; darauf auch schon verweisend *Peisker*, Der datenschutzrechtliche Auskunftsanspruch, S. 373.

Außerdem ist der Auskunftsanspruch auch Ausdruck der effektiven Rechtsdurchsetzung nach der Rechtsschutzgarantie des Art. 47 GrCh, sodass er in diesem Lichte anzuwenden und auszulegen ist.[382] Diese effektive Rechtsdurchsetzung wird durch das Auskunftsrecht insbesondere für die Rechte der Art. 16 ff. DSGVO gewährleistet.[383] Erwägungsgrund 63 betont die Bedeutung dieses Rechts für den von der Datenverarbeitung Betroffenen. Der Auskunftsanspruch ist wie die datenschutzrechtliche Einwilligung nach Art. 7 DSGVO Ausdruck der Selbstbestimmung des Betroffenen.[384] Der Betroffene kann daher jederzeit den Auskunftsanspruch ausüben.

d. (Kein) Verzicht in einer Erledigungsklausel

Die oben aufgeführte Darstellung liefert kein einheitliches Bild zur Behandlung des Art. 15 DSGVO in Erledigungsklauseln. Bislang mangelt es zu dieser Thematik auch an einer höchstrichterlichen Rechtsprechung. Zu differenzieren ist hierbei zwischen einem Abbedingen des Auskunftsrechts für die Zukunft und dem Verzicht für einen bereits entstandenen Auskunftsanspruch.

aa. Abbedingen für die Zukunft unzulässig

Einheitlich wird zu Recht ein Abbedingen des Art. 15 DSGVO für die Zukunft als unzulässig angesehen.[385] Der Verzicht ex ante unterläuft gravierend dem Zweck des Auskunftsrechts sowie der gesamten DSGVO. Eine vertragliche Vereinbarung darf nicht zu einer Aufweichung oder gar einem Aushebeln des Auskunftsrechts führen, da die

---

382 Kühling/Buchner/*Bäcker,* DS-GVO Art. 15 Rn. 5.

383 Paal/Pauly/*Paal,* DS-GVO Art. 15 Rn. 3.

384 Vgl. zur datenschutzrechtlichen Einwilligung als Ausdruck der datenschutzrechtlichen Selbstbestimmung BeckOK DatenschutzR/*Stemmer,* DS-GVO Art. 7 Rn. 1 ff.; Kühling/Buchner/*Buchner/Kühling,* DS-GVO Art. 7 Rn. 9; *Tinnefeld/Conrad*, ZD 2018, 391; *Roßnagel/Pfitzmann/Garstka* DuD 2001, 253 (258 f.).

385 *Sorber*, BC 2021, 342 (345); *Fuhlrott/Garden,* NZA 2021, 530 (534); BeckOK DatenschutzR/*Riesenhuber*, BDSG § 26 Rn. 214 (abgeschwächt mit „dürfte"); *Peisker*, Der datenschutzrechtliche Auskunftsanspruch, S. 371 ff.; LfDI des Saarlandes, 32. Tätigkeitsbericht 2023, S. 122; so auch andenkend *Schulte/Welge,* NZA 2019, 1110 (1115), die sich aber hinsichtlich der Möglichkeit eines Verzichts auf das Auskunftsrecht nicht festlegen.

Norm sonst leerlaufen würde.[386] Ex ante ist das Ausmaß der Datenverarbeitung für den Betroffenen weder absehbar noch anschließend kontrollierbar.[387] Nach dem Transparenzgrundsatz der DSGVO muss aber der Betroffene jederzeit die Rechtmäßigkeit der Datenverarbeitung überprüfen können. Dazu stellt das Auskunftsrecht das wichtigste Kontrollinstrument der DSGVO dar. Dies ergibt sich auch aus dem Wortlaut Art. 8 Abs. 2 S. 2 GrCh. Es besteht bei der Datenverarbeitung bereits ein Ungleichgewicht zwischen den beiden Parteien, welches dadurch nur weiter verstärkt wird.

Richtigerweise muss diese Transparenzkontrolle der Datenverarbeitung in der Hand des Betroffenen bleiben. In Konsequenz widersprechen ebenso „Zusicherungen" des Arbeitgebers, dass die zukünftige Verarbeitung rechtmäßig vonstatten geht, im Austausch zum Verzicht auf die Geltendmachung des Auskunftsrechts vonseiten des Arbeitnehmers gegen den Schutzzweck der DSGVO.[388] Ebenso verhält es sich mit Modifikationen der Art und Weise der Auskunftserteilung, die von den Vorschriften der DSGVO abweichen.[389] Ansonsten würden diese das Machtungleichgewicht zwischen dem Verantwortlichen und dem Betroffenen verstärken und das Auskunftsrecht aushöhlen. Das ergibt sich auch aus dem Effektivitätsprinzip.

Aus der europarechtlichen Wertung ergibt sich daneben, dass die Unzulässigkeit nicht nur das Abbedingen der Ausübung des Auskunftsrechts umfasst, sondern eines möglichen zukünftigen Schadensersatz- oder Entschädigungsanspruchs nach Art. 82 Abs. 1 DSGVO bei einem Verstoß gegen Art. 15 Abs. 1 DSGVO für die von der Verarbeitung persönlicher Daten betroffene Person.[390] Ohne einen potenziellen Entschädigungsanspruch würde das Auskunftsrecht zu einem stumpfen Schwert für den von der Datenverarbeitung betroffenen Arbeitnehmer

---

386 *Fuhlrott/Garden*, NZA 2021, 530 (534).

387 *Peisker*, Der datenschutzrechtliche Auskunftsanspruch, S. 371 ff.

388 *Peisker*, Der datenschutzrechtliche Auskunftsanspruch, S. 373; **a. A.** *Fuhlrott/Garden*, NZA 2021, 530 (536), die den Verzicht an die Zusicherung des Verantwortlichen knüpfen wollen, dass seine zukünftige Verarbeitung rechtmäßig sei.

389 Sehr ausführlich *Peisker*, Der datenschutzrechtliche Auskunftsanspruch, S. 374.

390 **A.A** *Burger*, öAT 2021, 221 (222 f.); *Fuhlrott/Garden*, NZA 2021, 530 (536) unter der Prämisse der Zusicherung der zukünftig rechtmäßigen Verarbeitung.

verkommen. Hinzu kommt das bereits dargestellte Verbot der Erleichterung der vorsätzlichen Haftung im Voraus.

bb. Verzicht für die Vergangenheit (nicht) zulässig?

aaa. Fehlende Normierung eines Verzichtsverbots

Der Auskunftsanspruch ist durch Art. 8 Abs. 2 S. 2 GrCh primärrechtlich „aufgeladen" und bildet einen Kern des Datenschutzrechts. Diese grundrechtliche Verankerung spricht eher gegen die Möglichkeit eines Verzichts, um die Bedeutung des Rechts nicht zu unterlaufen.[391]

Aus der historischen Betrachtung ergibt sich kein eindeutiges Ergebnis. Das Fehlen einer konkreten Normierung des Verzichts wird zwar zum Anlass genommen, e contrario Verzichtsmöglichkeit im Rahmen des Auskunftsrechts zu bejahen.[392] Dies ist jedoch eine vorschnelle Annahme. Aus der fehlenden ausdrücklichen Normierung der Unabdingbarkeit können keine überzeugenden Rückschlüsse gezogen werden. Im Gegenteil, dies wird sogar als Argument verwendet, um ein Verzichtsverbot zu untermauern. Das Auskunftsrecht als „fundamentales Recht"[393] könne außerhalb der begrenzten gesetzlichen Ausnahmetatbestände nicht beschränkt werden. Ein Verzichtsverbot ergebe sich aus dem Datenschutzrecht selbst: Allein formelle Gesetze können zu einem Verzicht führen, da in diesem Fall die Berücksichtigung der Rechte des Betroffenen gewährleistet wird.[394] Weitere – auch vertragliche – Einschränkungen außerhalb der begrenzten gesetzlichen Öffnungsklauseln sind rechtlich unzulässig und damit nichtig.[395] Deshalb sei ein Verzicht auf den Auskunftsanspruch in einer Erledigungsklausel insgesamt nicht möglich.[396] Angemerkt wird aber auch, dass das Auskunftsrecht nur faktisch, aber nicht rechtlich unverzichtbar ist für die Geltendmachung der weiteren Ansprüche der DSGVO.[397]

---

391 *Lembke*, NJW 2020, 1841; *Peisker*, Der datenschutzrechtliche Auskunftsanspruch, S. 372.

392 *Fuhlrott/Garden*, NZA 2021, 530 (532 ff.).

393 *Lembke*, NJW 2020, 1841 (1846).

394 *Lembke*, NJW 2020, 1841 (1846).

395 BeckOK DatenschutzR/*Schmidt-Wudy*, DS-GVO Art. 15 Rn. 34.

396 So explizit *Bernhardt*, NZA 2024, 666 (671) mit Verweis auf *Lembke*, NJW 2020, 1841 (1845 f.) jedoch ohne weitergehende Ausführungen.

397 Gola/Heckmann/*Franck*, DS-GVO Art. 15 Rn. 1.

Bei der Auslegung sind daneben auch die Wertungen des Äquivalenz- und Effektivitätsprinzips zu beachten.[398] Das Äquivalenzprinzip besagt, dass unionsrechtliche Vorgaben im nationalen Recht nicht schlechter umgesetzt werden dürfen.[399] Das Effektivitätsprinzip drückt aus, dass die Anwendbarkeit des mitgliedsstaatlichen Rechts die Wirksamkeit des Unionsrechts nicht praktisch unmöglich machen oder übermäßig erschweren darf.[400] Würde eine vertragliche Abbedingung oder ein Verzicht möglich sein, könnte dies die Anwendbarkeit des Auskunftsrechts entgegen den Wertungen des Äquivalenz- und Effektivitätsprinzips unterlaufen. Die Bewahrung eines einheitlichen Schutzniveaus auf europarechtlicher Ebene findet auch nochmals Ausdruck in den Erwägungsgründen der DSGVO.[401] Diese Prinzipien sollen aber nicht die Handlungsmöglichkeiten der Parteien auf nationaler Ebene auf Null reduzieren. Aus ihnen lässt sich daher nicht überzeugend ein absolutes Verzichtsverbot herleiten.

Systematisch unterstrichen wird die Verzichtsmöglichkeit jedoch durch ein fehlendes Verbot in den Erwägungsgründen der Verordnung. Erwägungsgrund 4 der DSGVO lässt sich dahingehend auslegen, dass die DSGVO einen Verzicht gerade nicht ausschließen möchte. Dieser normiert im Halbsatz 1 nämlich, dass das Recht auf Datenschutz *„kein uneingeschränktes Recht“* ist, sondern im Rahmen der Verhältnismäßigkeit mit anderen Rechten abzuwiegen ist. Dies ist ein deutlicher Hinweis darauf, dass kein allgemeines Verzichtsverbot, sondern vielmehr in jedem konkreten Fall eine Abwägung gewünscht ist. Dem

---

398 Daneben bestehen noch weitere europarechtliche Grundprinzipien, zum Beispiel das Subsidiaritätsprinzip (Art. 5 Abs. 3 EUV) oder das Verhältnismäßigkeitsprinzip (Art. 5 Abs. 4 EUV). Diese sind jedoch für die Argumentation bei der vorliegenden Arbeit nicht relevant.

399 St. Rspr. beispielsweise EuGH 16.12.1976 – C-33/76 (Rewe/Landwirtschaftskammer für das Saarland), ECLI:EU:C:1976:188 Rn. 5; EuGH 16.07.2020 – C-259/19 (Caixabank), ECLI:EU:C:2020:578 Rn. 83; EuGH 08.09.2022 – C-80/21 u. a. (EK ua/DBP u. BS ua/M), ECLI:EU:C:2022:646 Rn. 86; EuGH 21.03.2023 – C-100/21 (QB/Mercedes-Benz Group AG, vormals Daimler AG), ECLI:EU:C:2023:229.

400 St. Rspr. beispielsweise EuGH 16.07.2020 – C-259/19 (Caixabank), ECLI:EU:C:2020:578 Rn. 83; EuGH 10.06.2021 – C-776/19 u. a. (BNP Paribas Personal Finance), ECLI:EU:C:2021:470 Rn. 27; EuGH 08.09.2022 – C-80/21 u. a. (EK ua/DBP u. BS ua/M), ECLI:EU:C:2022:646 Rn. 86.

401 ErwGr. 3 10 VO EU 2016/679.

Gebot der Verhältnismäßigkeit kommt dabei eine bedeutsame Rolle zu. Datenschutz soll nicht als Art „Vorschlaghammer" vorrangig vor jeglichen Rechten sein.

Andererseits stützt die Formulierung des Satz 2 des Erwägungsgrundes 31 des Data-Governance-Aktes[402] auf den ersten Blick die Ansicht des Verzichtsverbots.[403] Doch ist dieser Satz im Kontext mit dem Data-Governance-Akts zu lesen. Bei diesem geht es um die Regulierung der Weiterverwendung von Daten bestimmter Kategorien durch öffentliche Stellen.[404] Nach Satz 1 des Erwägungsgrundes 31 soll sogar die Stärkung der Stellung von Einzelpersonen in Bezug auf die Nutzung ihrer Daten bei der sachlichen Entscheidung vor der Einwilligung erreicht werden. Der Hinweis in Satz 2, dass die Rechte der DSGVO persönliche Rechte der Personen sind und diese nicht darauf verzichten können, ist rein eine Betonung der Bedeutung dieser Rechte. Daraus lässt sich aber nicht schließen, dass per se überhaupt kein Verzicht in einer parteilichen Vereinbarung möglich sein kann. Es geht vielmehr darum, dass das Machtgefälle zwischen dem Datenverarbeiter und dem Betroffenen nicht noch mehr vergrößert wird und der Betroffene über die Datenverarbeitung das letzte Wort behält. Dieses letzte Wort ist Ausdruck der Selbstbestimmung des Betroffenen über die Datenverarbeitung.

bbb. Selbstbestimmung als Grundprinzip der DSGVO

Die Selbstbestimmung des Betroffenen stellt ein Grundprinzip der DSGVO dar und steht im Mittelpunkt der Verordnung. Die Datenschutzgrundverordnung hat zum Ziel, dass sich von der Datenverarbeitung betroffene Personen über den Umfang der Verarbeitung im Klaren sind, Art. 5 Abs. 1 DSGVO. Infolgedessen steht die Datenverarbeitung unter einem Verbot mit Erlaubnisvorbehalt, sodass sie grundsätzlich nur rechtmäßig unter den Bedingungen nach Art. 6

---

402 Verordnung (EU) 2022/868 des Europäischen Parlaments und des Rates vom 30. Mai 2022 über europäische Daten-Governance und zur Änderung der Verordnung (EU) 2018/1724 (Daten-Governance-Rechtsakt), ABl. L 152 v. 03.06.2022, S. 103.

403 So auch *Peisker*, Der datenschutzrechtliche Auskunftsanspruch, S. 373.

404 Art. 1 des Daten-Governance-Rechtsaktes; vgl. auch BeckOK DatenschutzR/ *Brink/v. Ungern-Sternberg,* DGA Art. 1 Rn. 6 ff.

DSGVO durchgeführt werden darf.[405] Nach Art. 6 Abs. 1 lit. a DSGVO i. V. m. Art. 7 DSGVO kann der Betroffene als Ausdruck seiner Selbstbestimmung freiwillig für den konkreten Fall in informierter Weise in die Datenverarbeitung einwilligen.[406] Diese europarechtlichen Grundsätze sind auch richtigerweise bei der Frage des Verzichts und der Abdingbarkeit des Auskunftsrechts zu berücksichtigen und anzuwenden.

Das wird zum Anlass genommen, für einen Verzicht ex post im Rahmen einer Erledigungsklausel zu plädieren.[407] So ermöglicht die Einwilligung als rechtmäßiges Instrument des Betroffenen, ihm über seine Datenschutzrechte in dem die Einwilligung umfassenden Umfang zu disponieren. Etwas anderes könne nicht für das Auskunftsrecht gelten, dem Betroffenen sei klar, in welchem Umfang er auf sein bereits entstandenes Auskunftsrecht verzichtet.[408] Auch steht die Wertung des Art. 52 Abs. 1 GrCh einem Verzicht ex post nicht entgegen. Vielmehr unterstreicht diese Norm, dass erforderliche Einschränkungen im Rahmen der Verhältnismäßigkeit möglich sind, solange der Wesensgehalt der Rechte erhalten bleibt. Die Selbstbestimmung des von der Datenverarbeitung Betroffenen ist das „Leitmotiv" der Datenschutzgrundordnung und stellt maßgeblich den Wesensgehalt der Verordnung dar. Ein Verzicht des von der Datenverarbeitung Betroffenen ist Ausdruck seiner Selbstbestimmung. Datenschutzrecht ist nicht primär als Arbeitnehmerschutzrecht konzipiert, sodass auch nicht der Arbeitnehmerschutz gegen ein Verzichtsverbot spricht. Gestützt wird diese Auslegung durch den ähnlich formulierten Erwägungsgrund 4. Dieser macht klar, dass das Datenschutzrecht kein uneingeschränktes Recht ist, sondern immer die Möglichkeit für eine einzelfallabhängige Abwägung verbleiben muss. Ein Verzichtsverbot steht diesem Grundgedanken entgegen.

Kein Argument für ein Verzichtsverbot ist, dass Verarbeitungsvorgänge aus der Vergangenheit auch die Zukunft beeinflussen. Richtig ist,

---

405 Kühling/Buchner/*Buchner/Petri,* DS-GVO Art. 6 Rn. 11; Sydow/Marsch/*Ingold*, DSGVO Art. 7 Rn. 8; kritisch zu dieser Einordnung BeckOK DatenschutzR/*Albers/Veit,* DSGVO Art. 6 Rn. 11; *Roßnagel*, NJW 2019, 1.

406 S. auch ErwGr. 32 S. 1 VO EU 2016/679.

407 *Fuhlrott/Garden*, NZA 2021, 530 (534); *Sorber*, BC 2021, 342 (345); LfDI des Saarlandes, 32. Tätigkeitsbericht 2023, S. 120; Bayerisches Landesamt für Datenschutzaufsicht, 14. Tätigkeitsbericht 2024, S. 26 f.

408 *Fuhlrott/Garden*, NZA 2021, 530 (534).

dass insbesondere die Speicherung von Daten eine fortlaufende Verarbeitung darstellt, die nicht begrenzt werden kann.[409] Diese liegt jedoch im Risikobereich des Verantwortlichen. Er muss sicherstellen, dass auch eine Auskunft über vergangene Verarbeitungsvorgänge möglich ist, die auf die Zukunft Einfluss haben. Würde man aber daraus ein Verzichtsverbot ableiten, wäre kein Rechtsfriede möglich, da der Arbeitgeber immer das Auskunftsersuchen des Arbeitnehmers zu fürchten hätte.[410] Dies ist nicht Zweck der DSGVO. Hinzu kommt, dass anders als Ansprüche, die wie der Mindestlohnanspruch gesetzlich verpflichtend zu erfüllen sind, die Erfüllung des Auskunftsanspruchs durch den Arbeitgeber allein der Entscheidungsgewalt des Arbeitnehmers unterliegt.[411] Dies zeigt, dass der europäische Gesetzgeber dem Arbeitnehmer genug Einsichtsvermögen zutraut, über die Ausübung seines Auskunftsrechts entscheiden und deshalb in Folge bestimmen zu können, für die Vergangenheit darauf zu verzichten.[412] Ein Verzicht für die Vergangenheit ist damit zulässig.

ccc. Finanzielle Kompensation bei Verzicht

Erledigungsklauseln, die einseitige Arbeitnehmeransprüche umfassen und dies nicht mit einem entsprechenden finanziellen Ausgleich kompensieren, sind grundsätzlich gem. § 307 Abs. 1 S. 1 BGB unangemessen benachteiligend.[413] Der Auskunftsanspruch stellt einen einseitigen Anspruch dar, der allein im Interesse des Arbeitnehmers steht und so-

---

409 *Peisker*, Der datenschutzrechtliche Auskunftsanspruch, S. 374.

410 So auch andeutend LfDI des Saarlandes, 32. Tätigkeitsbericht 2023, S. 121 f.

411 Auf diesen Unterscheid auch hinweisend *Peisker*, Der datenschutzrechtliche Auskunftsanspruch, S. 378.

412 Im Einzelfall kann ein Auskunftsverlangen des Arbeitnehmers nach Abschluss einer Erledigungsklausel bei der Verfolgung überwiegend sachfremder Ziele nach der Abwägung beiderseitiger Interessen rechtsmissbräuchlich sein, *Fuhlrott/Oltmann*, AuA 2021, Heft 2, 8 (13), die dann auch einen Entschädigungsanspruch ablehnen; *Lembke*, NJW 2020, 1841 (1845); *Bernhardt*, NZA 2024, 666 (667); ablehnend BeckOK DatenschutzR/*Schmidt-Wudy,* DS-GVO Art. 15 Rn. 48; bejaht wurde der Rechtsmissbrauch bei sachfremden Motiven (hier die Umgehung der Darlegungs- und Beweislast in einem Überstundenprozess), LAG Sachsen 17.02.2021 – 2 Sa 63/20, BeckRS 2021, 29212; allgemein zum europäischen Maßstab für Rechtsmissbrauch EuGH 28.07.2016 – C-423/15 (Kratzer), ECLI:EU:C:2016:604 Rn. 37 ff.

413 Vgl. zu der Notwendigkeit einer finanziellen Kompensation bei dem Verzicht auf einseitige Arbeitnehmeransprüche Kapitel 1 E. I. 2. a.

mit seine Stellung im Subordinationsverhältnis stärkt. Ein vergleichbarer Verzicht auf Arbeitgeberseite besteht nicht.[414] Der europäische Gesetzgeber hat das in der Grundrechtscharta verankerte Auskunftsrecht in der DSGVO bewusst stark ausgestaltet und den Verstoß mit hohen Bußgeldern versehen. Ein „Ablasshandel" durch eine finanzielle Kompensation könnte aber dazu führen, dass finanziell gut situierte Unternehmen dies zum Anlass nehmen könnten, um sich von der Notwendigkeit einer rechtmäßigen Datenverarbeitung freizukaufen. Dies ist jedoch etwas zu kurz gedacht. Zum einen befreit die Vereinbarung mit einem Arbeitnehmer die Unternehmen nicht von einer rechtmäßigen Verarbeitung der Daten der anderen Arbeitnehmer, zum anderen kann das Auskunftsrecht nicht für die Zukunft ausgeschlossen werden, sodass die Rechtmäßigkeit bis zum Beendigungszeitpunkt auch sichergestellt sein muss. Ein finanzieller Ausgleich betont für den Arbeitnehmer nochmals die Bedeutung des Verzichts. Überzeugend ist daher, dass das Auskunftsrecht einer finanziellen Kompensation bedarf, um eine unangemessene Benachteiligung zu vermeiden.

Unklar ist jedoch, wie das Auskunftsrecht finanziell ausdrückbar ist und welcher Betrag von der Rechtsprechung als angemessen angesehen werden könnte.[415] Wahrscheinlich erfüllt bereits eine angemessene Abfindung schon diesen Zweck.[416] Vergleichbar zur Diskussion über die Höhe einer angemessenen Kompensation bei einem Klageverzicht wird es und muss es aber bei einer einzelfallabhängigen Abwägung verbleiben. Bei der Formulierung des Aufhebungsvertrags sollte erwähnt werden, dass die Abfindungssumme auch die finanzielle Kompensation des Auskunftsanspruchs darstellt. Das Risiko der Wirksamkeit der Klausel trägt der Arbeitgeber als Klauselersteller.

e. Zwischenergebnis

Zweck des Auskunftsanspruchs nach Art. 15 DSGVO ist die Kontrollmöglichkeit des Arbeitnehmers hinsichtlich der Datenverarbeitung

---

414 Wohl zumindest als potenziell unangemessen ansehend *Peisker*, Der datenschutzrechtliche Auskunftsanspruch, S. 375.

415 So schon zum Klageverzicht in Ausgleichsquittungen und Aufhebungsverträgen beispielsweise *Stoffels*, RdA 2016, 304 (307); *Olbertz*, GWR 2015, 146, *Lingemann*, ArbRAktuell 2015, 155.

416 S. dazu schon Kapitel 1 E. I. 2. a.

seiner personenbezogenen Daten im Arbeitsverhältnis. Er stellt das wichtigste Instrument für den von der Verarbeitung Betroffenen in der DSGVO dar und soll für Transparenz sorgen. Diese Bedeutung ist auch in Art. 8 GrCh verankert. Aus diesem Telos heraus ist auch die Frage nach dem Verzicht in einer Erledigungsklausel zu betrachten. Richtigerweise muss man dabei zwischen einem bereits entstanden Auskunftsanspruch in der Vergangenheit und einem zukünftig entstehenden Anspruch differenzieren. Im Wortlaut der DSGVO findet sich nichts zu einem Verzichtsverbot.

Eine in die Zukunft gerichtete Disposition ist aufgrund der europarechtlichen Bedeutung des Anspruchs nicht zulässig. Dies widerspricht den Wertungen des Art. 8 GrCh sowie der DSGVO, die einen Schutz personenbezogener Daten und eine transparente Datenverarbeitung sicherstellen möchte. Ex ante ist das Ausmaß der Datenverarbeitung für den Betroffenen weder absehbar noch kontrollierbar. Ansonsten würde das Auskunftsrecht ausgehöhlt werden. Diese Auslegung steht im Einklang mit Art. 52 Abs. 1 GrCh und dem Äquivalenzprinzip. In Konsequenz sind auch „Zusicherungen" des Arbeitgebers, dass zukünftige Datenverarbeitungen rechtmäßig vonstatten gehen, im Austausch zum Verzicht auf das Auskunftsrecht nicht mit dem Schutzzweck des Datenschutzrechts vereinbar. Dasselbe gilt für das Abbedingen eines möglichen zukünftigen Schadensersatz- oder Entschädigungsanspruchs aus Art. 82 DSGVO. Unabhängig von dem grundsätzlichen Verbot des Verzichts auf zukünftige vorsätzliche Schadensersatzansprüche würde das Auskunftsrecht ansonsten zu einem stumpfen Schwert verkommen.

Bei einer konkreten Benennung des Umfangs des Auskunftsrechts ist jedoch ein Verzicht auf einen bereits entstanden Auskunftsanspruch möglich. Diese Wertung unterläuft auch nicht dem europarechtlichen Schutzzweck. Daraus resultiert per se kein Verzichtsverbot. Der von der Datenverarbeitung Betroffene behält damit weiterhin die Dispositionsgewalt über den Auskunftsanspruch. In diesem Fall ist dem informierten Betroffenen bewusst, auf welchen Zeitraum sich sein Verzicht bezieht. Systematisch unterstrichen wird die Verzichtsmöglichkeit durch Erwägungsgrund 4 der DSGVO. Dieser sieht vor, dass das Recht auf Datenschutz nicht unbeschränkbar ist, sondern immer im Rahmen der Verhältnismäßigkeit mit anderen Rechten abzuwägen ist.

Auch stehen das Äquivalenz- und das Effektivitätsprinzip dieser Auslegung nicht entgegen, da deren Zweck nicht die Reduzierung der Privatautonomie der Parteien auf Null ist, soweit die (europarechtlichen) Wertungen der Datenschutzgrundverordnung beachtet werden. Der Wesensgehalt der DSGVO nach Art. 52 Abs. 1 DSGVO wird berücksichtigt. Die DSGVO fußt auf dem Grundprinzip der Selbstbestimmung der von der Datenverarbeitung betroffenen Person. Parallel zur datenschutzrechtlichen Einwilligung muss es dem Arbeitnehmer daher selbstbestimmt möglich sein, in einer Erledigungsklausel auf sein Auskunftsrecht verzichten zu können. Der europäische Gesetzgeber hat bewusst das Auskunftsrecht allein in die Entscheidungsgewalt des von der Datenverarbeitung Betroffenen übertragen. Datenschutzrecht ist kein Arbeitnehmerschutzrecht, sodass auch Arbeitnehmerschutz kein Gegenargument darstellt. Damit wird der Arbeitnehmer nicht in seinen Rechten beschnitten und um seine Rechtsdurchsetzung gebracht. Das Risiko, dass sich vergangene Datenverarbeitungsprozesse auf die Zukunft auswirken, liegt in der Sphäre des Verantwortlichen, also des Arbeitgebers. Auch daraus ergibt sich keine Benachteiligung für den Arbeitnehmer.

Wichtig ist aber, dass bei einem Verzicht auf das Auskunftsrecht in einer kontrollfähigen Erledigungsklausel § 307 Abs. 1 BGB beachtet wird. Ein Verzicht auf das Auskunftsrecht ist dann nur gegen eine finanzielle Kompensation des Arbeitnehmers möglich. Andererseits ist der einseitige Verzicht auf das Auskunftsrecht unangemessen, da die Herstellung von Rechtsfrieden und Rechtssicherheit allein nicht ausreichend als kompensatorische Gegenleistung ist. Ein finanzieller Ausgleich zeigt die Bedeutung des Anspruchsverzichts für den Arbeitnehmer.

4. Auswirkung auf die Formulierung von Erledigungsklauseln und Rechtsfolgen einer fehlerhaften Formulierung

a. Die Formulierung von Erledigungsklauseln im Hinblick auf das Auskunftsrecht

Nach dem Landesbeauftragten für Datenschutz und Informationsfreiheit des Saarlandes soll eine allgemeine Erledigungsklausel, die Ansprüche „aus dem Arbeitsverhältnis und dessen Beendigung“ umfasst, ausreichend sein, um auf einen vergangenen Auskunftsanspruch zu verzichten.[417] Begründet wird das damit, dass Datenverarbeitung ihren Ursprung im Arbeitsverhältnis hat und deshalb erst erfolgt.[418] Auch das VG Saarland entschied nur kurze Zeit nach Erscheinen des Berichts des Landesbeauftragten für Datenschutz und Informationsfreiheit des Saarlandes gleichlaufend, dass eine allgemeine Erledigungsklausel ausreichend sei, da diese dem Wortlaut nach auch Sekundäransprüche des Arbeitsverhältnisses umfasst.[419] Auch das Bayerische Landesamt für Datenschutzaufsicht vertritt diese Ansicht.[420]

Dem ist zu widersprechen. Richtig ist, dass das BAG bereits entschieden hat, dass „sämtliche wechselseitige Ansprüche aus dem Arbeitsverhältnis" grundsätzlich alle Ansprüche erfassen soll, die im Arbeitsverhältnis ihren Ursprung haben.[421] Jedoch kann wegen der herausragenden Bedeutung des Auskunftsanspruchs bei der Auslegung einer generellen Erledigungsklausel der Auskunftsanspruch nicht erfasst sein. Dies ergibt sich aus einer systematischen Betrachtung mit anderen Ansprüchen wie beispielsweise dem Anspruch auf betriebliche Altersvorsorge. Der Anspruch auf betriebliche Altersvorsorge stellt einen einseitigen begünstigenden Arbeitnehmeranspruch dar, der mit keiner Verpflichtung vonseiten des Arbeitnehmers verbunden ist.[422] Daher umfasst der Verzichtswillen des Arbeitnehmers diesen Anspruch nur bei einer expliziten Erwähnung.

Nichts anderes kann für den datenschutzrechtlichen Auskunftsanspruch gelten. Dieser besteht ebenfalls einseitig auf der Seite des Arbeitnehmers zu dessen Schutz. Ausreichend ist daher nicht für die Transparenz einer Erledigungsklausel, dass das Arbeitsverhältnis Grundlage der Datenverarbeitung ist.[423] Hinzu kommt die immense Bedeutung des Auskunftsanspruchs in der Systematik des Unionsrechts. Dem Arbeitnehmer muss vor Augen geführt werden, dass sein

---

417 LfDI des Saarlandes, 32. Tätigkeitsbericht 2023, S. 121.
418 LfDI des Saarlandes, 32. Tätigkeitsbericht 2023, S. 121.
419 VG Saarland 10.07.2024 – 5 K 979/22 Rn. 62 – juris; bestätigt durch OVG Saarlouis 13.05.2025 – 2 A 165/24, BeckRS 2025, 11401 Rn. 17 f.
420 Bayerisches Landesamt für Datenschutzaufsicht, 14. Tätigkeitsbericht 2024, S. 26 f.
421 Vgl. Kapitel 1 A. I.
422 So auch *Bauer/Diller* BB 2004, 1274 (1276), hier aber beim Vergleich der Behandlung eines nachvertraglichen Wettbewerbsverbots in Erledigungsklauseln.
423 **A.A.** OVG Saarlouis 13.05.2025 – 2 A 165/24, BeckRS 2025, 11401 Rn. 18.

Verzichtswille auch den Auskunftsanspruch erfasst. Gestützt wird das auch dadurch, dass bei der Vereinbarung einer Erledigungsklausel ohne „Schonfrist" der Anspruch nach einer juristischen Sekunde erlöscht.[424] Eine eindeutige Formulierung des Verzichts liegt auch im Interesse des Arbeitgebers, da damit nachträglichen Streitigkeiten, ob der Auskunftsanspruch tatsächlich vom Verzichtswillen erfasst war, der Riegel vorgeschoben wird. Auch der Landesbeauftragte für Datenschutz und Informationsfreiheit des Saarlandes sieht im Übrigen die Gefahr dieser Rechtsunsicherheit und weist deshalb im abschließenden Fazit darauf hin, dass aus Gründen der *„Klarheit und Eindeutigkeit"* doch zur Sicherheit der Auskunftsanspruch (sowie andere Betroffenenrechte aus der DSGVO) explizit in der Erledigungsklausel für erledigt erklärt werden sollte.[425]

Soll sich die Erledigungsklausel also auf einen in der Vergangenheit entstandenen Auskunftsanspruch beziehen, muss dies daher ausdrücklich in der Klausel benannt werden. Außerdem muss die Formulierung der Erledigungsklausel für den Arbeitnehmer klarstellen, dass zukünftige Ansprüche nicht von der Klausel erfasst sind.

b. Rechtsfolgen von Formulierungsfehlern

Bedeutsam ist das erarbeitete Ergebnis im Hinblick auf die potenziellen Rechtsfolgen eines Formulierungsfehlers. Bislang schweigt die Rechtsprechung zu der Formulierung einer Erledigungsklausel unter Berücksichtigung des Auskunftsrechts. Hinsichtlich der Ausschlussklausel hat sich das LAG Hamburg kürzlich positioniert und eine Unwirksamkeit der Ausschlussklausel wegen Intransparenz aufgrund Nichterwähnens von Ansprüchen aus der DSGVO verneint.[426]

Aus Transparenzgründen (§ 307 Abs. 1 S. 2 BGB) ist der zukünftige Auskunftsanspruch aus Art. 15 DSGVO notwendigerweise als Ausnahme in einer Erledigungsklausel zu erwähnen. Als Klauselersteller (Arbeitgeber) mag man das Gefühl haben, mit einer konkreten Erwähnung des Auskunftsanspruchs quasi dem Arbeitnehmer „Tür und

424 Diese Problematik auch schon beim gesetzlichen Urlaubsanspruch ansprechend, BAG 21.06.2011 – 9 AZR 203/10, NZA 2011, 1338 Rn. 49.
425 LfDI des Saarlandes, 32. Tätigkeitsbericht 2023, S. 123.
426 LAG Hamburg 11.06.2024 – 3 SLa 2/24, BeckRS 2024, 23622, die Revision ist unter Az. 9 AZR 152/24 anhängig.

Tor zu öffnen", nach der Beendigung des Arbeitsverhältnisses durch Geltendmachung des Auskunftsanspruchs weiterhin den Rechtsfrieden zu bedrohen. Auch wenn diese Gefahr auf den ersten Blick, vor allem bei der Datenverarbeitung in langen Arbeitsverhältnissen, abschreckend scheint, ist dennoch stark für eine Erwähnung des Auskunftsanspruchs als Ausnahme der allgemeinen Erledigungsklausel zu plädieren. Für den Arbeitnehmer ist nicht ersichtlich, dass auf diesen nicht verzichtet werden kann. Es ist kein primär arbeitsrechtlicher Anspruch aus dem Arbeitsverhältnis, sondern hat seinen Ursprung im Datenschutzrecht.[427] Auch hilft die Rechtsprechung des LAG Hamburg zur Ausschlussklausel bei dieser Bewertung nicht weiter. Dieses begründete seine Ansicht nämlich mit spezifischen Argumenten für eine Ausschlussklausel.[428] Anders als bei einer Ausschlussklausel verliert der Arbeitnehmer aber bei der Vereinbarung einer Erledigungsklausel nach einer juristischen Sekunde den Anspruch.

Es droht daher nach der Systematik der AGB-Kontrolle eine Gesamtunwirksamkeit der Klausel nach § 306 BGB. Eine geltungserhaltende Reduktion ist nicht vorzunehmen. Auch scheidet eine potenzielle Korrektur nach den Besonderheiten des Arbeitsrechts nach § 310 Abs. 4 BGB aus. Datenschutzrecht ist kein „kleiner Bruder" des Arbeitsrechts. Es hat seine eigene (unionsrechtliche) Systematik, die im Arbeitsrecht Berücksichtigung finden muss. Auch bei Vergleichen sollte zur Sicherheit eine explizite Ausnahme des Anspruchs gemacht werden. Wenngleich eine Gesamtunwirksamkeit der Erledigungsklausel abzulehnen sein sollte, gehen die Parteien damit hier auf Nummer sicher.[429] Immerhin ist das Ziel des Abschlusses einer Erledigungsklausel Rechtsfrieden und Rechtssicherheit. Außerdem gilt: Der Arbeitnehmer unterliegt bei der Geltendmachung des Auskunftsanspruchs auch nach Beendigung des Arbeitsverhältnisses noch den allgemeinen Regeln, insbesondere dem Einwand des Rechtsmissbrauchs.[430]

---

427 **A.A.** OVG Saarlouis 13.05.2025 – 2 A 165/24, BeckRS 2025, 11401 Rn. 16 ff.
428 LAG Hamburg 11.06.2024 – 3 SLa 2/24, BeckRS 2024, 23622 Rn. 26 f.
429 S. dazu auch die Begründung bei der Vorsatzhaftung B. I. 2. b.
430 *Fuhlrott*, NZA 2021, 530 (536).

c. Zwischenergebnis

Eine allgemeine Erledigungsklausel umfasst nicht automatisch den Verzicht auf den vergangenen Auskunftsanspruch nach Art. 15 Abs. 1 DSGVO. Der Verzichtswille des Arbeitnehmers muss klar aus der Erledigungsklausel hervorgehen, sodass der Auskunftsanspruch explizit als von der Klausel erfasst zu nennen ist. Der auf die Zukunft bezogene Auskunftsanspruch ist aus Transparenzgründen gem. § 307 Abs. 1 S. 2 BGB jedenfalls bei kontrollfähigen Erledigungsklauseln als Ausnahme zu benennen. Dies ergibt sich aus seiner Bedeutung in der Systematik der DSGVO sowie dem europäischen Primärrecht. Erfolgt diese Ausnahme nicht, ist die Erledigungsklausel nach § 306 BGB insgesamt unwirksam. Aus Gründen der Rechtssicherheit ist den Parteien geraten, auch bei Individualklauseln den Auskunftsanspruch als Ausnahme vom Verzicht zu erwähnen.

V. Ansprüche aus dem Entgelttransparenzgesetz und der Entgelttransparenzrichtlinie[431]

Bei seiner Einführung noch als „zahnloser Tiger"[432] verspottet und von vielen Seiten kritisiert[433], findet das Entgelttransparenzgesetz mittlerweile mehr und mehr Einzug in gerichtliche Streitigkeiten zwischen Arbeitsvertragsparteien.[434] Folglich stellt sich in Arbeitsverhältnissen nunmehr die Frage, ob auf Ansprüche aus diesem Gesetz durch eine Erledigungsklausel verzichtet werden kann. Daneben soll diskutiert werden, wie der Inhalt der am 06.06.2023 in Kraft getretenen Entgelttransparenzrichtlinie Einfluss auf den Umfang und die Gestaltung von Erledigungsklauseln haben wird.

---

431 Richtlinie (EU) 2023/970 des Europäischen Parlaments und des Rates vom 10. Mai 2023 zur Stärkung der Anwendung des Grundsatzes des gleichen Entgelts für Männer und Frauen bei gleicher oder gleichwertiger Arbeit durch Lohntransparenz und Durchsetzungsmechanismen, ABl EU L 132/21.

432 So beispielsweise *Göpfert/Giese,* NZA 2018, 207.

433 Vgl. nur *Behrendt/Witzke*, BB 2017, 3060; *Thüsing*, BB 2017, 565; *Bauer/Günther/Romero*, NZA 2017, 809.

434 So zuletzt etwa in der höchstrichterlichen Rechtsprechung BAG 16.02.2023 – 8 AZR 450/21, NZA 2023, 958; BAG 21.01.2021 – 8 AZR 488/19, NZA 2021, 1011; BAG 28.07.2020 – 1 ABR 6/19, NZA 2020, 1251; BAG 25.06.2020 – 8 AZR 145/19, NZA 2020, 1613; BAG 07.05.2019 – 1 ABR 53/17, NZA 2019, 1218.

1. Der Anspruch aus § 7 EntgTranspG auf Entgeltangleichung

Als Umsetzung der Richtlinie 2006/54/EG[435] und der Empfehlung der EU-Kommission vom 7. März 2014 zur Stärkung des Grundsatzes des gleichen Entgelts für Frauen und Männer durch mehr Transparenz[436] trat im Juli 2017 das Entgelttransparenzgesetz in Deutschland in Kraft. Der deutsche Gesetzgeber hat sich dabei auf seine Pflicht aus Art. 3 Abs. 2 S. 2 Grundgesetz (GG) berufen, auf die Durchsetzung des Gebots der Entgeltgleichheit von Frauen und Männern hinzuwirken.[437] Das Entgelttransparenzgesetz soll dabei noch einmal wegen der besonderen Bedeutung der Entgeltgleichheit ausdrücklich dieses Gebot in einem eigenen Gesetz regeln.[438] Das Entgelttransparenzgesetz ist bei abschließenden Regelungen lex specialis zu Normen des Allgemeinen Gleichbehandlungsgesetzes (AGG).[439] Deshalb geht § 7 EntgTranspG gem. § 2 Abs. 2 S. 1 EntgTranspG für Benachteiligungen wegen des Geschlechts beim Entgelt § 8 Abs. 2 AGG als speziellere Regelung vor. Der Anspruch ist für Erledigungsklauseln relevant, da beispielsweise nach Abschluss eines Aufhebungsvertrags mit nicht sofortigem Ende des Arbeitsverhältnisses der Arbeitnehmer immer noch „Beschäftigter" des Arbeitgebers gem. § 3 Abs. 1 EntgTranspG i. V. m. § 5 Abs. 2 EntgTranspG sein kann.[440]

---

435 ABl. L 204 S. 23 vom 26.07.2006; s. auch BAG 21.01.2021 – 8 AZR 488/19, NZA 2021, 1011; zu einem genauen Überblick der europarechtlichen Entwicklung vgl. Däubler/Beck/*Zimmer*, EntgTranspG § 1 Rn. 2 ff.

436 ABl. L 69 vom 08.03.2014, S. 112.

437 BT-Drs. 18/11133, S. 1; so auch als Ziel formuliert in § 1 EntgTranspG.

438 BT-Drs. 18/11133, S. 56.

439 BT-Drs. 18/11133, S. 48; BAG 21.01.2021 – 8 AZR 488/19, NZA 2021, 1011 Rn. 26; das AGG wurde als Umsetzung der Richtlinien 2000/43/EG, 2000/78/EG, 2002/73/EG, 2004/113/EG erlassen, um einen wirksamen Schutz vor Diskriminierung zu schaffen (so auch die Gesetzesbegründung, BT-Drs. 16/1780 S. 1 f.).

440 Genauer zur Systematik des EntgTranspG und der Geltendmachung des Auskunftsanspruchs nach § 10 EntgTranspG, s. beispielsweise *Roloff*, RdA 2019, 28; *Oberthür*, NJW 2017, 2228. Änderungen ergeben sich in Zukunft durch die Umsetzung der RL (EU) 2023/970, die in Art. 7 andere Voraussetzungen für den Auskunftsanspruch regelt, vgl. dazu auch *Selzer*, RFamU 2023, 489.

a. Inhalt des Anspruchs

Der Anspruch auf gleiches Entgelt bei gleicher oder gleichwertiger Arbeit ergibt sich sowohl direkt aus Art. 157 Vertrag über die Arbeitsweise der Europäischen Union (AEUV) als auch aus § 7 EntgTranspG i. V. m. § 3 EntgTranspG.[441] Der Anspruch auf Entgeltangleichung bei Entgeltbenachteiligung[442] ist kein Anspruch auf Schadensersatz, sondern vielmehr ein Vergütungsanspruch mit allen sozialversicherungsrechtlichen und steuerrechtlichen Folgen.[443] § 7 EntgTranspG i. V. m. § 3 EntgTranspG ist dabei entsprechend unter Berücksichtigung der Wertung des Art. 157 AEUV als auch der RL 2006/54/EG und der EuGH-Rechtsprechung unionsrechtskonform auszulegen.[444] Der betroffene Arbeitnehmer kann Auskunft nach § 10 EntgTranspG über das Mediangehalt der Arbeitnehmer des anderen Geschlechts, die eine gleiche oder gleichwertige Arbeit (§ 4 EntgTranspG) ausüben, erhalten. Er ist aber nicht zwingend vor der Geltendmachung des Anspruchs auf Entgeltangleichung zu stellen, der Auskunftsanspruch dient allein dem Arbeitnehmer zur Vereinfachung der Feststellung der Gehaltsstruktur.[445] Ergibt das Auskunftsverlangen, dass das Mediangehalt des anderen Geschlechts über dem Gehalt des Arbeitnehmers liegt, begründet dies nach der Rechtsprechung die Vermutung (§ 22 AGG), dass eine Entgeltungleichbehandlung wegen des Geschlechts

441 BAG 25.06.2020 – 8 AZR 145/19, NZA 2020, 1613 Rn. 64, 98; BAG 21.01.2021 – 8 AZR 488/19, NZA 2021, 1011 Ls. 1; BAG 16.02.2023 – 8 AZR 450/21, NZA 2023, 958 Rn. 22; damit sollte sich auch die Frage erledigt haben, ob § 7 EntgTranspG tatsächlich Anspruchscharakter hat, dem zustimmend BeckOK ArbR/*Roloff*, EntgTranspG § 7 Rn. 1; ErfK/*Schlachter*, EntgTranspG § 7 Rn. 1 f.; dies noch bezweifelnd *Behrendt/Witzke*, BB 2017, 3060; ein Überblick über die Diskussion s. *Schmidt*, RdA 2020, 269.

442 Zum Begriff der unmittelbaren Entgeltbenachteiligung s. § 3 Abs. 2 EntgTranspG, Art. 2 Abs. 1 lit. a und Art. 4 RL 2006/54/EG, zum Begriff der mittelbaren Entgeltbenachteiligung s. § 3 Abs. 3 EntgTranspG, Art. 2 Abs. 1 lit. b und Art. 4 RL 2006/54/EG; dazu auch Vgl. auch BAG 21.01.2021 – 8 AZR 488/19, NZA 2021, 1011 Rn. 21 f.

443 BAG 21.01.2021 – 8 AZR 488/19, NZA 2021, 1011 Rn. 75; *Löwisch* BB 2023, 181 (182).

444 BAG 21.01.2021 – 8 AZR 488/19, NZA 2021, 1011 Rn. 19; BAG 16.02.2023 – 8 AZR 450/21, NZA 2023, 958 Rn. 24.

445 BeckOK ArbR/*Roloff*, EntgTranspG § 7 Rn. 5.

vorliegt.[446] Inhaltlich wurde der Anspruch aus § 7 EntgTranspG i. V. m. § 3 EntgTranspG dahingehend konkretisiert, dass er die Angleichung des Entgelts nach oben auf das höhere Gehalt des anderen Geschlechts und – wie auch schon Art. 157 AEUV – den Anspruch auf die rückständige Vergütung umfasst.[447] Der Anspruch richtet sich als Erfüllungsanspruch auf das Gesamtbrutto des Vergleichsentgelt der Vergleichstätigkeit abzüglich des bereits erhaltenen Arbeitslohns.[448]

b. Verzicht auf § 7 EntgTranspG i. V. m. § 3 EntgTranspG

aa. Stand der Rechtsprechung

Bislang fehlt es zu dem Thema an höchstrichterlicher Rechtsprechung. Das Arbeitsgericht Köln hatte sich jedoch schon einmal mit dem Verzicht auf den Anspruch auf Entgeltangleichung in einer Erledigungsklausel zu befassen.[449] In diesem Fall ging es um die Auslegung einer Erledigungsklausel in einem Aufhebungsvertrag, die folgendermaßen lautete:

> *„13.1. Die Parteien sind sich einig, dass bei Erfüllung sämtlicher der in diesem Vertrag enthaltenen Pflichten sämtliche gegenseitigen Ansprüche aus dem Arbeitsverhältnis und dessen Beendigung, sowie alle sonstigen Ansprüche des Arbeitnehmers gegenüber der Gesellschaft und als Vertrag zugunsten Dritter gegenüber […] sowie anderen, mit der Gesellschaft gemäß § 15 AktG verbundenen Unternehmen, unabhängig von deren rechtlicher Grundlage oder Herkunft, gleich ob bekannt oder unbekannt, abgegolten und beglichen sind.*
>
> *13.2 Zum Zeitpunkt der Unterzeichnung dieses Vertrages noch nicht entstandene, künftige Ansprüche der Parteien aufgrund*
>
> *Der Haftung der Parteien wegen Vorsatzes (§ 276 BGB),*
>
> *[…]*

---

446 BAG 16.02.2023 – 8 AZR 450/21, NZA 2023, 958 Rn. 41 ff.; BAG 21.01.2021 – 8 AZR 488/19, NZA 2021, 1011 Rn. 24 ff.

447 BAG 16.02.2023 – 8 AZR 450/21, NZA 2023, 958 Rn. 84 ff.

448 BeckOK ArbR/*Roloff,* EntgTranspG § 7 Rn. 7., **a. A.** *Bürger/Müller*, DB 2019, 425 (427), die den Anspruch auf den durch das Auskunftsverlangen mitgeteilten Median begrenzen wollen.

449 ArbG Köln 06.10.2021 – 18 Ca 5541/20, BeckRS 2021, 64287.

der Haftung der Parteien für sonstige Schäden, die auf einer grob fahrlässigen Pflichtverletzung einer Partei oder einer vorsätzlichen oder grob fahrlässigen Pflichtverletzung eines gesetzlichen Vertreters oder Erfüllungsgehilfen einer Partei beruhen, (§ 309 Ziffer 7b BGB) bleiben unberührt."[450]

In dieser Entscheidung sprach sich das Gericht dafür aus, dass die allgemeine Erledigungsklausel den Anspruch gem. § 7 EntgTranspG i. V. m. § 3 EntgTranspG nicht erfasse.[451] In Verbindung mit der im Aufhebungsvertrag geregelten Vergütungsabrede, die keine abgeschlossene Aufzählung der möglichen Vergütungsansprüche enthält, ergab die Auslegung des Gerichts, dass „*ein verständiger und redlicher Erklärungsempfänger aus Ziffern [...] des Aufhebungsvertrags nicht herauslesen [konnte], dass die Verfolgung von Ansprüchen wegen Verstoßes gegen das Verbot geschlechtsdiskriminierender Vergütung abgeschnitten werden sollte.*"[452] Zur grundsätzlichen Verzichtsmöglichkeit und den europarechtlichen Wertungen äußerte es sich nicht.

bb. Wortlaut

§ 7 EntgTranspG selbst enthält keine Aussage zum Verzicht oder der Abdingbarkeit. Jedoch regelt § 8 EntgTranspG, dass Bestimmungen in Vereinbarungen, die gegen § 3 EntgTranspG oder § 7 EntgTranspG verstoßen unwirksam sind. Eine wortgenaue Formulierung findet sich in § 7 Abs. 2 AGG. Laut Gesetzesbegründung hat § 8 EntgTranspG jedoch nur einen rein deklaratorischen Charakter.[453] Die Regelung soll im Einklang der bereits bestehenden Rechtslage betonen, dass eine Vereinbarung, die gegen das Gebot der Entgeltgleichheit verstößt, nichtig ist. Anders als beispielsweise beim Mindestlohngesetz fehlt es an einer klaren gesetzlichen Regelung zum Verzicht des Anspruchs. Dass dies aber nicht automatisch zu einer grenzenlosen Verzichtsmöglichkeit führt, zeigte schon die Diskussion beim Auskunftsanspruch nach Art. 15 DSGVO. Der Wortlaut führt daher zu keinem eindeutigen Ergebnis.

---

450 ArbG Köln 06.10.2021 – 18 Ca 5541/20, BeckRS 2021, 64287 Rn. 5.
451 ArbG Köln 06.10.2021 – 18 Ca 5541/20, BeckRS 2021, 64287 Rn. 47.
452 ArbG Köln 06.10.2021 – 18 Ca 5541/20, BeckRS 2021, 64287 Rn. 47.
453 BT-Drs. 18/11133, S. 57.

cc. Bedeutung des Entgeltangleichungsanspruchs in der europarechtlichen Systematik

Aus der europarechtlichen Systematik ergibt sich die herausragende Bedeutung des Anspruchs auf Entgeltgleichheit. Schon der direkt anwendbare Art. 157 AEUV macht klar, dass der Anspruch wesentlicher Ausdruck der europäischen Grundwerte ist.[454] Dies spiegelt sich auch in der europäischen Rechtsprechung wider.[455] Daneben ist die Entgeltgleichheit der Geschlechter auch in Art. 23 GrCh verankert. Der Anspruch auf Entgeltgleichheit soll vor Diskriminierung auf dem Arbeitsmarkt wegen des Geschlechts schützen. Die Bedeutung dieses Schutzzwecks ist so herausragend, dass der europäische Gesetzgeber für das Erreichen dieses Ziels eine Umsetzung auf nationaler Ebene für die Schaffung eines europäischen Grundniveaus für notwendig erachtet hat. So beschreibt schon die Gesetzesbegründung, dass *„[a]ufgrund seiner besonderen Bedeutung für die Beschäftigten [] das Gebot im EntgTranspG noch einmal ausdrücklich und „transparent" in einem eigenen „Stammgesetz" geregelt werden [soll]"*[456].

dd. Vergleich mit dem AGG

Bereits in § 2 Abs. 1 Nr. 2 AGG wird geregelt, dass Benachteiligungen nach § 1 AGG auch mit Blick auf das Arbeitsentgelt unzulässig sind. Vergleichbar mit dem Entgelttransparenzgesetz möchte das AGG sowohl Diskriminierungen bekämpfen als auch präventiv agieren.[457] Es bietet sich daher ein vergleichender Blick zum Verzicht auf Ansprüche aus dem AGG in Erledigungsklauseln an. Eine der wichtigsten Normen des Allgemeinen Gleichbehandlungsgesetzes ist dabei § 15 AGG. § 15 Abs. 1 bzw. 2 AGG regeln den Schadensersatz bzw. Entschädigungsanspruch im AGG. § 31 AGG bestimmt, dass von den Vorschriften dieses Gesetzes nicht zu Ungunsten der geschützten Parteien abgewichen werden kann. Eine Vorschrift, die gegen § 31 AGG verstößt,

---

454 S. auch ErwGr. 8 RL 2006/54/EG.

455 EuGH 15.04.2021 – C-511/19 (AB/Olympiako Athlitiko Kentro Athinon – Spyros Louis), ECLI:EU:C:2021:274; EuGH 02.04.2020 – C-670/18 (CO/Comune di Gesture), ECLI:EU:C:2020:272.

456 BT-Drs. 18/11133, S. 56; der Begriff „Stammgesetz" findet sich auch auf S. 22 und S. 47.

457 BT-Drs. 16/1780, S. 2 f.

ist gem. § 134 BGB nichtig.[458] Dies soll betonen, dass die dem Europarecht entstammenden Schutzvorschriften zwingend sind und weder individualvertraglich oder durch eine kollektive Vereinbarung eine Abweichung zulasten des Arbeitnehmers möglich sein soll.[459] Einhergehend mit der Bedeutung der Normen in der europarechtlichen Systematik könnte sich daraus ein absolutes Dispositionsverbot ergeben, dem auch Erledigungsklauseln unterfallen würden. Dem Wortlaut der Regelung folgend könnte sowohl ein Verzicht auf vergangene als auch auf zukünftige Ansprüche unzulässig sein.[460] Am 28.10.2021 befasste sich das BAG unter anderem genau mit der Frage, ob auf den Entschädigungsanspruch nach § 15 Abs. 2 AGG in einer Erledigungsklausel verzichtet werden kann.[461]

aaa. Urteil des BAG vom 28.10.2021

Im vorliegenden Fall hatten die Parteien einen Aufhebungsvertrag geschlossen, der unter anderem folgendes regelte: *„Mit vollständiger Erfüllung dieses Aufhebungsvertrags sind sämtliche wechselseitige Ansprüche der Parteien aus dem Arbeitsverhältnis und dessen Beendigung, gleich aus welchem Rechtsgrunde, gleich ob bekannt oder unbekannt, abgegolten und erledigt.*“[462] Dem BAG lag zur Entscheidung vor, ob diese Klausel auch den Entschädigungsanspruch nach § 15 Abs. 2 AGG umfasst. Das Gericht legte die Klausel als konstitutives Schuldanerkenntnis aus und nahm an, dass der Anspruch auf Entschädigung, der aus dem Arbeitsverhältnis stammt, von dieser Klausel umfasst sei.[463] Es befasste sich in Folge mit der Frage, ob § 31 AGG diesem Verzicht entgegensteht. Das Gericht kam zu dem Ergebnis, dass

---

458 BeckOK ArbR/*Roloff*, AGG § 31 Rn. 2.

459 BT-Drs. 16/1780, S. 53; BAG 28.10.2021 – 8 AZR 371/20, NZA 2022, 341 Rn. 37 ff.; BeckOGK/*Benecke*, AGG § 31 Rn. 8; BeckOK ArbR/*Roloff*, AGG § 31 Rn. 1.

460 Für eine Verzichtsmöglichkeit im Nachhinein und gegen ein Abbedingen im Voraus aussprechend *Bauer/Krieger/Günther*, § 31 AGG Rn. 12 f.; Henssler/Willemsen/Kalb/*Rupp*, AGG § 31 Rn. 2.

461 BAG 28.10.2021 – 8 AZR 371/20, NZA 2022, 341.

462 BAG 28.10.2021 – 8 AZR 371/20, NZA 2022, 341 (342).

463 BAG 28.10.2021 – 8 AZR 371/20, NZA 2022, 341 Rn. 33 ff.

> *„sämtliche Vereinbarungen gegen § 31 AGG [verstoßen], durch die Ansprüche aus dem AGG im Voraus ausgeschlossen oder beschränkt werden. Der Schutzzweck des § 31 AGG, den unionsrechtlich vorgegebenen Mindeststandard zum Schutz vor Benachteiligungen im Arbeits- und Zivilrecht zu garantieren bzw. sicherzustellen, steht vertraglichen Vereinbarungen entgegen, die die Entstehung von Ansprüchen nach dem AGG verhindern oder beschränken [...]*
>
> *§ 31 AGG steht jedoch einer Vereinbarung über Ansprüche aus dem AGG im Nachhinein nicht entgegen. Verzichts-, Vergleichs- und/oder Abgeltungsvereinbarungen sind deshalb zulässig, soweit sie sich auf in der Vergangenheit liegende mögliche Benachteiligungen beziehen [...] Insoweit wirkt sich aus, dass es jeder Person freisteht, ob sie um Rechtsschutz nach dem AGG nachsucht und ob sie gegebenenfalls zu einem späteren Zeitpunkt eine bereits eingereichte Klage zurücknimmt. Dementsprechend ist es ihr auch unbenommen, in einem Aufhebungsvertrag eine Vereinbarung über eine Abgeltung ihrer Ansprüche aus dem AGG zu treffen. Dies steht im Übrigen im Einklang mit dem in § 27 II 2 Nr. 3 AGG formulierten Anliegen des Gesetzgebers, eine gütliche Einigung zwischen den Bet. [sic!] anzustreben“*[464].

bbb. Reaktionen der Literatur

Diese deutliche Aussage des BAG fand in der rechtswissenschaftlichen Literatur viel Beifall.[465] Es bestehe keine Drucksituation mehr für den Arbeitnehmer, da das Ende des Arbeitsverhältnisses bereits bevorstehe.[466] Eine Parallele wird auch zum Anspruch auf Entgeltfortzahlung gezogen.[467] Der Anspruch auf Entgeltfortzahlung gem.

---

464 BAG 28.10.2021 – 8 AZR 371/20, NZA 2022, 341 Rn. 41 f. mwN.

465 *Schlachter*, AP AGG § 15 Nr. 30; auch für § 15 Abs. 1 AGG bejahend *Sura*, NZA-RR 2022, 221; *Meyer*, ArbRAktuell 2022, 153; jedenfalls nicht ablehnend *Benkert*, NJW-Spezial 2022, 179; so auch schon vorher *Bauer/Krieger/Günther*, § 31 AGG Rn. 12 ff.; Henssler/Willemsen/Kalb/*Rupp* AGG § 31 Rn. 2; *v. Roetteken* § 31 AGG Rn. 24.; grds. so auch Däubler/Beck/*Däubler*, NK-AGG § 31 Rn. 4.

466 *Sura*, NZA-RR 2022, 221; Däubler/Beck/*Däubler*, NK-AGG § 31 Rn. 4.

467 *Bauer/Krieger/Günther*, § 31 AGG Rn. 13 ff.; MüKoBGB/*Thüsing* AGG § 31 Rn. 3.

§ 3 Abs. 1 EFZG kann nicht[468] im Voraus abbedungen oder beschränkt werden, als materiell-rechtlicher Vergütungsanspruch ist er aber im Nachhinein[469] disponibel. § 12 EFZG normiert im beinahe identischen Wortlaut wie § 31 AGG, dass von den Vorschriften des Gesetzes nicht zu Ungunsten der vom Gesetz umfassten Personen abgewichen werden kann.

Doch nicht alle Stimmen fielen positiv aus. *Roloff*[470] bezweifelte die Richtigkeit der Rechtsprechung des BAG. Er wies darauf hin, dass insbesondere mit Blick auf die AGB-rechtlichen Regelungen derartige Abreden unwirksam sein könnten.[471] Unerheblich sei, dass unter Berücksichtigung des § 276 Abs. 3 BGB nur der Verzicht auf zukünftige Ansprüche aus § 15 AGG umfasst sei, der „Schutzzweck" und „Präventivcharakter" der Norm seien zu beachten.[472] Es gehe gerade nicht darum, dass es einer Partei freistehe, auf den Rechtsschutz zu verzichten. Mit Verweis auf die Rechtsprechung zum Kündigungsschutzklageverzicht plädierte er dafür, dass ein angemessener Ausgleich, zu verlangen sei. Daneben sprach sich *Däubler*[473] dafür aus, dass eine Ausgleichsquittung nur dann Ansprüche aus dem AGG umfassen kann, wenn sie sich *„in unzweideutiger Weise"*[474] darauf bezieht. Zur Begründung führte er aus, dass Ansprüche aus dem AGG nicht *„zum normalen Erscheinungsbild des Arbeitsverhältnisses gehören, unter das ein Schlussstrich gezogen werden soll."*[475]

ee. (Kein) Verzicht in einer allgemeinen Erledigungsklausel

Zu differenzieren ist zwischen dem Verzicht auf einen bereits entstandenen Anspruch und einem zukünftigen, d. h. noch nicht fälligen, An-

---

468 BAG 11.06.1976 – 5 AZR 506/75, NJW 1977, 1213 II. 3.; BAG 20.08.1980 – 5 AZR 218/78, NJW 1981, 1061; ErfK/*Reinhard* EFZG § 12 Rn. 5.

469 BAG 20.08.1980 – 5 AZR 218/78, NJW 1981, 1061 III. 2. a); ErfK/*Reinhard* EFZG § 12 Rn. 5; MüKoBGB/*Müller-Glöge*, EFZG § 12 Rn. 8 **a. A**: Ascheid/Preis/Schmidt/*Rolfs*, 2. Teil Aufhebungsvertrag Rn. 55; zur Rechtsnatur des Anspruchs auf Entgeltfortzahlung, BAG 16.01.2001 – 5 AZR 430/00, NZA 2002, 746.

470 BeckOK ArbR/*Roloff*, AGG § 31 Rn. 1.

471 BeckOK ArbR/*Roloff*, AGG § 31 Rn. 1; so auch *Stoffels*, RdA 2021, 314 (318).

472 BeckOK ArbR/*Roloff*, AGG § 31 Rn. 1.

473 Däubler/Beck/*Däubler*, NK-AGG § 31 Rn. 4.

474 Däubler/Beck/*Däubler*, NK-AGG § 31 Rn. 4.

475 Däubler/Beck/*Däubler* NK-AGG § 31 Rn. 4.

spruch auf Entgeltangleichung. Letzterer ist unter Berücksichtigung der europarechtlichen Wertung, der Systematik und auch des Zwecks des § 7 EntgTranspG i. V. m. § 3 EntgTranspG in einer Erledigungsklausel nicht zulässig.[476] Es ist dem Arbeitnehmer nicht zuzumuten, dass er auf einen noch nicht entstandenen Anspruch in einer unbekannten Höhe verzichten muss. Diese Auslegung deckt sich systematisch mit den bisherigen Ergebnissen dieser Arbeit.

Mit Bezug auf das Urteil des BAG zu § 15 Abs. 2 AGG wird dafür plädiert, dass jedoch ein Verzicht für die Vergangenheit in einer allgemeinen Erledigungsklausel möglich sein muss.[477] Die Parallelziehung zum AGG bietet sich aus dem vergleichbaren Schutzzweck und europarechtlichen Hintergrund an, auch wenn der Wortlaut des § 31 AGG und § 8 EntgTranspG nicht identisch ist. Hauptargument ist die Herstellung des Rechtsfriedens und der Rechtssicherheit.[478] Andererseits wird zur allgemeinen Ausgleichsquittung vertreten, dass diese ohne klaren Hinweis grundsätzlich keine Ansprüche wegen Diskriminierung umfassen, da diese Ansprüche nicht klassischerweise in einem Arbeitsverhältnis entstehen.[479] Ebenso entschied auch das Arbeitsgericht Köln, dass in einer allgemeinen Erledigungsklausel nicht per se auf den Anspruch gem. § 7 EntgTranspG i. V. m. § 3 EntgTranspG verzichtet werden kann, wenn objektiv nicht erkennbar war, dass dieser erledigt sein sollte.[480]

Das rigorose Verbot jeglicher Disposition des bereits entstandenen Anspruchs aus § 7 EntgTranspG i. V. m. § 3 EntgTranspG ist abzulehnen. Der Entgeltgleichheitsanspruch ist ein Vergütungsanspruch. Vergütungsansprüche sind klassischerweise die Kernansprüche in einer Erledigungsklausel.[481] Den Parteien geht es bei Abschluss einer Erledigungsklausel gerade darum, dass keine weiteren Vergütungsansprüche unverhofft auf sie zukommen. Der Sinn einer Erledigungsklausel wird ansonsten unterlaufen. Dies zeigt auch die Parallele zur Entgeltfortzahlung. Der Anspruch auf Entgeltfortzahlung nach § 3 Abs. 1 EFZG

476 Schon für die Ausschlussklausel plädierend, *Bürger/Müller*, DB 2019, 425 (427).
477 *Löwisch*, BB 2023, 181 (182).
478 *Löwisch*, BB 2023, 181 (182).
479 Däubler/Beck/*Däubler*, NK-AGG § 31 Rn. 4.
480 ArbG Köln 06.10.2021 – 18 Ca 5541/20, BeckRS 2021, 64287 Rn. 47.
481 *Löwisch*, BB 2023, 181 (182).

ist genauso wie der Entgeltangleichungsanspruch ein Vergütungsanspruch. Dieser ist, wenn bereits entstanden und fällig, verzichtbar. § 12 EFZG steht dem nicht entgegen. Auch der Anspruch auf Entgeltangleichung ist zum Zeitpunkt der Schließung eines Aufhebungsvertrags oder Vergleichs als Vergütungsanspruch bereits entstanden. Problematisch dabei könnte sein, dass dem Arbeitnehmer gar nicht bewusst ist, dass er oder sie im Verhältnis zum Median des anderen Geschlechts schlechter bezahlt wird. Hier hat der Arbeitgeber einen systematischen Vorteil. Beim Anspruch auf Entgeltfortzahlung ist dagegen die Anspruchshöhe bereits von Anfang an für den Arbeitnehmer klar ersichtlich und bedarf keiner Information seitens des Arbeitgebers. Es stellt sich also für den Arbeitnehmer umständlich dar, eine Entgeltungleichheit erst einmal mitzubekommen. Dies allein kann jedoch nicht als Argument gegen einen Verzicht genommen werden. Dem Arbeitnehmer steht es frei, im Arbeitsverhältnis von seinem Auskunftsrecht nach § 10 EntgTranspG im Rahmen der §§ 11 bis 16 EntgTranspG Gebrauch zu machen. Allein, dass dieser Zwischenschritt erforderlich ist, ist kein ausreichendes Argument für ein Verzichtsverbot.

Vergleichbar zum datenschutzrechtlichen Auskunftsanspruch ist es dabei unerlässlich, dass die Dispositionsmöglichkeit in keinem Fall in einem Beschneiden des Schutzes einer Partei resultiert. Aus dem europäischen Ursprung resultiert nicht per se ein grundsätzliches Verzichtsverbot. Die europäischen Schutzzwecke dürfen aber nicht dazu führen, dass die Privatautonomie der Parteien unangemessen eingeschränkt wird. Deshalb ist das Urteil des BAG zu § 15 Abs. 2 AGG zu kurz gegriffen. Es verkennt die europarechtliche Bedeutung des Anspruchs auf Entschädigung, der gleichzeitig zusammen mit dem Anspruch auf Schadensersatz das Hauptinstrument der betroffenen Person beim Vorliegen einer Diskriminierung ist. Ein durchschnittlicher Arbeitnehmer kann – wie vom Arbeitsgericht Köln richtigerweise ausgeführt – nicht erkennen, dass eine allgemeine Erledigungsklausel auch Ansprüche aus dem Diskriminierungsrecht umfassen soll. Wie bei anderen für den Arbeitnehmer bedeutsamen Ansprüchen muss sich der Verzichtswille des Arbeitnehmers deshalb eindeutig aus der Klausel ergeben. Das bedeutet übertragen auf den Anspruch auf Entgeltgleichheit, dass dieser entweder explizit erwähnt oder durch die Auslegung der Klausel eindeutig für den Arbeitnehmer erkennbar in seinen

Verzicht miteinbezogen sein muss. Eine allgemeine Erledigungsklausel ist für den Verzicht auf den Anspruch aus § 7 EntgTranspG i. V. m. § 3 EntgTranspG nicht ausreichend.

ff. Unangemessenheit gem. § 307 Abs. 1 BGB

Abzulehnen ist aber eine Intransparenz der Klausel bei Nichtaufzählung des Anspruchs in einer kontrollfähigen Erledigungsklausel gem. § 307 Abs. 1 S. 2 BGB. Nun mag man dem entgegenhalten, dass es sich um einen europarechtlichen Anspruch handelt, dem eine besondere Bedeutung zukommt. Der europarechtliche Ursprung allein reicht aber dafür nicht aus. Die Situation verhält sich beim Anspruch auf Entgeltgleichheit anders als beim Auskunftsanspruch gem. Art. 15 Abs. 1 DSGVO. Hauptzweck der Erledigungsklausel ist gerade die Erledigung von entstandenen Entgeltansprüchen, wie den Anspruch auf Entgeltgleichheit. Der Bedeutung des Unionsrechts und des Zwecks des Entgeltgleichheitsanspruchs wird dadurch Rechnung getragen, dass der allgemeine Verzichtswille der Parteien in einer Erledigungsklausel diesen nicht automatisch erfasst. Sollte sich nachträglich ergeben, dass eine Gehaltsdiskriminierung vorlag, steht der Arbeitnehmer nicht schutzlos da. Ihm stehen weiterhin die Wege des allgemeinen Teils des BGB mit der Anfechtung wegen arglistiger Täuschung gem. § 123 Abs. 1 Alt. 1 BGB offen.[482]

Roloff merkte außerdem bereits an, dass man einen kompensationslosen Verzicht auf den Anspruch auf Entgeltangleichung als unangemessen gem. § 307 Abs. 1 BGB ansehen könnte.[483] Anders als beim Auskunftsanspruch handelt es sich aber bei dem Anspruch auf Entgeltangleichung um einen auf Geld gerichteten Anspruch. Es wird schwierig sein, einen angemessenen Betrag zu definieren, der nicht identisch zur Höhe des Entgeltangleichungsanspruchs ist. Andererseits darf der Arbeitgeber, der die geschlechterunabhängig gleiche Bezahlung in der eigenen Hand hat, nicht bevorteilt werden. Andenkbar als Lösung wäre ein Pauschalbetrag, auf den sich die Parteien im Rahmen des Aufhebungsvertrags einigen, der auch als „Abfindung" für den Verlust des Anspruchs zählt.

---

482 *Stoffels*, AGB-Recht Rn. 394 ff.; BAG 15.12.1994 – 8 AZR 250/93, BeckRS 1994, 30918694; BAG 17.02.1961 – 1 AZR 436/59, BB 1961, 567.

483 BeckOK ArbR/*Roloff*, AGG § 31 Rn. 1.

c. Bedeutung für die Gestaltung von Erledigungsklauseln

Für die Gestaltung einer Erledigungsklausel ergibt sich aus der Diskussion Folgendes: Die Parteien sollten den Anspruch auf Entgeltgleichheit in der Erledigungsklausel explizit als von ihr erfasst erwähnen, um den Verzichtswillen unstrittig klarzustellen. Ein Muss ist diese Gestaltung für die Transparenz einer kontrollfähigen Klausel nicht. Eine Intransparenz einer Erledigungsklausel liegt bei Nichterwähnung nicht automatisch vor. Somit drohen dadurch keine negativen Auswirkungen auf die Wirksamkeit der Erledigungsklausel. Zukünftige Ansprüche auf Entgeltangleichung dürfen nicht der Erledigungsklausel unterliegen. Dies muss aus der Klausel hervorgehen. Zugegebenermaßen ist aber eine Situation, in der sich ein Anspruch auf Entgeltangleichung nach Beendigung des Arbeitsverhältnisses ergibt, wenig vorstellbar.

d. Zwischenergebnis

Auf den Anspruch auf Entgeltangleichung gem. § 7 EntgTranspG i. V. m. § 3 EntgTranspG kann für die Vergangenheit verzichtet werden. Ein Verzichtsverbot resultiert nicht allein aus dem unionsrechtlichen Ursprung. Das ergibt sich auch aus dem systematischen Vergleich mit dem AGG, das vergleichbare Schutzzwecke wie das Entgelttransparenzgesetz verfolgt. Im Kontext mit § 15 Abs. 2 AGG hat das BAG bereits entschieden, dass § 31 AGG einem nachträglichen Verzicht nicht im Wege steht. Begründet wurde diese Entscheidung damit, dass die Drucksituation am Ende des Arbeitsverhältnisses für den Arbeitnehmer nicht mehr bestehe. Systematisch gestützt wird diese Auslegung durch den Vergleich mit § 3 Abs. 1 EFZG. Als materiell-rechtlicher Vergütungsanspruch ist er im Nachhinein disponibel, § 12 EFZG steht dem nicht entgegen.[484] Der Anspruch gem. § 7 EntgTranspG i. V. m. § 3 EntgTranspG ist ebenfalls ein reiner Vergütungsanspruch. Kein Gegenargument ist die Tatsache, dass der Arbeitnehmer keinen Überblick darüber hat, ob überhaupt eine ungleiche Bezahlung besteht. Ihm steht es jederzeit im Arbeitsverhältnis frei, seinen Auskunftsanspruch nach § 10 EntgTranspG geltend zu machen.

---

484 BAG 11.06.1976 – 5 AZR 506/75, NJW 1977, 1213 II. 2.; BAG 20.08.1980 – 5 AZR 218/78, BeckRS 1980, 1120 Rn. 15 ff.; MüKoBGB/*Müller-Glöge*, EFZG § 12 Rn. 8.

Ein Verzicht auf den Anspruch auf Entgeltgleichheit ist aber entgegen der Entscheidung des BAG und im Einklang mit dem Urteil des Arbeitsgerichts Köln nur möglich, wenn der Verzichtswille aus Formulierung oder den einzelfallabhängigen Umständen der konkreten Klausel hervorgeht. Eine generelle Erledigungsklausel umfasst den Anspruch auf § 7 EntgTranspG i. V. m. § 3 EntgTranspG nicht. Dies ergibt sich aus der Bedeutung des Anspruchs in der europarechtlichen und nationalen Systematik. Nicht abdingbar hingegen ist der Anspruch für die Zukunft. Auch eine Erledigungsklausel, die als abstraktes Schuldanerkenntnis zukünftige Ansprüche grundsätzlich erfassen kann, darf wegen der europarechtlichen Wertung die Geltendmachung dieses Anspruchs nicht tangieren. Dies sollte in der Formulierung der Erledigungsklausel klargestellt werden. Es verbleibt außerdem ein Restrisiko, dass ein kompensationsloser Verzicht auf den Anspruch unangemessen gem. § 307 Abs. 1 BGB ist, wenn es sich bei der Erledigungsklausel um eine kontrollfähige Klausel handelt. In diesem Fall droht dann die Gesamtunwirksamkeit der Klausel nach § 306 BGB. Eine Abhilfemöglichkeit könnte dafür eine pauschale Abgeltungssumme zuzüglich zur Abfindung darstellen.

2. Der Anspruch auf Schadensersatz bzw. Entschädigung nach Art. 16 RL 2023/970

Die im Juni 2023 in Kraft getretene Entgelttransparenzrichtlinie, die bis zum 07.06.2026 in den europäischen Mitgliedsstaaten umzusetzen ist, sieht vor, noch stärker die Entgeltdiskriminierung zu bekämpfen[485], das geschlechtsspezifische Entgeltgefälle zu reduzieren[486] und Mitarbeitenden die Durchsetzung ihrer Rechte zu erleichtern[487]. Die für diese Arbeit durch diese Richtlinie relevante Neuerung ist der in Art. 16 RL 2023/970 vorgesehene Schadensersatz- oder Entschädigungsanspruch. Spricht man über die (Un-)Gleichbehandlung der Geschlechter, denkt man zunächst an das AGG. Dieses kennt bereits einen Schadens- bzw. Entschädigungsanspruch in § 15 Abs. 1 bzw. Abs. 2 AGG. Bislang wurde gem. § 2 Abs. 2 EntgTranspG bei der Geltendmachung von Schadensersatz- und Entschädigungsansprüchen

485 ErwGr. 3, 28, 39 RL (EU) 2023/970.
486 Beispielsweise ErwGr. 14, 15, 25, 31, 33, 39 RL (EU) 2023/970.
487 ErwGr. 48 RL (EU) 2023/970.

wegen eines Verstoßes gegen das Entgelttransparenzgesetz auf diesen Anspruch zurückgegriffen, da es an einer Normierung eines solchen Anspruchs de lege lata im Entgelttransparenzgesetz fehlte.[488] In Folge soll daher insbesondere mit Blick auf § 15 AGG diskutiert werden, ob und wie weit auf den in Art. 16 der Entgelttransparenzrichtlinie angedachten Schadensersatz- bzw. Entschädigungsanspruch in einer Erledigungsklausel verzichtet werden kann.

a. Inhalt des Schadensersatz- bzw. Entschädigungsanspruchs nach Art. 16 RL 2023/970

Art. 16 Abs. 1 RL 2023/970 regelt, dass die Mitgliedsstaaten sicherstellen müssen, dass Arbeitnehmer, die durch die Verletzung von Rechten oder Pflichten im Zusammenhang mit dem Grundsatz des gleichen Entgelts einen Schaden erlitten haben, das Recht haben, für diesen Schaden – je nach Vorgabe des Mitgliedstaats – vollständigen Schadensersatz oder vollständige Entschädigung zu verlangen und zu erhalten. Das entspricht auch der Rechtsprechung des EuGH.[489] Der Schadensersatz muss einen tatsächlichen und wirksamen Schadensersatz oder eine tatsächliche und wirksame Entschädigung für den erlittenen Schaden – je nach Vorgabe des Mitgliedstaats – auf eine abschreckende und angemessene Art und Weise darstellen (Art. 16 Abs. 2 RL (EU) 2023/970). Art. 16 Abs. 3 S. 1 RL (EU) 2023/970 schreibt vor, dass durch den Schadensersatz oder die Entschädigung der Arbeitnehmer, der einen Schaden erlitten hat, in die Situation versetzt wird, in der er sich befunden hätte, wenn er nicht aufgrund des Geschlechts diskriminiert worden wäre oder wenn keine Verletzung der Rechte oder Pflichten im Zusammenhang mit dem Grundsatz des gleichen Entgelts erfolgt wäre. Satz 2 konkretisiert, welche Leistungen und Zahlungen bei dem Anspruch zu berücksichtigen sind. Eine Beschränkung des Schadensersatz- oder Entschädigungsanspruches durch eine Obergrenze ist gem. Art. 16 Abs. 4 RL (EU) 2023/970 nicht

---

488 S. nur BAG 16.02.2023 – 8 AZR 450/21, NZA 2023, 958 Rn. 100; BAG 21.01.2021 – 8 AZR 488/19, NZA 2021, 1011 Rn. 26.

489 BT-Drs. 18/11133, S. 56; s. auch BAG 16.02.2023 – 8 AZR 450/21, NZA 2023, 958 Rn. 100; EuGH, 17.12.2015 – C-407/14 (Arjona Camacho), ECLI:EU:C:2015:831 Rn. 45; ErwGr. 50 RL (EU) 2023/970.

erlaubt. Ansonsten würde das Ziel des Anspruchs, den genauen Schaden des betroffenen Arbeitnehmers zu ersetzen, verfehlt werden.[490]

b. Wortlaut

Bislang fehlt es an einer nationalen Umsetzung der Entgelttransparenzrichtlinie.[491] Daher ist auf den Wortlaut der Richtlinie unter der Prämisse abzustellen, dass die nationale Norm diesen übernimmt. Inhaltlich ist der vorgesehene Schadensersatz- oder Entschädigungsanspruch sehr ähnlich zu § 15 Abs. 1 und Abs. 2 AGG strukturiert. Anders als § 15 Abs. 2 S. 2 AGG sieht er jedoch in keinem Fall eine Begrenzung des Anspruchs auf Entschädigung vor. Ansonsten geht er dem Wortlaut nach nicht ersichtlich über § 15 Abs. 1 und Abs. 2 AGG hinaus.[492] Dennoch spricht viel dafür, dass der Anspruch Einzug ins Entgelttransparenzgesetz findet. Ähnlich wie laut der Gesetzesbegründung das Entgelttransparenzgesetz an sich im Verhältnis zum AGG die Bedeutung der Entgeltgleichheit in einem „Stammgesetz"[493] darstellen soll, ist eine Normierung des Schadensersatzanspruchs aus Betonungsgründen angemessen. Die Verankerung im Entgelttransparenzgesetz hat außerdem eine Abschreckungsfunktion.

Anders als das bisherige Entgelttransparenzgesetz enthält die Entgelttransparenzrichtlinie Aussagen zur Verjährung. Laut Art. 21 Abs. 1 S. 3 RL (EU) 2023/970 müssen die Mitgliedsstaaten sicherstellen, dass Verjährungsfristen für die Geltendmachung von Ansprüchen auf gleiches Entgelt nicht kürzer als drei Jahre sein dürfen. Dieser Artikel gilt ausweislich Abs. 3 jedoch nicht für die Vorschriften über das Erlöschen von Ansprüchen. Er regelt kein Verzichtsverbot. Für Erledigungsklauseln ergibt sich dadurch keine rechtliche Schlussfolgerung.

490 *V. Roetteken*, NZA-RR 2024, 169 (175).

491 Nach Art. 288 Abs. 3 AEUV sind Richtlinien von den Mitgliedsstaaten umzusetzen. Die Entgelttransparenzrichtlinie ist bis zum 07.06.2026 umzusetzen, Art. 34 Abs. 1 S. 1 RL (EU) 2023/970.

492 *Marek/Sawodny*, ArbRAktuell 2023, 397 (399); *v. Roetteken*, NZA-RR 2024, 169 (175); **a.A.** *Günther/Schiffelholz*, NZA-RR 2023, 568 (573), die die unbegrenzte Entschädigungshöhe nur als Beispiel für Unterschiede anführen.

493 Der Begriff Stammgesetz findet sich in BT-Drs. 18/11133, S. 22; S. 47 und S. 56.

c. Systematik

aa. Entgelttransparenzgesetz

Zunächst bietet sich ein Vergleich zu § 7 EntgTranspG i. V. m. § 3 Abs. 1 EntgTranspG an. Dieser Anspruch hat jedoch einen anderen Inhalt als der in der Richtlinie vorgesehene Schadensersatz- oder Entschädigungsanspruch. Dies ergibt sich schon aus seiner Rechtsnatur, die ausdrücklich kein Schadensersatzanspruch, sondern ein Vergütungsanspruch ist. Eine Eins-zu-Eins-Übertragung der Argumentation scheidet daher aus.

bb. § 15 Abs. 1 und Abs. 2 AGG

Wie bereits beim Entgeltangleichungsanspruch bietet sich eine Parallele zur Behandlung von Regelungen des AGG in Erledigungsklauseln an.[494] Die Parallele ist hierbei noch stärker ausgeprägt, da die Inhalte des § 15 Abs. 1 bzw. 2 AGG und die der in Art. 16 Abs. 1 RL (EU) 2023/970 vorgesehenen Ansprüche inhaltlich beinahe identisch sind.

Anders als § 31 AGG sieht die Entgelttransparenzrichtlinie keine Regelung vor, die Abweichungen zuungunsten des Arbeitnehmers verbietet. Daher wird es bei der Norm des deklaratorischen § 8 EntgTranspG verbleiben, die wenig Rückschlüsse auf die Behandlung von Erledigungsklauseln zulässt. Wie bereits ausgeführt, sieht das BAG und ein Großteil der Literatur § 31 AGG nicht als Hindernis für den nachträglichen Verzicht auf die Ansprüche in Erledigungsklauseln an. Das Arbeitsgericht Köln dagegen äußerte sich noch vor dem BAG-Urteil dazu, dass bestimmte gesetzlich vorgesehene Zahlungsansprüche, wie auch die Ansprüche aus § 15 Abs. 1 und Abs. 2 AGG, grundsätzlich nicht von einer Erledigungsklausel umfasst sein können.[495] Das BAG behandelte in seinem Urteil vom 28.10.2021 jedoch nur den Anspruch auf Entschädigung nach § 15 Abs. 2 AGG.[496] Zum Anspruch aus § 15 Abs. 1 AGG äußerte es sich nicht ausdrücklich. Aus seiner Auslegung des § 31 AGG, dass dieser Verzichtsvereinbarungen nicht

494 Auch hier ist zu berücksichtigen, dass eine nationale Umsetzung der Norm bislang fehlt und von einer wortgleichen Umsetzung in das nationale Recht ausgegangen wird. Daher bezieht sich der Vergleich auf den Wortlaut der Richtlinie, wenngleich daraus systematisch kein eigenständiger Anspruch resultiert.

495 ArbG Köln 06.10.2021 – 18 Ca 5541/20, BeckRS 2021, 64287 Rn. 47.

496 BAG 28.10.2021 – 8 AZR 371/20, NZA 2022, 341.

entgegenstehe, muss man aber konsequenterweise folgern, dass das Gericht auch den Schadensersatzanspruch für verzichtbar ansieht.[497] Dies wurde auch schon bereits vor dem Urteil in dieser Weise vertreten.[498] Dabei spielt es wohl keine Rolle, dass anders als Schadensersatzansprüche Entschädigungsansprüche verschuldensunabhängig entstehen.[499]

cc. Betrachtung der Vorsatzhaftung

Man kommt nicht umhin, bei dieser Diskussion einen Vergleich zur Behandlung der Vorsatzhaftung[500] in Erledigungsklauseln zu ziehen. Bei der Vorsatzhaftung ergibt sich aus § 276 Abs. 3 BGB, dass eine Erledigungsklausel jedenfalls keine zukünftigen Ansprüche umfassen darf, sollte sie als konstitutives Schuldanerkenntnis auslegbar sein. Hinsichtlich vergangener Ansprüche besteht ein Unterschied darin, ob die Erledigungsklausel als AGB-Klausel einzuordnen ist. Ist dies der Fall, ergibt sich aus den Wertungen der AGB-Kontrolle die Unwirksamkeit des Verzichts. Eine vergleichbare Situation könnte zumindest beim Schadensersatzanspruch aus Art. 16 Abs. 1 RL (EU) 2023/970 bestehen. Der Arbeitgeber hat bei der Verursachung eines Schadensersatzes aus der Natur der Sache heraus schuldhaft das Eintreten des Tatbestands in der Hand. Zu beachten ist dabei aber, dass nicht immer vorsätzliches Handeln vorliegt.

d. Telos

Sinn des in der Richtlinie vorgesehenen Schadensersatz- oder Entschädigungsanspruchs ist neben dem Anspruch auf Entgeltangleichung noch eine weitere Möglichkeit zu schaffen, Entgeltgleichheit voranzubringen und ungleiche Bezahlung zwischen den Geschlechtern zu unterbinden. Er stellt eine Abhilfemaßnahme dar und ist bewusst ohne Obergrenze gestaltet.[501] Um diesem Zweck nachzukommen, darf die Ausübung der Rechte aus der Richtlinie nicht übermäßig erschwert

---

497 So auch *Sura*, NZA-RR 2022, 221.
498 *Bauer/Krieger/Günther*, § 31 AGG Rn. 13 ff.
499 BAG 22.01.2009 – 8 AZR 906/07, NZA 2009, 945.
500 Vgl. B. I.
501 ErwGr. 50, 51 RL (EU) 2023/970.

oder gar unmöglich gemacht werden.[502] Der Anspruch ist Ausdruck des europarechtlichen Strebens nach Gleichberechtigung in allen Lebensbereichen. Es wird damit verdeutlicht, dass eine Ungleichbehandlung bei diesem Thema nicht gebilligt wird.

e. Stellungnahme

Der in Art. 16 Abs. 1 RL (EU) 2023/970 vorgesehene Anspruch auf Schadensersatz oder Entschädigung hat einen hohen Stellenwert in der Systematik des europarechtlichen Strebens nach Entgeltgleichheit zwischen den Geschlechtern. Mit Blick auf die Behandlung des § 15 Abs. 1 und Abs. 2 AGG in der bisherigen (nationalen) Rechtsprechung ist dieser Stellenwert im Spannungsfeld mit der Privatautonomie und dem Streben der Parteien nach Rechtsfrieden und Rechtssicherheit zu betrachten.

Aus dem Europarecht ergibt sich kein allgemeines Verzichtsverbot. Art. 21 RL (EU) 2023/970 normiert zwar eine Mindestverjährungsfrist, diese kann aber nicht als generelle Einschränkung der individuellen Parteidisposition über die Ansprüche verstanden werden. Selbstredend betont diese Regelung die Bedeutung der Ansprüche aus der Entgelttransparenzrichtlinie im Sinne des europäischen Gesetzgebers. Aus den Wertungen des Europarechts und mit Blick auf den parallellaufenden § 31 AGG ergibt sich, dass jedenfalls zukünftige Ansprüche nicht einer Erledigungsklausel unterfallen dürfen.

Der systematische Vergleich mit § 7 i. V. m. § 3 Abs. 1 EntgTranspG hilft bei der Frage nach dem Umfang einer Verzichtsmöglichkeit nur bedingt weiter. Zwar beinhaltet dieser ebenso als Kernzweck die Herstellung gleicher Entgeltstrukturen unter den Geschlechtern, jedoch handelt es sich bei diesem Anspruch nicht um einen Schadensersatz- sondern einen Vergütungsanspruch. Daher muss vielmehr auf die Wertungen der Vorsatzhaftung sowie des vergleichbaren § 15 Abs. 1 und Abs. 2 AGG in Erledigungsklauseln abgestellt werden. Bei einem Verzicht in einer Erledigungsklausel liegt es im Interesse der Parteien, jegliche Gefahr der Inanspruchnahme aus einem Schadensersatzanspruch zu eliminieren. § 276 Abs. 3 BGB schiebt dieser Parteidisposition für zukünftige vorsätzliche Schadensersatzansprüche einen Riegel vor,

---

502 ErwGr. 53 RL (EU) 2023/970.

da dies dem Schutzzweck der Regelung widersprechen würde. Diese Wertung muss bei Vorliegen von Vorsatz auch bei dem Anspruch auf Schadensersatz gem. Art. 16 Abs. 1 RL (EU) 2023/970 (und im Übrigen auch bei § 15 Abs. 1 AGG) beachtet werden und deckt sich mit der europarechtlichen Auslegung.

Der Vergleich zu § 15 Abs. 1 und Abs. 2 AGG ist besonders bedeutend, da durch den quasi identischen Inhalt und dem Schutzzweck eine unterschiedliche Behandlung zwischen den Ansprüchen systematisch nicht einheitlich wäre. Richtig ist, dass sich aus dem europarechtlichen Hintergrund der Normen per se kein Verzichtsverbot ergibt. Jedoch ist sowohl bei der Betrachtung der Rechtsprechung des BAG zum Verzicht auf die Ansprüche aus § 15 Abs. 1 und Abs. 2 AGG ein kritischer Blick angebracht. Die Ansprüche aus dem AGG sind europarechtlichen Ursprungs, dienen der Umsetzung wichtiger europarechtlicher Ziele und stärken die Stellung des Arbeitnehmers. Aus dieser Bedeutung heraus und mit Blick auf andere für die Stellung der Parteien wichtige Ansprüche und deren Behandlung in Erledigungsklauseln dürfen diese nicht generell von dem Umfang einer allgemeinen Erledigungsklausel erfasst sein. Wenngleich die Auslegung von Erledigungsklauseln weit anzusetzen ist, würde dies der Systematik widersprechen. Hinzu kommt, dass es sich bei dem Anspruch auf Entschädigung und Schadensersatz um einen rein einseitigen Anspruch des Arbeitnehmers handelt. Folglich muss sich aus der konkreten Formulierung oder der Auslegung der Erledigungsklausel im Einzelfall ergeben, dass diese Ansprüche vom Verzichtswillen des Arbeitnehmers erfasst sein sollen. Nichts anderes kann für die in Art. 16 Abs. 1 RL der Entgelttransparenzrichtlinie angelegten Ansprüche gelten. Sollte ein Verzicht auf diese Ansprüche gewünscht sein, muss dieser Verzichtswille aus der Formulierung der Erledigungsklausel hervorgehen.[503]

Daneben ist zwischen dem verschuldensunabhängigen Entschädigungsanspruch und dem verschuldensabhängigen Schadensersatzanspruch zu differenzieren. Für den verschuldensabhängigen Schadensersatzanspruch ergibt sich bei Anwendung der AGB-Kontrolle aus

503 Ohne nähere Erklärung wird die Herausnahme der Ansprüche des § 15 AGG aus einer Ausschlussquittung auch von Hey/Forst/*Forst*, AGG § 31 Rn. 17 empfohlen.

der Regelung des § 309 Nr. 7 BGB jedenfalls ein Verzichtsverbot hinsichtlich vorsätzlich oder grob fahrlässig verursachte Schäden, nach Nr. 7b auch für gesetzliche Vertreter und Erfüllungsgehilfen. Parallel zu den Ausführungen zur Vorsatzhaftung ist daher bei kontrollfähigen Erledigungsklauseln dieser Anspruch aus dem Umfang der Klausel zu exkludieren. Da teilweise nicht sicher ist, ob Klauseln der AGB-Kontrolle unterliegen, könnte für eine möglichst rechtssichere Gestaltung von vornherein dieser Anspruch (und auch der Anspruch aus § 15 Abs. 1 AGG) aus dem Umfang der Erledigungsklausel herausgenommen werden. Andernfalls folgt aus § 306 BGB im Einklang mit den Ausführungen bei der Vorsatzhaftung die Gesamtunwirksamkeit der Klausel.

AGB-rechtlich besteht noch ein weiteres Problem: Ein Verzicht der Parteien auf diese Ansprüche würde nur dem Arbeitgeber einen Vorteil bringen. Wie schon *Roloff* hinsichtlich § 15 Abs. 1 und Abs. 2 AGG anmerkte, könnte sich aus der Einseitigkeit des Verzichts eine unangemessene Benachteiligung des Arbeitnehmers ergeben.[504] Hier besteht eine Parallele zum ebenfalls einseitigen Anspruch des Arbeitnehmers auf Auskunft gem. Art 15 DSGVO. Deshalb könnte es vorteilhaft sein, in AGB-rechtlichen Erledigungsklauseln sowohl den Anspruch auf Schadensersatz als auch auf Entschädigung auszuklammern, um diese Gefahr zu umgehen. Alternativ muss ausdrücklich geregelt werden sollte, dass mit der Abfindung auch eine angemessene finanzielle Kompensation des Verlusts dieses Anspruchs einhergeht.

3. Zwischenergebnis

Ein Verzicht auf einen zukünftigen Anspruch auf Schadensersatz oder Entschädigung nach Art. 16 Abs. 1 RL (EU) 2023/970 in einer Erledigungsklausel ist abzulehnen. Dies zeigt die Bedeutung des Anspruchs in der europarechtlichen Systematik. Bei dem Anspruch auf Schadensersatz oder Entschädigung nach Art. 16 Abs. 1 RL (EU) 2023/970 ergibt sich aus dem Europarecht aber kein nachträgliches absolutes Verzichtsverbot. An einer expliziten Normierung eines Verzichtsverbots fehlt es. Hauptargument ist der Zweck von Erledigungsklauseln, für Rechtssicherheit und Rechtsfrieden zu sorgen. Wegen der Bedeutung

---

504 S. dazu bereits zum Auskunftsanspruch B. IV. 3. d. bb. ccc.

der einseitigen Ansprüche für den Arbeitnehmer darf dieser Zweck aber nicht vorschnell zu einem problemlosen Verzicht führen. So muss sich aus der Formulierung der Erledigungsklausel ergeben, dass diese die Ansprüche umfassen soll. Der Wille des Arbeitnehmers kann nämlich nicht so weit ausgelegt werden, dass dieser auch den Schadensersatz- und Entschädigungsanspruch umfasst. Eine Erwähnung spiegelt auch die systematische Bedeutung wider. Dies muss auch parallel entgegen der Ansicht des BAG für § 15 Abs. 1 und Abs. 2 AGG gelten. Bei einem Anspruch auf Schadensersatz ist außerdem die Wertung der AGB-Kontrolle zu beachten. Nach § 309 Nr. 7 BGB dürfen kontrollfähige Erledigungsklauseln nicht die Haftung für vorsätzlich oder grob fahrlässig verursachte Schäden erledigen. Dies gilt im Übrigen auch für den Anspruch aus § 15 Abs. 1 AGG. Um eine Unangemessenheit des Arbeitnehmers nach § 307 Abs. 1 BGB bei AGB-rechtlichen Erledigungsklauseln zu vermeiden, sollten die Ansprüche aus Art. 16 Abs. 1 RL (EU) 2023/970 als auch § 15 Abs. 1 und Abs. 2 AGG aus der Erledigungsklausel ausgenommen werden. Alternativ müssen die Ansprüche angemessen abgegolten werden. Andernfalls ist die Klausel nach § 306 BGB insgesamt unwirksam.

C. Ergebnis des dritten Kapitels

Eine Erledigungsklausel kann und darf nicht annähernd alle Ansprüche aus dem Arbeitsverhältnis umfassen. Es ergibt sich vielmehr eine Umkehrung des Regel-Ausnahme-Verhältnisses, da immer mehr Ansprüche einer generellen Erledigungsklausel unter Berücksichtigung der Auslegungsgrundsätze nicht unterfallen dürfen oder nur bei konkreter Aufzählung vom Verzichtswillen der Parteien umfasst sind.

Gem. § 202 Abs. 1, § 276 Abs. 3 BGB ist die Vorsatzhaftung nicht im Voraus abdingbar. Da Erledigungsklauseln bei der Auslegung als konstitutives Schuldanerkenntnis zukünftige Ansprüche grundsätzlich erfassen können, sind Ansprüche aus der Vorsatzhaftung explizit aus einer Erledigungsklausel herauszunehmen. Dabei ist irrelevant, ob es sich dabei um eine Erledigungsklausel in einem Vergleich oder einer Aufhebungsvereinbarung handelt. Bei nach §§ 305 ff. BGB kontrollfähigen Erledigungsklauseln kommt hinzu, dass sie gem. § 309 Nr. 7

BGB keinen Haftungsausschluss der Verletzung von Leben, Körper und Gesundheit sowie von grob fahrlässig verursachten Schäden enthalten dürfen. Die von der Rechtsprechung aufgestellten Maßstäbe bei Ausschlussklauseln hinsichtlich der Vorsatzhaftung können auf Erledigungsklauseln übertragen werden, da ein vergleichbarer Schutzzweck vorliegt. Im Ergebnis sind Erledigungsklauseln, die die Vorsatzhaftung nicht explizit aus ihrem Anwendungsbereich herausnehmen, nach § 307 Abs. 1 S. 2 BGB intransparent und insgesamt unwirksam.

Der Anspruch auf Mindestlohn gem. § 1 Abs. 1 MiLoG ist unabdingbar. Auf ihn kann grundsätzlich auch nicht im Nachhinein verzichtet werden. Dies ergibt sich bereits aus dem Gesetzeswortlaut des § 3 MiLoG und aus seinem Schutzzweck, die Ausnutzung von Arbeitnehmern zu unterbinden. Einzige gesetzliche Ausnahme ist der Verzicht in einem gerichtlichen Vergleich. In diesem Fall ist durch die gerichtliche Mitwirkung die notwendige Kontrolle gewährleistet. In allen anderen Fällen darf eine allgemeine Erledigungsklausel einen Verzicht nicht umfassen. Problematisch ist hierbei für die Gestaltung von Erledigungsklauseln, ob bei AGB-Klauseln der Mindestlohnanspruch aus Transparenzgründen explizit herausgenommen werden muss. Dagegen spricht, dass eine Erledigungsklausel (anders als eine Ausschlussklausel, auf die in diesem Kontext immer wieder rekurriert wird) das Rechtsverhältnis der Parteien im Nachhinein regelt. In der Regel ist der Mindestlohnanspruch bereits gem. § 362 Abs. 1 BGB erfüllt worden. Das Missbrauchspotenzial ist damit quasi auf Null reduziert und die Schutzbedürftigkeit des Arbeitnehmers nicht mehr vorhanden. Allerdings widerspricht dies nicht der Notwendigkeit einer klaren und systematischen Aufzählung in einer Erledigungsklausel, damit der Arbeitnehmer den genauen Umfang der Klausel nachvollziehen kann. Das Transparenzgebot unterscheidet nicht zwischen wesentlichen und unwesentlichen Ansprüchen. In einem Aufhebungsvertrag hat eine explizite Erwähnung des Mindestlohnanspruchs in der Beispielaufzählung der ausgenommenen Ansprüche aus Gründen der Rechtssicherheit zu erfolgen, falls dieser noch nicht erfüllt ist. Pauschal den Mindestlohnanspruch immer als Ausnahme der Erledigungsklausel zu nennen, geht jedoch fehl. Das Risiko der richtigen Formulierung liegt dabei beim Arbeitgeber. Auf Rechtsfolgenebene stellt sich daran anknüpfend die Frage, ob aus einer fehlenden Erwähnung zwingend eine Gesamtunwirksamkeit der Klausel erfolgen muss. Diese Rechtsfolge würde entgegen dem Interesse der Parteien den Rechtsfrieden bedrohen. Vor allem unter Berücksichtigung der verminderten Missbrauchsgefahr und der konkreten Beendigungssituation könnte in diesem Fall eine Teilunwirksamkeit ausreichend sein. Doch ist dieses Ergebnis systematisch nicht begründbar. Wenngleich im Gesetzeswortlaut des § 3 S. 2 MiLoG die Unwirksamkeit nur „insoweit" vorgesehen ist, so ist diese Norm kein lex specialis zu den Regelungen der AGB-Kontrolle. § 310 Abs. 4 BGB ermöglicht auch keine systematisch befriedigende Lösung. Besonderheiten des Arbeitsrechts müssen normativ begründbar sein und sich aus dem Gesetz ergeben. Sie sollen kein unvorhersehbares Auslegungswerkzeug sein. Im Ergebnis ist daher bei einem Formulierungsfehler mit einer Gesamtunwirksamkeit einer AGB-Klausel zu rechnen.

Der Verzicht auf den Mindestlohn kann auch in einem gerichtlichen Vergleich in Form des § 278 Abs. 6 S. 1 Alt. 1 ZPO geschlossen werden. Eine Übertragung der Rechtsprechung zu § 14 Abs. 1 S. 2 Nr. 8 TzBfG zur Beschränkung des gerichtlichen Vergleichs auf die 2. Alternative ist nicht geboten. Die Voraussetzungen einer teleologischen Reduktion liegen nicht vor. Eine vergleichbare Interessenslage ist nicht gegeben. Es ergibt sich aus der Gesetzgebungshistorie, dass der Gesetzgeber eine Einschränkung des Begriffs „gerichtlicher Vergleich" nicht bezweckte. Die Parteien wollen noch dazu kein neues Arbeitsverhältnis abschließen, sondern ein altes beenden. Daneben ist das Schutzniveau für den Arbeitnehmer bei beiden Alternativen gleichermaßen gesichert, da eine gerichtliche Kontrolle weiterhin besteht. Die Parteien sollten bei einem Verzicht auf den Mindestlohnanspruch im Zweifel auf die „sichere" Variante des Vergleichs gem. § 278 Abs. 6 S. 1 Alt. 2 ZPO zurückgreifen oder das Gericht zumindest bitten, den von den Parteien vorgeschlagenen Vergleich als Vergleich gem. § 278 Abs. 6 S. 1 Alt. 2 ZPO zu bestätigen.

Beim Urlaubsanspruch ist zu differenzieren. Während der gesetzliche Mindesturlaub wegen seiner herausragenden Bedeutung für den Arbeitnehmer keiner Erledigungsklausel unterfallen darf, kann auf den vertraglichen Mehrurlaub im Rahmen einer Erledigungsklausel wegen der Privatautonomie der Parteien verzichtet werden. Beim

Urlaubsabgeltungsanspruch besteht keine Notwendigkeit, zwischen „vertraglichem“ und „gesetzlichem“ Urlaubsabgeltungsanspruch zu unterscheiden. Dieser unterfällt als reiner Vergütungsanspruch grundsätzlich einer allgemeinen Erledigungsklausel. Dem stehen auch europarechtliche Wertungen nicht entgegen. Der Schutzzweck und damit Wesensgehalt des Urlaubs, der Gesundheitsschutz des Arbeitnehmers durch Ruhezeit, wird bei Beendigung des Arbeitsverhältnisses nicht mehr tangiert. Einziger Stolperstein beim Urlaubsabgeltungsanspruch stellt der Zeitpunkt der Schließung der Vereinbarung dar. Liegt dieser vor dem Beendigungszeitpunkt des Vertragsverhältnisses, ist es den Parteien verwehrt, über den Urlaubsabgeltungsanspruch zu disponieren. Dem eben angeführten Schutzzweck des Urlaubs und dem klaren Wortlaut des Art. 7 Abs. 2 RL 2003/88/EG folgend darf eine Erledigungsklausel in diesem Fall den Urlaubsabgeltungsanspruch nicht umfassen. Ist der gesetzliche Urlaubsanspruch oder der Urlaubsabgeltungsanspruch vor Beendigungszeitpunkt in einer Erledigungsklausel enthalten, ist eine kontrollfähige Erledigungsklausel insgesamt unwirksam. Aus Transparenzgründen muss der gesetzliche Urlaubsanspruch daher in einer Erledigungsklausel explizit als Ausnahme genannt werden, im Falle eines zukünftigen Beendigungsdatums auch der Urlaubsabgeltungsanspruch.

Ein Abbedingen des zukünftigen Auskunftsanspruchs nach Art. 15 DSGVO ist abzulehnen. Der Auskunftsanspruch stellt das wichtigste Kontrollinstrument der rechtmäßigen Datenverarbeitung eines von der Verarbeitung personenbezogener Daten Betroffenen dar. Er soll die Transparenz und Rechtmäßigkeit der Datenverarbeitung gewährleisten. Konsequenterweise sind daher auch in die Zukunft gerichtete Zusicherungen des Arbeitgebers, dass die Datenverarbeitung rechtmäßig vonstatten geht, im Austausch gegen das Auskunftsrecht unwirksam. Die Kontrolle über die Rechtmäßigkeit der Datenverarbeitung muss in der Hand des Arbeitnehmers verbleiben. Der Verzicht auf den Auskunftsanspruch aus Art. 15 DSGVO hinsichtlich eines bereits entstandenen Auskunftsanspruchs ist hingegen möglich. Die Dispositionsmöglichkeit ergibt sich bereits aus Erwägungsgrund 4 der DSGVO, der betont, dass der Datenschutz kein uneingeschränktes Recht ist. Ein Verzicht im Nachhinein unterläuft auch nicht den Schutzzweck des Datenschutzrechts oder das Äquivalenzprinzip. Im

Gegenteil, ein nachträglicher Verzicht ist Ausdruck der datenschutzrechtlichen Selbstbestimmung. Diese ist eines der Grundprinzipien der Datenschutzgrundverordnung. Der Betroffene behält weiterhin die Dispositionsgewalt über den Auskunftsanspruch. Sollten Datenverarbeitungsvorgänge in der Vergangenheit Einfluss auf die Zukunft haben, liegt das Risiko einer rechtmäßigen Verarbeitung beim Verwender. Der Arbeitnehmer braucht keine Abwälzung des Risikos fürchten. Ein Verzicht auf das einseitige Auskunftsrecht des Arbeitnehmers ist jedoch in Allgemeinen Geschäftsbedingungen nur gegen eine finanzielle Kompensation des Arbeitnehmers möglich. Andernfalls ist die Erledigungsklausel insgesamt unwirksam. Außerdem muss der Auskunftsanspruch in der Erledigungsklausel explizit als von dieser erfasst erwähnt werden, da der Verzichtswille des Arbeitnehmers diesen nicht typischerweise umfasst. Das ergibt sich einerseits aus der Bedeutung des Auskunftsanspruchs als auch daraus, dass Datenschutzrecht kein Arbeitsrecht ist und damit der Auskunftsanspruch kein typischer arbeitsrechtlicher Anspruch.

Eine Disposition über zukünftige Ansprüche aus dem Entgelttransparenzgesetz ist wegen ihres europarechtlichen Ursprungs und der Parallelziehung zu § 31 AGG abzulehnen. Zu unterscheiden ist bei der Frage einer Verzichtsmöglichkeit zwischen dem Vergütungsanspruch aus §§ 3, 7 EntgTranspG (i. V. m. Art. 157 AEUV) und dem in Art. 16 Abs. 1 der Entgelttransparenzrichtlinie angedachten Schadensersatz- oder Entschädigungsanspruch. Der Anspruch auf Entgeltgleichheit ist als klassischer Vergütungsanspruch grundsätzlich dem Verzicht in einer Erledigungsklausel unterworfen. Das Gesetz regelt nichts Gegenteiliges. Allein aus dem unionsrechtlichen Ursprung ergibt sich kein Verzichtsverbot. Gestützt wird diese Ansicht durch das Urteil des BAG zu § 15 Abs. 2 AGG, in dem das Gericht einen Verzicht auf diesen bejahte. Der Schutzzweck des Anspruchs wird dadurch nicht unterlaufen. Es muss jedoch für den Arbeitnehmer aus der Erledigungsklausel klar hervorgehen, dass sich diese auch auf den Verzicht dieses Anspruchs bezieht. Ansonsten ist wegen der systematischen Bedeutung ein Verzichtswille abzulehnen.

Der in der Richtlinie angedachte Schadensersatz- oder Entschädigungsanspruch ist nicht von einer allgemeinen Erledigungsklausel umfasst. Der Verzichtswille muss sich klar aus der Klausel ergeben.

Wichtig sind dabei auch die bereits angeführten Maßstäbe der Vorsatzhaftung. Bei Klauseln, die der AGB-Kontrolle unterliegen, muss der verschuldensabhängige Schadensersatzanspruch daher wegen § 309 Nr. 7 BGB explizit ausgenommen sein. Außerdem ist zu beachten, dass es sich bei den Ansprüchen um einseitige Ansprüche des Arbeitnehmers handelt und somit ein Verzicht unangemessen benachteiligend sein kann. Daher sollten die in Art. 16 Abs. 1 normierten Ansprüche entweder aus der Erledigungsklausel herausgenommen werden oder finanziell kompensiert werden. Bei kontrollfähigen Klauseln droht ansonsten die Gesamtunwirksamkeit der Erledigungsklausel wegen Intransparenz und der daraus resultierender Unangemessenheit. Übertragen werden kann diese Auslegung auch auf den Anspruch aus § 15 Abs. 1 bzw. Abs. 2 AGG.

Kapitel 4
Der Tatsachenvergleich als Lösungsmöglichkeit

Da bestimmte Ansprüche nicht einfach in einer Erledigungsklausel in Aufhebungs-, Abwicklungsvereinbarungen oder Vergleichen verzichtbar sind, stellt sich die Frage, wie Vertragsparteien dennoch größtmögliche Rechtssicherheit erlangen können. Als Lösung für dieses Problem bietet sich ein sogenannter Tatsachenvergleich in Kombination mit einer Erledigungsklausel an. In diesem Kapitel wird analysiert, bei welchen der in Kapitel 3 behandelten Ansprüchen ein Tatsachenvergleich eine rechtssichere Gestaltungsmöglichkeit bieten kann.

A. Überblick über den Tatsachenvergleich

I. Unterschied zum Rechtsvergleich

Formell unterscheidet der sog. „Tatsachenvergleich" nicht von einem „Rechtsvergleich", für ihn sind die gleichen Normen anwendbar.[505] Der Tatsachenvergleich beinhaltet im Unterschied zum Rechtsvergleich keine Einigung über das rechtliche Schicksal von Ansprüchen, sondern eine Einigung über das Vorliegen oder Nichtvorliegen von Tatsachen, die anspruchsrelevant sind.[506] Die Abgrenzung erfolgt daran, ob sich die Einigung wirklich nur auf tatsächliche Gegebenheiten bezieht.[507] Enthält der Tatsachenvergleich die Einigung über falsche Tatsachen, die den Parteien bei Vergleichsschluss bekannt waren oder offensichtlich falsch waren, um ein Verzichtsverbot zu umgehen, ist

505 MüKoBGB/*Habersack*, BGB § 779 Rn. 34.

506 BeckOGK/*J. F. Hoffmann*, BGB § 779 Rn. 66; MüKoBGB/*Habersack*, BGB § 779 Rn. 34; BAG 08.12.2022 – 6 AZR 459/21, NZA 2023, 839 Rn. 35; BAG 12.2.2014 – 4 AZR 317/12, NZA 2014, 613 Rn. 19; OLG Frankfurt a.M. 22.02.2007 – 16 U 197/06, NZA-RR 2007, 317 1. b).

507 BAG 08.12.2022 – 6 AZR 459/21, NZA 2023, 839 Rn. 35; BAG 12.2.2014 – 4 AZR 317/12, NZA 2014, 613 Rn. 19; BAG 23.08.1994 – 3 AZR 825/93, NZA 1995, 421 II. 2. b); *Neufeld/Flockenhaus*, RdA 2016, 274 (276).

der Tatsachenvergleich zwischen ihnen unwirksam.[508] Sollte eine Partei von der Falschheit der Tatsache wissend dennoch einen Tatsachenvergleich abschließen, ist ein Berufen auf diese falsche Tatsache im Nachhinein als rechtsmissbräuchlich gem. § 242 BGB zu werten, da ein Vertrauenstatbestand geschaffen wurde.[509] Außerdem ist der Vergleich nach § 123 Abs. 1 Alt. 1 BGB wegen arglistiger Täuschung anfechtbar.[510]

II. Bisherige Rechtsprechung zum Tatsachenvergleich

Die Rechtsprechung hat bislang sehr „tatsachenvergleichsfreundlich" entschieden. So soll dieser grundsätzlich auch bezüglich unabdingbarer und unverzichtbarer Ansprüche zulässig sein, da es dabei nicht um die Gestaltung der rechtlichen Situation geht.[511] Im Mittelpunkt steht das Bedürfnis nach Rechtsfrieden.[512] Im Folgenden werden die bekanntesten Beispiele dazu vorgestellt, auf die in der Argumentation hinsichtlich der Möglichkeit des Tatsachenvergleichs bei den in Kapitel 3 angeführten Ansprüchen Bezug genommen wird.

1. § 4 Abs. 4 S. 1 TVG und § 77 Abs. 4 S. 2 BetrVG

Erledigungsklauseln sind vom Wortlaut des § 4 Abs. 4 S. 1 TVG erfasst und bezüglich tariflicher Rechte nicht wirksam, außer sie werden von den Tarifvertragsparteien in einem Vergleich abbedungen. Im Rahmen des § 4 Abs. 4 S. 1 TVG entschied das BAG jedoch, dass ein Vergleich, der nur die Einigung über die tatsächlichen Anspruchsvor-

508 BAG 21.12.1972 – 5 AZR 319/72, AP LohnFG § 9 Nr. 1 (*Trieschmann*); *Kreschinski*, Der Tatsachenvergleich im arbeitsgerichtlichen Prozess, Diss. 2002 Bielefeld, S. 9; Wiedemann/*Bayreuther* TVG § 4 Rn. 442.

509 BAG 12.02.2014 – 4 AZR 317/12, NZA 2014, 613 Rn. 25 ff.; BGH 05.06.1997 – X ZR 73/95, NJW 1997, 3377 II. 4.

510 BGH 19.05.1999 – XII ZR 210–97, NJW 1999, 2804; BAG 11.07.2012 – 2 AZR 42/11, NZA 2012, 1316; Grüneberg/*Retzlaff*, BGB § 779 Rn. 27 f.; Jauernig/*Stadler*, BGB § 779 Rn. 19.

511 BAG 20.08.1980 – 5 AZR 955/78, AP LohnFG § 6 Nr. 12 II. 3. b); BAG 05.11.1997 – 4 AZR 682/95, NZA 1998, 434 I. 2.2.1; kritisch hinsichtlich des Tatsachenvergleichs BeckOGK/*J. F. Hoffmann*, BGB § 779 Rn. 66.

512 So schon BAG 21.12.1972 – 5 AZR 319/72 – juris.

aussetzungen betrifft, nicht vom Wortlaut der Norm erfasst ist.[513] Begründet wird diese Disponibilität damit, dass die Notwendigkeit einer Einigung der Parteien im Rahmen eines Vergleichs und damit die Vermeidung und Beendigung von ungewissen Prozessen Vorrang vor dem Schutzbedürfnis des Arbeitnehmers hat.[514] Rechtlich erreicht wird dies durch eine teleologische Reduktion der Norm.[515] Gerechtfertigt wird diese dadurch, dass *„das Bedürfnis nach gütlicher Einigung in solchen Fällen dem Schutzbedürfnis des Arbeitnehmers vorgeht. Das Gesetz nimmt dem Arbeitnehmer auch sonst nicht jegliche Dispositionsbefugnis hinsichtlich seiner tariflichen Rechte. [...] Deshalb ist es berechtigt, § 4 IV 1 TVG einschränkend auszulegen, um Tatsachenvergleiche zu ermöglichen und damit in ihrem Ausgang ungewisse Prozesse zu beenden oder ganz zu vermeiden"*[516] Beweisschwierigkeiten gehen nicht zu Lasten des Arbeitnehmers.[517] Für die Zulässigkeit eines Tatsachenvergleichs muss der Sachverhalt abgeschlossen sein, ein echter Konflikt bezogen auf Tatsachen vorliegen und dadurch keine tarifliche Vorschrift gezielt umgangen werden.[518]

Auch im Falle des § 77 Abs. 4 S. 2 BetrVG wurde eine mögliche Abbedingung durch Tatsachenvergleich ohne Beteiligung des Betriebsrats bejaht.[519] Die Begründung ist dabei vergleichbar zu der Begründung bei § 4 Abs. 4 S. 1 TVG.

---

513 St. Rspr. BAG 20.08.1980 – 5 AZR 955/78, AP LohnFG § 6 Nr. 12 II. 3 b); BAG 05.11.1997 – 4 AZR 682/95, NZA 1998, 434 I. 2.2.1; BAG 12.02.2014 – 4 AZR 317/12, NZA 2014, 613 Rn. 19.

514 BAG 20.08.1980 – 5 AZR 955/78, AP LohnFG § 6 Nr. 12 II. 3. b); BAG 05.11.1997 – 4 AZR 682/95, NZA 1998, 434 II. 2.2.; zustimmend BeckOK ArbR/*Giesen*, TVG § 4 Rn. 39 f.; *Löwisch/Rieble*, Tarifvertragsgesetz, § 4 Rn. 704; **a. A.** *Zachert*, Anm. zu BAG 5.11.1997, AP TVG § 4 Nr. 17; Kempen/Zachert/*Brecht-Heitzmann* § 4 Rn. 592; Däubler/*Zwanziger/Yalcin* NK-TVG § 4 TVG Rn. 1015 f., der für einen wirksamen Tatsachenvergleich zwingende Kriterien aufstellt; zumindest kritisch Wiedemann/*Bayreuther* TVG § 4 Rn. 442.

515 BAG 05.11.1997 – 4 AZR 682/95, NZA 1998, 434 I. 2.2.2.

516 BAG 05.11.1997 – 4 AZR 682/95, NZA 1998, 434 I. 2.2.2.

517 BAG 21.12.1972 – 5 AZR 319/72 – juris Rn. 13.

518 Däubler/*Zwanziger/Yalçin*, NK-TVG § 4 TVG Rn. 1016.

519 BAG 31.07.1996 – 10 AZR 138/96, NZA 1997, 167 2. b); BAG 25.04.2017 – 1 AZR 714/15, NZA 2017, 1467 Rn. 17.

2. § 3 Abs. 1 Betriebsrentengesetz (BetrAVG)

Zulässigerweise kann sich daneben in einem Tatsachenvergleich darüber geeinigt werden, dass eine Versorgungsvereinbarung über eine betriebliche Altersvorsorge nicht getroffen worden ist oder keine Versorgungsansprüche mehr bestehen.[520] Ein Tatsachenvergleich unterläuft dabei nicht den Schutzzweck des § 3 Abs. 1 BetrAVG. Es muss für die Parteien möglich sein, eine einvernehmliche Lösung ihres Streits über das (Nicht-)Vorliegen von Tatsachen zu finden.[521] Dies ist insbesondere für die arbeitsrechtliche Praxis relevant, nachdem § 3 Abs. 1 BetrAVG den Verzicht auf Versorgungsleistungen in einem gerichtlichen Vergleich insgesamt verbietet.[522] Den Parteien wird damit eine Regelungsmöglichkeit über den Tatsachenvergleich zugesichert, die das Gesetz im Wortlaut nicht vorsieht.

III. Zwischenergebnis

Ein Tatsachenvergleich beinhaltet im Unterschied zu einem Rechtsvergleich keine Einigung über Rechtsfragen, sondern allein die Einigung über das (Nicht-)Vorliegen von anspruchsbegründenden Tatsachen. Die Einigung über offensichtlich oder den Parteien bekanntermaßen falsche Tatsachen zur Umgehung eines Verzichtsverbots führt zur Unwirksamkeit des Vergleichs. Die bisherige Rechtsprechung hat bislang sehr tatsachenvergleichsfreundlich entschieden. Das Ziel des Rechtsfriedens durch gütliche Einigung ist dabei das ausschlaggebende Argument. Die Einigung über Tatsachen beschneide den Schutz des Arbeitnehmers nicht unangemessen. Daher ist nach der Rechtsprechung ein Tatsachenvergleich beispielsweise hinsichtlich der Ansprüche aus § 4 Abs. 4 S. 1 TVG, § 77 Abs. 4 S. 2 BetrVG und § 3 Abs. 1 BetrAVG möglich.

520 BAG 18.12.1984 – 3 AZR 125/84, NZA 1986, 95 B. I. 2. b); BAG 23.08.1994 – 3 AZR 825/93, NZA 1995, 421 II. 2. b).

521 BAG 23.08.1994 – 3 AZR 825/93, NZA 1995, 421 II. 2. b); *Neufeld/Flockenhaus*, RdA 2016, 274 (276).

522 BAG 14.08.1980 – 3 AZR 1123/78, BeckRS 1980, 1118 Rn. 14; BAG 18.12.1984 – 3 AZR 125/84, NZA 1986, 95 B. I. 1.

B. Verzicht auf rechtlich unverzichtbare und unabdingbare Ansprüche in einem Tatsachenvergleich

I. Anspruch auf Mindestlohn gem. § 1 MiLoG

§ 3 S. 2 MiLoG stellt klar, dass ein Verzicht auf den Anspruch auf Mindestlohn nur im Rahmen eines gerichtlichen Vergleichs möglich sein soll, da dieser den Schutz des Arbeitnehmers wahrt. Zu untersuchen ist, ob die Formulierung „gerichtlicher Vergleich" nach § 3 S. 2 MiLoG auch den Tatsachenvergleich umfasst.

1. Verzicht im Rahmen eines Tatsachenvergleichs

a. Rechtlicher Stand

Die Bedeutung des Mindestlohngesetzes für den Arbeitnehmerschutz wurde bislang vielfach betont. Dieser Hauptzweck[523] des Gesetzes ist das Hauptargument für viele, eine Anwendung des Tatsachenvergleichs abzulehnen.[524] Größter Kritikpunkt ist dabei, dass eine trennscharfe Abgrenzung eines Rechts- von einem Tatsachenvergleich nicht immer gelingt.[525] Die Gefahr eines „vorgeschobenen"[526] Tatsachenvergleichs bestehe. Dadurch könnte der Arbeitnehmerschutz durch die Hintertür unterlaufen werden. Aus dem Gesetz sei nicht ersichtlich, dass wegen einer gütlichen Einigung das Schutzbedürfnis des Arbeitnehmers eingeschränkt werden dürfe.[527]

Viele Stimmen in der Literatur sprechen sich im Gegensatz dazu für den Verzicht des Mindestlohnanspruchs aus § 1 MiLoG im Rahmen eines Tatsachenvergleichs aus.[528] Begründet wird dies mit dem Vor-

523 Vgl. Kapitel 3 B. II. 1. c.

524 Düwell/Schubert/*Trümner* § 3 Rn. 53; HK-ArbR/*Däubler*, § 3 Rn. 17; zumindest an der Wirksamkeit eines Tatsachenvergleichs zweifelnd *Bayreuther*, NZA 2015, 385 (385 f.).

525 *Nebel/Kloster*, BB 2014, S. 2933 (2937); s. auch die Entscheidung BAG 25.04.2017 – 1 AZR 714/15, NZA 2017, 1467, in der die Auslegung des vorliegenden Vergleichs als Tatsachenvergleich zurückgewiesen wird (Rn. 16 f.).

526 *Bayreuther*, NZA 2015, 385 (385 f.); *Riechert/Nimmerjahn*, MiLoG, § 3 Rn. 47.

527 HK-ArbR/*Däubler*, § 3 MiLoG Rn. 17.

528 *Reinhard/Kettering*, ArbRB 2014, 302 (303); *Lembke*, NZA 2015, 70 (78); *Ders.*, NZA 2016, 1 (8); *Riechert/Nimmerjahn*, MiLoG, § 3 Rn. 47; trotz Bedenken auch *Nebel/Kloster*, BB 2014, S. 2933 (2937).

rang der Möglichkeit einer gütlichen Einigung vor dem Schutz des Arbeitnehmers.[529] Der Tatsachenvergleich sei Ausdruck der Dispositionsmaxime der Parteien.[530] Die Dispositionsmaxime stelle klar, dass die Parteien über Beginn und Ende eines Verfahrens bestimmen.[531] Der Arbeitnehmer büße durch einen Tatsachenvergleich keine Rechte ein, da die Einigung auf ein tatsächliches (Nicht-)Bestehen von beispielsweise einer bestimmten Anzahl an Überstunden nicht den Anspruch an sich berührt.[532] Die Gefahr eines „vorgeschobenen" Tatsachenvergleich sei im Ergebnis nicht gegeben, da dieser nicht rechtlich wirksam wäre.[533]

b. Stellungnahme

Die Möglichkeit eines Tatsachenvergleichs birgt auf den ersten Blick für den Arbeitnehmer die Gefahr, dass er den Mindestlohnanspruch verliert. Diese Gefahr wird dadurch relativiert, dass ein Tatsachenvergleich über falsche Tatsachen hinsichtlich des Mindestlohnanspruchs nicht nur unwirksam ist, sondern auch gem. § 111 Sozialgesetzbuch (SGB) IV ein Bußgeld nach sich ziehen und sogar strafrechtliche Konsequenzen gem. § 266 a Strafgesetzbuch (StGB) haben kann. Berechtigterweise kann hierbei kritisiert werden, dass dies einen Zirkelschluss darstellt.[534] Denn der Tatsachenvergleich soll Rechtssicherheit für die Beteiligten erzeugen und nicht wieder eine gewisse Unsicherheit schaffen. Allein aus der Sanktionierung ergibt sich deshalb noch kein überzeugendes Argument für die Zulässigkeit eines Tatsachenvergleichs.

Aus dem Wortlaut ist ein Verbot der Anwendung eines Tatsachenvergleichs nicht ersichtlich. Die Gesetzesbegründung schweigt dazu. Systematisch wird die Möglichkeit eines Tatsachenvergleichs durch die Auslegung des historisch älteren § 9 AEntG gestützt. Auch im Falle des § 9 AEntG, der einen parallelen Schutzzweck[535] verfolgt, soll

529 *Riechert/Nimmerjahn,* MiLoG, § 3 Rn. 47.
530 *Nebel/Kloster*, BB 2014, 2933 (2937).
531 ErfK/*Koch* ArbGG § 46 Rn. 8.
532 So auch schon die Begründung zu BAG 21.12.1972 – 5 AZR 319/72 – juris Rn. 13.
533 *Riechert/Nimmerjahn,* MiLoG, § 3 Rn. 47.
534 So zu § 4 Abs. 4 S. 1 TVG Wiedemann/*Bayreuther*, TVG § 4 Rn. 442.
535 Vgl. § 1 S. 1 AEntG.

im Rahmen eines Tatsachenvergleichs auf einen bereits entstandenen Mindestlohnanspruch verzichtet werden können.[536] Dazu kommt, dass auch bei Versorgungsansprüchen ein Tatsachenvergleich für möglich gehalten wird. Versorgungsansprüche haben eine herausragende Bedeutung für den Arbeitnehmer zur Sicherung seines Lebensunterhalts nach der Beschäftigungszeit. Wenn in diesem Fall der Schutzgehalt des Tatsachenvergleichs als ausreichend gesehen wird, erschließt sich nicht, wieso dann ein fehlender Schutz beim Mindestlohnanspruch angenommen wird.

Von herausragender Wichtigkeit in dieser Diskussion ist der Dispositionsgrundsatz, dessen Ausdruck der Tatsachenvergleich ist. Dessen Bedeutung hat der Gesetzgeber erkannt, als er den gerichtlichen Rechtsvergleich über den Mindestlohnanspruch zuließ. Wenn den Parteien vertraut wird, dass diese einen gerichtlichen Rechtsvergleich über den Mindestlohnanspruch schließen können, kann den Parteien dieses Vertrauen nicht wieder hinsichtlich einer gütlichen Einigung über Tatsachen entzogen werden.

Um die gütliche Einigung zu ermöglichen und gleichzeitig der Bedeutung des Arbeitnehmerschutzes gerecht zu werden, muss bei einem Tatsachenvergleich darauf geachtet werden, dass die Parteien keine pauschale Formulierung treffen, sondern der Mindestlohnanspruch explizit genannt wird.[537] Dies betont für den Arbeitnehmer die Bedeutung dieser Tatsachen. Vorgeschlagen wird auch, dass insgesamt bei einem Tatsachenvergleich im Gerichtsprotokoll vermerkt wird, warum über welche Tatsachen Streitigkeiten und Unsicherheiten existierten.[538] Insgesamt ist festzuhalten, dass ein Tatsachenvergleich bezüglich des Mindestlohnanspruchs grundsätzlich möglich ist und nicht dem Schutzzweck des Mindestlohngesetzes widerspricht.

2. Zwischenergebnis

Tatsachenvergleiche über den Mindestlohn sind zulässig. Zwar hat der Mindestlohnanspruch für den Arbeitnehmer eine überragende Be-

536 Thüsing/*Thüsing*, § 9 AEntG Rn. 5.

537 So *Riechert/Nimmerjahn*, MiLoG § 3 Rn. 47; *Bayreuther*, NZA 2015, 385 (385 f.).

538 *Korinth*, ArbRB 2003, 316 (317).

deutung und dient dessen Schutz. Durch die Einigung über Tatsachen wird aber der Schutzzweck des Mindestlohngesetzes nicht unterlaufen. Systematisch wird diese Auffassung dadurch gestützt, dass sowohl bei § 9 AEntG als auch bei Versorgungsansprüchen, die einen ähnlich wichtigen Schutzgehalt für den Arbeitnehmer haben, ein Tatsachenvergleich möglich sein soll. Der Tatsachenvergleich ist Ausdruck der Dispositionsmaxime der Parteien.

3. Zwingend „gerichtlicher“ Tatsachenvergleich?

Die oben ausgearbeiteten Grundsätze wurden pauschal für einen Tatsachenvergleich erläutert. Der Wortlaut des § 3 S. 2 MiLoG wirft jedoch eine weitere Problematik auf. § 3 S. 2 MiLoG erlaubt nämlich nur den Verzicht auf bereits entstandene Ansprüche durch „gerichtlichen“ Vergleich. Schon beim Rechtsvergleich gibt es bei der konkreten Ausgestaltung dieses Begriffs Unsicherheiten.[539] Wegen des eindeutigen Wortlauts der Norm stellt sich aber beim Rechtsvergleich nicht die Frage, ob ein außergerichtlicher Vergleich möglich wäre. Im Folgenden soll herausgearbeitet werden, ob der Verzicht auch in einem außergerichtlichen Tatsachenvergleich wirksam ist.

a. Darstellung der Argumentationslage

aa. Argumente für die Anwendung eines außergerichtlichen Tatsachenvergleichs

§ 3 S. 2 MiLoG ist ausweislich der Gesetzesbegründung gleichlaufend zu § 4 Abs. 4 TVG gestaltet.[540] Bei § 4 Abs. 4 TVG ist es mittlerweile etablierte Rechtslage, dass ein außergerichtlicher Tatsachenvergleich hinsichtlich tariflicher Rechte möglich sein soll.[541] Auch bei § 9 S. 1 AEntG wird vertreten, dass dies zulässig sei.[542] Diese Parallele wird zum Anlass genommen, einen außergerichtlichen Tatsachenvergleich auch bei § 3 S. 2 MiLoG zu befürworten. Ansonsten wäre den Parteien entgegen des Dispositionsgrundsatzes jegliche Einigungsmöglichkeit

539 Vgl. Kapitel 3 B. II. 5.

540 BT-Drs. 18/1558 S. 68.

541 *Lembke*, NZA 2016, 1 (9); *Riechert/Nimmerjahn*, MiLoG § 3 Rn. 47; *Nebel/Kloster*, BB 2014, S. 2933 (2937).

542 Thüsing/*Thüsing*, § 9 AEntG Rn. 5.

über den Mindestlohnanspruch ohne Mitwirkung eines Arbeitsgerichts genommen.[543]

bb. Argumente gegen die Anwendung eines außergerichtlichen Tatsachenvergleichs

Gegen diese Ansicht wendete sich 2021 das LAG Berlin-Brandenburg.[544] In dem vorliegenden Fall hatten sich die Parteien im Rahmen eines außergerichtlichen Tatsachenvergleichs in einer „Abwicklungsvereinbarung" über die Anzahl der geleisteten Überstunden gestritten. Das LAG-Berlin-Brandenburg kam im Ergebnis dazu, dass außergerichtliche Tatsachenvergleiche, die den Mindestlohn unterschreiten, durch § 3 S. 2 MiLoG ausgeschlossen sind.[545]

Begründet wurde diese Ansicht wie folgt:

*„Berücksichtigt man, dass Arbeitnehmer*innen [sic!], die als Vergütung nur den gesetzlichen Mindestlohn erhalten, typischerweise schutzbedürftiger und letztlich auch verletzlicher sind als Arbeitnehmer*innen [sic!], auf deren Arbeitsverhältnis ein Tarifvertrag kraft beiderseitiger Tarifgebundenheit oder aufgrund Allgemeinverbindlicherklärung nach § 5 TVG normativ Anwendung findet, ist davon auszugehen, dass § 3 Satz 2 MiLoG auch für Tatsachenvergleiche gilt. Dafür spricht auch, dass der Gesetzgeber – anders als bei § 4 Absatz 4 TVG – gerichtliche Vergleiche von dem Verzichtsverbot ausgenommen und dies damit begründet hat, bei einem vor einem Gericht geschlossenen Vergleich sei ein ausreichender Schutz der Arbeitnehmer*innen [sic!] vor einem ungerechtfertigten Verlust des Mindestlohnanspruchs sichergestellt"*[546].

Das Urteil erhielt viel Zuspruch. So wurde es als „überfällig"[547] betitelt. Es deckte sich auch mit der bereits bestehenden Meinung, dass der Schutzzweck des Mindestlohngesetzes bei einem außergericht-

543 *Nebel/Kloster*, BB 2014, S. 2933 (2937).
544 LAG Berlin-Brandenburg 20.05.2021 – 21 Sa 638/20, BeckRS 2021, 20268.
545 LAG Berlin-Brandenburg 20.05.2021 – 21 Sa 638/20, BeckRS 2021, 20268 Rn. 34.
546 LAG Berlin-Brandenburg, 20.05.2021 – 21 Sa 638/20, BeckRS 2021, 20268 Rn. 35.
547 *Schulz*, ArbRAktuell 2021, 446.

lichen Tatsachenvergleich nicht genügend berücksichtigt werde.[548] Missbräuchliche Konstruktionen wie ein außergerichtlicher Tatsachenvergleich dürfen den Mindestlohn nicht umgehen.[549]

Bestätigt wurde das Urteil des LAG Berlin-Brandenburg durch die Entscheidung des LAG Hessen im Jahr 2023, das sich mit einem vergleichbaren Sachverhalt zu beschäftigen hatte.[550] Das LAG Hessen bezog sich bei seiner Argumentation größtenteils auf die Ausführungen des LAG Berlin-Brandenburg.[551] Der eindeutige Wortlaut des § 3 S. 2 MiLoG spreche gegen die Ausweitung auf außergerichtliche Einigungen unabhängig der Art.[552] Hinzu ergänzte es, dass auch nicht die prozessuale Darlegungslast des Arbeitnehmers im Hinblick auf das Bestehen von Überstunden ein Argument für eine außergerichtliche Einigungsmöglichkeit sei.[553] Anders[554] als im Tarifvertragsrecht verbleibe dem Arbeitnehmer im Falle des Mindestlohnanspruchs allein *„die prozessuale Dispositionsbefugnis, den Anspruch nicht einzuklagen, die Klage zurückzunehmen oder sich über den Anspruch im Rahmen eines gerichtlichen Vergleichs zu einigen.“*[555]

b. Stellungnahme

Aus der Praxissicht scheint der „Kunstgriff“[556] des außergerichtlichen Tatsachenvergleichs eine gute Lösung. Die Parteien behalten dadurch die Kontrolle über das Verfahren und können mit einer allumfassenden gütlichen Einigung den Rechtsstreit beenden. Jedoch überzeugt

---

548 HK-MiLoG/*Trümner*, § 3 MiLoG Rn. 52; kritisch auch *Bayreuther*, NZA 2015, 385 (385 f.).

549 BT-Drs. 18/1558, S. 35.

550 LAG Hessen 28.04.2023 – 14 Sa 582/22, BeckRS 2023, 42517.

551 LAG Hessen 28.04.2023 – 14 Sa 582/22, BeckRS 2023, 42517 Rn. 55 ff.

552 LAG Hessen 28.04.2023 – 14 Sa 582/22, BeckRS 2023, 42517 Rn. 56; so auch schon *Lakies*, Mindestlohngesetz, § 3 Rn. 10.

553 LAG Hessen 28.04.2023 – 14 Sa 582/22, BeckRS 2023, 42517 Rn. 58.

554 Hier ist das Verschweigen der Tarifbindung oder das Verstreichen der tariflichen Ausschlussfrist eine weitere Möglichkeit des Anspruchsberechtigten, BAG 05.11.1997 – 4 AZR 682/95, NZA 1998, 434 I. 2.2.2. Tarifliche Ausschlussfristen sind unwirksame Vereinbarungen gem. § 3 S. 1 MiLoG, vgl. BAG 13.07.2022 – 5 AZR 498/2, NZA 2022, 1465 Rn. 17; BAG 20.06.2018 – 5 AZR 377/17, NZA 2018, 1494 Rn. 22 ff.

555 LAG Hessen 28.04.2023 – 14 Sa 582/22, BeckRS 2023, 42517 Rn. 58.

556 *Glajcar*, DB 2021, 2699.

die Argumentation für die Möglichkeit von außergerichtlichen Tatsachenvergleichen nicht.

Zunächst spricht der eindeutige Wortlaut gegen diese Ansicht. Das systematische Argument für die Anwendung eines außergerichtlichen Tatsachenvergleichs ist nicht ausreichend. Die Befürworter des außergerichtlichen Tatsachenvergleichs verkennen nämlich, dass die rechtliche Auslegung des § 4 Abs. 4 TVG und die darauf bezogene Rechtsprechung nicht uneingeschränkt auf das Mindestlohngesetz übertragbar ist, da der Gesetzgeber bei § 3 S. 2 MiLoG bewusst eine andere Formulierung als in § 4 Abs. 4 S. 1 TVG genutzt hat.[557] Diese Norm spricht nur von einem von den Tarifvertragsparteien gebilligten Vergleich. Eine Unterscheidung zwischen gerichtlichem und außergerichtlichem Vergleich findet anders als in § 3 S. 2 MiLoG nicht statt. Die Gesetzesbegründung zeigt, dass die Abdingbarkeit des Mindestlohnanspruchs durch gerichtlichen Vergleich dem Schutzzweck des Mindestlohngesetzes nach Ansicht des Gesetzgebers ausreichend nachkommt.[558] Im Umkehrschluss sind außergerichtliche Einigungen nicht ausreichend. Eine Parallelziehung mit dem TVG geht auch insgesamt fehl, da das Schutzbedürfnis nicht vergleichbar ist.[559] Das Schutzbedürfnis des Arbeitnehmers überwiegt in diesem Fall dem Dispositionsinteresse.

Nun mag die Parallele zu § 9 S. 1 AEntG Abhilfe schaffen. Bei § 9 S. 2 AEntG wird argumentiert, dass ein außergerichtlicher Tatsachenvergleich möglich sei.[560] Diese Norm behandelt jedoch tarifvertragliche Mindestentgelte, sodass systematisch eher ein Vergleich zum Tarifvertragsgesetz und den dort herrschenden Grundsätzen zu ziehen ist. Nach § 1 AEntG sind die Durchsetzung angemessener Mindestarbeitsbedingungen nur ein Zweck des Gesetzes. Es geht nach der Norm ebenso um faire und funktionierende Wettbewerbsbedingungen durch die Erstreckung der Norm auf Branchentarifverträge und die Ordnungs- und Befriedungsfunktion der Tarifautonomie. Bei § 9 AEntG

557 LAG Berlin-Brandenburg 20.05.2021 – 21 Sa 638/20, BeckRS 2021, 20268 Rn. 35; LAG Hessen 28.04.2023 – 14 Sa 582/22, BeckRS 2023, 42517 Rn. 56 f.

558 BT-Drs. 18/1558, S. 35; LAG Hessen 28.04.2023 – 14 Sa 582/22, BeckRS 2023, 42517 Rn. 57.

559 LAG Hessen 28.04.2023 – 14 Sa 582/22, BeckRS 2023, 42517 Rn. 58.

560 Thüsing/*Thüsing*, § 9 AEntG Rn. 5.

überzeugt wegen der Gemeinsamkeit mit dem Tarifvertragsrecht die Möglichkeit eines außergerichtlichen Tatsachenvergleichs. Diese Gemeinsamkeit fehlt aber dem Mindestlohngesetz. Außerdem wurde § 9 AEntG im Hinblick auf das Mindestlohngesetz 2014 neu gefasst. Erst seit diesem Jahr bezieht sich der Verzicht nach Satz 1 auf einen entstandenen Anspruch und verbietet im Wortlaut den Verzicht außerhalb eines gerichtlichen Vergleichs.[561]

Ein Argument für einen außergerichtlichen Tatsachenvergleich ist, dass bei Versorgungsansprüchen § 3 BetrAVG einer außergerichtlichen Einigung über Tatsachen nicht entgegen steht.[562] Wenn bei den bedeutenden Versorgungsansprüchen ein außergerichtlicher Tatsachenvergleich zugelassen wird, könnte dies für die Bejahung beim Mindestlohnanspruch sprechen. Bei dieser Argumentation wird aber der eindeutige Gesetzeswortlaut des MiLoG ignoriert, der bei den Versorgungsansprüchen nicht in dieser Art existiert. Außerdem handelte es sich in den in den Quellen zitierten höchstrichterlich entschiedenen Fällen[563] zu Versorgungsansprüchen immer um gerichtliche Tatsachenvergleiche.

Praxistauglichkeit ist kein schlagendes Argument. Den Parteien verbleibt immer noch die Einigungsmöglichkeit in einem gerichtlichen (Tatsachen-)Vergleich, sodass sie ihre Dispositionsbefugnis weiterhin behalten. Da ein Tatsachenvergleich an sich schon einige bereits erläuterte Gefahren birgt, muss eine gewisse gerichtliche Kontrolle verbleiben, um den Schutz des Arbeitnehmers zu gewährleisten. Ein außergerichtlicher Tatsachenvergleich unterläuft diese gerichtliche Kontrolle.

c. Zwischenergebnis

Ein gerichtlicher Tatsachenvergleich ist hinsichtlich des Mindestlohnanspruchs möglich. Dieser unterläuft nicht den Schutzzweck des Mindestlohngesetzes, da die Kontrolle des Gerichts gewährleistet ist. Anders verhält es sich beim außergerichtlichen Tatsachenvergleich.

---

561 BGBl. 2014 Teil I Nr. 39 vom 11. August 2011.

562 ErfK/*Steinmeyer*, BetrAVG § 3 Rn. 3; *Neufeld/Flockenhaus*, RdA 2016, 274 (276).

563 BAG 18.12.1984 – 3 AZR 125/84, NZA 1986, 95 B. I.; BAG 23.08.1994 – 3 AZR 825/93, NZA 1995, 421 II. 2. b).

Die rechtliche Auslegung des § 4 Abs. 4 TVG, der einen außergerichtlichen Tatsachenvergleich erlaubt, ist systematisch nicht auf das Mindestlohngesetz übertragbar. Dabei wird nämlich verkannt, dass schon der Gesetzeswortlaut des § 3 S. 2 MiLoG die Bedeutung eines gerichtlichen Vergleichs für die Parteien betont. Ein außergerichtlicher Vergleich wird der Schutzbedürftigkeit des Arbeitnehmers nicht gerecht, da die gerichtliche Kontrolle fehlt. Außerdem ist die rechtliche Situation bei tarifgebundenen Parteien nicht vergleichbar. Eine andere systematische Auslegung ergibt sich auch nicht durch den Vergleich mit § 3 BetrAVG und § 9 AEntG. Das Argument der Praxistauglichkeit eines außergerichtlichen Vergleichs trägt nicht, da den Parteien mit Blick auf die Bedeutung des Mindestlohns ein gerichtlicher Vergleich zugemutet werden kann. Ihre Dispositionsbefugnis wird verglichen dazu nur marginal eingeschränkt.

II. Urlaubsanspruch und Urlaubsabgeltungsanspruch

1. Überblick über den Rechtsstand

Im Urlaubsrecht ist seit Jahrzehnten in der Rechtsprechung und Literatur anerkannt, dass ein Tatsachenvergleich auch hinsichtlich des gesetzlichen Urlaubsanspruchs möglich sein soll.[564] Eine typische Formulierung lautet *„Die Vertragsparteien sind sich einig, dass dem Arbeitnehmer zustehende Urlaubsansprüche in Natur gewährt worden sind.“*[565] Der Tatsachenvergleich soll eine Lösungsmöglichkeit für die Parteien bieten, Rechtssicherheit zu erlangen, wobei § 13 Abs. 1 S. 3 BUrlG dem nicht entgegensteht.[566] Das Günstigkeitsprinzip des § 13 Abs. 1 BUrlG beschränke nicht die Verfügungsbefugnis der Parteien über tatsächliche Voraussetzungen in einem Vergleich, um dem prak-

564 BAG 20.01.1998 – 9 AZR 812/96, NZA 1998, 816 II. 1.; LAG Rheinland-Pfalz 06.10.2010 – 7 Sa 182/10 – juris Rn. 49; für viele Dörner u. a./*Hoß*, Handbuch des Arbeitsrechts, Kapitel 6 Rn. 329 f.; MAH ArbR/*Jacobsen* § 27 Erholungsurlaub Rn. 57; Ascheid/Preis/Schmidt/*Rolfs*, 2. Teil Aufhebungsvertrag Rn. 55.

565 MAH ArbR/*Jacobsen/Czycholl* § 31 Erholungsurlaub Rn. 108; klassischerweise wird auch die Formulierung „in Natura“ gewählt, vgl. z. B. *Lingemann/Groneberg*, NJW 2010, 3624 (3626).

566 BeckOK ArbR/*Lampe*, BUrlG § 13 Rn. 8; LAG Rheinland-Pfalz 06.10.2010 – 7 Sa 182/10 – juris Rn. 49; LAG Hamm 27.09.2006 – 18 Sa 547/06, BeckRS 2006, 44792 I. 2. c).

tischen Einigungsbedürfnis der Parteien Rechnung zu tragen.[567] Zwingende Voraussetzung für die Wirksamkeit eines Tatsachenvergleichs ist nach § 779 BGB dabei, dass die Anzahl der noch offenen Urlaubstage strittig oder unbekannt ist.[568] Ist dies nicht der Fall, ist ein Tatsachenvergleich wegen § 13 Abs. 1 S. 3 BUrlG stets unwirksam.[569] Aus § 9 BUrlG ergibt sich, dass ein Tatsachenvergleich auch nicht möglich ist, wenn ein Arbeitnehmer langzeitarbeitsunfähig erkrankt ist.[570] Die Begründung für die Zulässigkeit eines Tatsachenvergleichs deckt sich mit der Begründung der Zulässigkeit bei anderen rechtlich unverzichtbaren Ansprüchen: Es besteht ein Unterschied zwischen dem Rechtsverzicht auf einen unverzichtbaren Anspruch und die Einigung über Tatsachen, die den Entfall eines Anspruchs begründen.[571] Daher könne man über die Tatsachen, die einen eigentlich unverzichtbaren Urlaubsanspruch betreffen, disponieren. Kritisiert wird daran, dass sich diese Unterscheidung zwischen Tatsachenvergleich und Rechtsverzicht nicht aus dem Wortlaut der §§ 1 und 13 BUrlG ergebe.[572] Außerdem könne man mit dieser Argumentation jegliches zwingende Arbeitsrecht in Frage stellen.[573]

2. Stellungnahme

Der Tatsachenvergleich ist Ausdruck der Privatautonomie der Parteien und ein etabliertes Instrument, rechtlich unverzichtbare Ansprüche auf tatsächlichen Weg zu entfernen. Der gesetzliche Mindesturlaubsanspruch des Arbeitnehmers ist jedoch ein einseitiger Anspruch, der

567 *Vogel*, NJ 2015, 273 (278); so allgemein auch zum Tatsachenvergleich BAG 23.08.1994 – 3 AZR 825/93, NZA 1995, 421 II. 2. b).

568 BAG 21.07.1978 – 6 AZR 1/77, AP BUrlG § 13 Unabdingbarkeit Nr. 5; BAG 20.01.1998 – 9 AZR 812/96, NZA 1998, 816 II 1; *Nebel/Kloster*, BB 2014, 2933 (2937); *Lüthge/Brüning*, DB 2021, 2500; so wurde zuletzt ein Tatsachenvergleich (richtigerweise) verneint in LAG Köln 11.04.2024 – 7 Sa 516/23, BeckRS 2024, 11274 Rn. 29 ff.

569 BAG 31.07.1967 – 5 AZR 112/67, NJW 1967, 2376 2. b); BAG 20.01.1998 – 9 AZR 812/96, NZA 1998, 816 II 1; ArbG Berlin 15.09.2016 – 4 Ca 4394/16, BeckRS 2016, 74778 2.2.

570 S. dazu auch *Kern*, ArbRAktuell 2010, 161 (162).

571 LAG Mecklenburg-Vorpommern 22.06.2021 – 2 Sa 287/20, BeckRS 2021, 22350 Rn. 40.

572 Bayreuther/Kiel/Zimmermann/*Bayreuther*, BUrlG § 1 Rn. 17.

573 Bayreuther/Kiel/Zimmermann/*Bayreuther*, BUrlG § 1 Rn. 17.

in der Rechtssystematik eine besondere Bedeutung zukommt. Kein Argument ist, dass ohne die Regelungsmöglichkeit durch einen Tatsachenvergleich ansonsten keine weitere rechtssichere Gestaltung besteht. Es ist den Parteien grundsätzlich zumutbar, dass nicht auf alle Ansprüche aus dem Arbeitsverhältnis verzichtet werden kann.

Oft wird eine Parallele zum Anspruch auf Mindestlohn gezogen. Ebenso wie der Urlaubsanspruch ist der Mindestlohnanspruch zwingendes Arbeitnehmerschutzrecht. Dieser Vergleich hinkt jedoch, da das Mindestlohngesetz keinen europarechtlichen Ursprung hat. Gerade die europarechtliche Normierung verhilft dem Urlaubsanspruch zu seiner Bedeutung im Arbeitsrecht. Art. 31 Abs. 2 GrCh und Art. 7 RL 2003/88/EG sprechen dahingehend eine deutliche Sprache, dass der gesetzliche Urlaubsanspruch zwingend dem Arbeitnehmer zustehen muss. Die Kernfrage ist daher, ob das Europarecht einer Einigung auf Tatsachenebene entgegensteht, da diese dem Arbeitnehmerschutz zuwiderlaufen könnte.

Zweck des europarechtlich normierten Mindesturlaubsanspruchs ist der bezahlte Gesundheits- und Erholungsschutz des Arbeitnehmers. Richtig ist, dass der Arbeitnehmer durch den Tatsachenvergleich seinen Urlaubsanspruch bzw. Urlaubsabgeltungsanspruch verliert. Jedoch ist dabei zu berücksichtigen, dass der Tatsachenvergleich unwirksam ist, sollte die Abmachung unwahr sein. Der Arbeitnehmer wird dadurch nicht in seinen Rechten beschnitten, da die Tatsachen für die Geltendmachung des jeweiligen Anspruchs von vornherein nicht vorlagen. In Konsequenz führt ein Tatsachenvergleich nicht dazu, dass der Wesensgehalt (Art. 52 Abs. 1 GrCh) des Art. 31 Abs. 2 GrCh tangiert wird.

Es liegt auch keine Verletzung des Effektivitätsgrundsatzes durch die Gestaltung des Tatsachenvergleichs vor. Nach der ständigen Rechtsprechung des EuGH wird der Effektivitätsgrundsatz dann verletzt, wenn *„die Ausübung der durch die Unionsrechtsordnung verliehenen Rechte praktisch unmöglich [] [gemacht] oder übermäßig [erschwert wird]“*[574]. Der Tatsachenvergleich hält fest, dass der Urlaubsanspruch tatsächlich in Natura bereits genommen worden ist. Soweit diese Tat-

574 St. Rspr. beispielsweise EuGH 15.04.2010 – C-542/08, (Barth), ECLI:EU:C:2010:193 Rn. 28; EuGH 16.01.2014 – C-429/12 (Pohl), ECLI:EU:C:2014:12 Rn. 29.

sachen der Wahrheit entsprechen, wurde dem Arbeitnehmer gerade nicht die Geltendmachung seiner verliehenen Rechte praktisch unmöglich gemacht oder erschwert. Im Gegenteil, er hat tatsächlich diese Rechte ausgeübt. Über alle dem schwebt das Bedürfnis der Parteien nach gütlicher Einigung.[575] Damit ist die Einigung über den Urlaubsabgeltungsanspruch in einem Tatsachenvergleich die zu bevorzugende Lösung, da die Erledigungsklausel in dem Fall des späteren Beendigungszeitraums den Urlaubsabgeltungsanspruch nicht erfassen darf.[576]

3. Zwischenergebnis

Das Europarecht schließt die Gestaltung des Tatsachenvergleich im Urlaubsrecht nicht aus, da die Rechte des Arbeitnehmers nicht beschnitten werden. Die europarechtlichen Wertungen stehen einer Einigung über den Urlaubsanspruch in einem Tatsachenvergleich nicht entgegen, da der Wesensgehalt des Urlaubsanspruchs nicht tangiert ist. Soweit diese Tatsachen der Wahrheit entsprechen, wird dem Arbeitnehmer nicht die Geltendmachung seiner verliehenen Rechte praktisch unmöglich gemacht oder erschwert. Beim Anspruch auf Urlaubsabgeltung ist die Lösung des Tatsachenvergleichs sogar vorzugswürdig. Dadurch wird die Gefahr einer unwirksamen Erledigungsklausel aufgrund späteren Beendigungszeitpunkts umgangen.

III. Auskunftsrecht aus Art. 15 Abs. 1 DSGVO

1. Verzicht im Rahmen eines Tatsachenvergleichs

a. Tatsachenvergleich hinsichtlich der zukünftigen Ausübung

Andenkbar wäre eine Klausel des Arbeitgebers, in der dieser bestätigt, dass die Daten des Arbeitnehmers tatsächlich rechtmäßig verarbeitet werden. Im Gegenzug versichert der Arbeitnehmer, auf sein Auskunftsrecht zu verzichten. Diese Klausel widerspricht aber dem Zweck des Auskunftsrechts und beschränkt es rechtswidrig.[577] Dadurch wird nämlich das Kontrollrecht des Arbeitnehmers hinsichtlich

575 So auch Bayreuther/Kiel/Zimmermann/*Bayreuther*, BUrlG § 1 Rn. 17.
576 *Gaul/Breuer*, NZA-Beil. 2021, 29 (33).
577 *Peisker*, Der datenschutzrechtliche Auskunftsanspruch, S. 378.

der tatsächlich rechtmäßigen Verarbeitung seiner Daten gravierend beschnitten.

Die Bedeutung des Auskunftsrechts in der Systematik der DSGVO wurde bislang vielfach betont. Aus diesem Grund ist eine Umgehung der europarechtlichen Wertungen durch einen Tatsachenvergleich, der die Auskunft über eine zukünftige Datenverarbeitung nach Beendigung des Arbeitsverhältnisses umfasst, nicht zulässig.[578] Im Gegenteil: Es muss klar aus der Formulierung hervorgehen, dass zukünftige Auskunftsansprüche nicht von einem Tatsachenvergleich umfasst sind.[579] Der Arbeitnehmer muss sich über den Umfang seines (tatsächlichen) Verzichts im Klaren sein.

b. Tatsachenvergleich hinsichtlich vergangener Ausübung

Ein Tatsachenvergleich über das Auskunftsrecht bis zum Tag der Parteivereinbarung wird vielfach für die Schaffung von Rechtsfrieden empfohlen.[580] Dadurch sollen die Unsicherheiten bezüglich der Gestaltung einer Erledigungsklausel umgangen werden. Eine Einigung über die tatsächliche Erfüllung des Auskunftsanspruchs kann getroffen werden. Eine Beispielformulierung lautet: *„Die Parteien sind sich darüber einig, dass der datenschutzrechtliche Auskunftsanspruch (Information und Erteilung einer Datenkopie) nach Art. 15 Abs. 1, Abs. 3 DSGVO ordnungsgemäß und rechtzeitig bis zum heutigen Tag erfüllt wurde. Für den Zeitraum bis zum heutigen Tag verzichtet der Arbeitnehmer auf eine erneute Geltendmachung.*"[581] Dies widerspricht nicht den Wertungen des Europarechts, da sich die Einigung nicht nachteilhaft auf die Stellung des Arbeitnehmers auswirkt und das Auskunftsrecht nicht beschneidet. Dabei ist es nicht zwingend erforderlich, dass es sich um einen gerichtlichen Tatsachenvergleich handelt. Die Parallele zum Urlaubsrecht verdeutlicht, dass der europarechtliche Ursprung keinen gerichtlichen Tatsachenvergleich voraussetzt. Die Möglichkeit eines Tatsachenvergleichs ist jedoch mit Vorsicht zu genießen.

---

578 So auch *Fuhlrott/Oltmann*, AuA 2021, Heft 2, 8 (13).

579 Vgl. *Fuhlrott/Garden*, NZA 2021, 530 (535) *Burger*, öAT 2021, 221 (223); *Sorber*, DSB 2021, 197 (198); *Ders.*, BC 2021, 342 (345).

580 *Bernhardt*, NZA 2024, 666 (671); *Fuhlrott/Garden*, NZA 2021, 530 (535) *Burger*, öAT 2021, 221 (222); *Sorber*, DSB 2021, 197 (198); *Ders.*, BC 2021, 342 (345); *Mareck*, AA 2020, 185 (186 f.).

581 *Sorber*, DSB 2021, 197 (198).

Der Tatsachenvergleich muss zwingend der Wahrheit entsprechen, da er sonst unwirksam ist.[582] Problematisch ist dies insbesondere, wenn tatsächlich keine Auskunft erteilt wurde.[583] Es verbleibt also auch bei dieser Gestaltung eine gewisse Rechtsunsicherheit.

c. Alternative: Verpflichtung zur Rücknahme des Auskunftsanspruchs?

Aus diesem Grund wird als Alternative zum Tatsachenvergleich vorgeschlagen, dass die Parteien sich darauf einigen, dass der Arbeitnehmer seinen Auskunftsanspruch gem. Art. 12 Abs. 3 DSGVO zurücknimmt.[584] Dadurch soll rechtssicherer sichergestellt werden, dass eine Datenauskunft für die Vergangenheit ausgeschlossen ist.[585] Die Rücknahme hat im Fall des Auskunftsrechts dieselbe Wirkung wie ein Verzicht, da die Geltendmachung des Auskunftsanspruchs allein zur Disposition des Arbeitnehmers steht. Vorteil dieser Variante ist, dass unabhängig vom Umfang des bereits erfüllten Auskunftsverlangens der restliche vergangene Teil rechtssicher beseitigt ist. Doch stellt auch diese Alternative nur eine Möglichkeit dar, wenn bereits ein Auskunftsanspruch gestellt worden ist. Ansonsten läuft diese Formulierung ins Leere.

2. Zwischenergebnis

Der Auskunftsanspruch nach Art. 15 DSGVO stellt die arbeitsrechtliche Praxis vor große Herausforderungen bezüglich einer rechtssicheren Gestaltung. Eine Lösungsmöglichkeit stellt der Tatsachenvergleich dar. Ein Tatsachenvergleich darf dabei aber nicht dazu führen, dass das europarechtlich unabdingbare Recht, in der Zukunft von dem Auskunftsrecht Gebrauch zu machen, unterlaufen wird. Aus diesem Grund verstößt ein Tatsachenvergleich über zukünftige Tatsachen gegen das Europarecht. Für die Vergangenheit ist ein Tatsachenvergleich über die tatsächliche Erfüllung des Auskunftsverlangens möglich.

---

582 Auf dieses Problem bei Art. 15 DSGVO hinweisend *Burger*, öAT 2021, 221 (222).

583 *Mareck*, AA 2020, 185 (186 f.); *Peisker*, Der datenschutzrechtliche Auskunftsanspruch, S. 378.

584 *Peisker*, Der datenschutzrechtliche Auskunftsanspruch, S. 378 f.

585 *Peisker*, Der datenschutzrechtliche Auskunftsanspruch, S. 379.

Hierbei ist jedoch das Risiko zu beachten, dass ein unwahrer Tatsachenvergleich zu dessen Unwirksamkeit führt. Eine Alternative ist die Verpflichtung des Arbeitnehmers, ein bereits gestelltes Auskunftsverlangen wieder zurückzunehmen.

IV. Ansprüche aus dem Entgelttransparenzgesetz

1. Die Regelung des Anspruchs auf Entgeltangleichung in einem Tatsachenvergleich

Da es an höchstrichterlicher Rechtsprechung fehlt und damit eine gewisse Unsicherheit über die Wirksamkeit einer Erledigungsklausel bezogen auf den Anspruch auf Entgeltangleichung gem. § 7 Abs. 1 EntgTranspG i. V. m. § 3 Abs. 1 EntgTranspG bleibt, könnte eine Regelung in einem Tatsachenvergleich zu mehr Rechtssicherheit führen.[586] Auch hinsichtlich des AGG wird für die Möglichkeit eines Tatsachenvergleichs plädiert.[587]

Es spricht in diesem Kontext nichts gegen die Vereinbarung eines Tatsachenvergleichs hinsichtlich vergangener Ansprüche. Die Parteien müssen sich darauf einigen, dass tatsächlich keine vergleichbaren Positionen des anderen Geschlechts mit höherem Gehalt beim Arbeitgeber existieren. Denkbar ist in z. B. folgendes: „Die Parteien sind sich darüber einig, dass keine Entgeltungleichbehandlung zwischen den Geschlechtern bis zum Beendigungszeitpunkt vorlag." Diese Formulierung unterläuft nicht den Arbeitnehmerschutz, da der Arbeitnehmer dadurch abgesichert ist, dass der Tatsachenvergleich unwirksam wäre, sollte der Arbeitgeber unwahre Tatsachen behauptet haben.

Anders verhält es sich aber mit der Regelung zukünftiger Ansprüche in einem Tatsachenvergleich. Parallel zu den Ausführungen zu anderen Ansprüchen und Rechten und unter Berücksichtigung der europarechtlichen Wertungen ist darüber ein Tatsachenvergleich nicht möglich. Problematisch ist daher die Einigung in einem Tatsachenvergleich, wenn der Beendigungsvergleich einen zukünftigen Zeitpunkt vorhersieht. In diesem Fall wäre auch ein möglicher zukünftiger An-

---

586 So auch schon zu § 31 AGG *Bauer/Krieger/Günther*, AGG § 31 Rn. 18.
587 *V. Roetteken* § 31 Rn. 27; Däubler/Beck/*Däubler*, NK-AGG § 31 Rn. 4.

spruch auf Entgeltangleichung umfasst, auf den rechtlich nicht verzichtet werden kann.

Andenkbar wäre in diesen Fällen, die Abfindungsvereinbarung derartig zu formulieren, dass sie nicht nur die „normale" Abfindungssumme, sondern auch einen weiteren Betrag, der ein angemessenes Budget für eventuelle noch aufkommende Anspruchsverlangen bis zum Beendigungszeitpunkt enthält. Die Formulierung lautet dann in etwa folgendermaßen: „Die Parteien vereinbaren, dass die Summe in Höhe von EUR XX mögliche weitere Anspruchsverlangen hinsichtlich des Anspruchs auf XX bis zum Beendigungszeitraum umfasst." Diese Einigung unterläuft aber die Wertungen des Verzichtsverbots bezüglich zukünftiger Ansprüche. Das Ziel des Rechtsfriedens und der Rechtssicherheit kann nicht zuungunsten europarechtlicher Wertungen und Ziele rigoros durchgesetzt werden. Außerdem hat anders als beispielsweise beim datenschutzrechtlichen Auskunftsanspruch der Arbeitgeber die Tatbestandsvoraussetzungen des Anspruchs selbst in der Hand. Eine Umgehung durch eine derartige Regelung ist daher im Ergebnis abzulehnen.

2. Zwischenergebnis

Ein Tatsachenvergleich über den vergangenen Anspruch auf Entgeltangleichung ist möglich und unterläuft nicht dem Schutzgehalt der Norm. Er könnte sogar zu mehr Gestaltungssicherheit führen. Ein zukünftiger Anspruch auf Entgeltangleichung unterliegt wegen seiner Bedeutung in der nationalen und europäischen Systematik nicht der Dispositionsbefugnis der Parteien. Auch eine Einigung auf eine pauschale Abfindungssumme, die ausweislich mögliche Anspruchsverlangen aus dem Entgelttransparenzgesetz umfasst, ist abzulehnen. Der Arbeitgeber hat selbst die gleiche Bezahlung der Geschlechter in der Hand. Es wäre widersprüchlich, ihm diese „Hintertür" offenzulassen.

3. Die Regelung des Anspruchs auf Schadensersatz bzw. Entschädigung gem. Art. 16 Entgelttransparenzrichtlinie

Sollte der Anspruch auf Schadensersatz bzw. Entschädigung explizit im Entgelttransparenzgesetz geregelt werden, stellt sich auch bei diesem die Frage, ob im Rahmen eines Tatsachenvergleichs Rechtsfrieden und Rechtssicherheit geschafft werden könnte. Insbesondere, da die Grenzen des Verzichts mit Blick auf das Europarecht und auf die Vorsatzhaftung mit Unsicherheit behaftet sind, würde die Regelung in einem Tatsachenvergleich eine sichere Lösung für die Parteien bedeuten.

Zunächst spricht die bereits angeführte Parallele zum Entgeltfortzahlungsanspruch für eine wirksame rechtssichere Regelung in einem Tatsachenvergleich. Trotz § 12 EFZG soll ein Verzicht auf den Anspruch auf Entgeltfortzahlung aus § 3 Abs. 1 EFZG in einem Tatsachenvergleich möglich sein.[588] Dabei ist aber zu beachten, dass das EFZG seinen Ursprung nicht im Europarecht hat. Außerdem ist der Anspruch aus dem EFZG, anders als der Anspruch auf Schadensersatz, kein vom Arbeitgeber verschuldensabhängiger Anspruch.

Ebenso spricht § 31 AGG nicht gegen die Einigung über Tatsachen in einem Tatsachenvergleich. Eine „Abweichung" von den Vorschriften des AGG im Sinne der Norm liegt bei der Einigung über Tatsachen gerade nicht vor.[589] Im Falle des § 31 AGG ist sowohl eine Einigung über das (Nicht-)Vorliegen eines Tatbestands des AGG denkbar als auch über die Höhe des Anspruchs.[590] Der zivilprozessuale „Kunstgriff" des Tatsachenvergleichs könnte jedoch zu einer Umgehung der europarechtlichen Wertungen führen. Vor diesem Hintergrund ist jedenfalls – parallel zu den Ausführungen zum Auskunftsanspruch – eine Einigung über zukünftige Tatsachen abzulehnen. Hinsichtlich vergangener Tatsachen muss die Privatautonomie der Parteien in den Vordergrund gestellt werden. Der Tatsachenvergleich soll bis zum Zeitpunkt des Vergleichsschluss bereinigend für größtmögliche Rechtssicherheit sorgen. Hier hilft der systematische Vergleich zum ebenso unionsrechtlich geprägten Urlaubsrecht, bei dem die in § 13 BUrlG geregelte Unabdingbarkeit einem Tatsachenvergleich nicht entgegensteht.[591] Dieser Gedanke ist auf das AGG und in der parallelen Gestaltung auch auf das Entgelttransparenzgesetz übertragbar. Nicht entscheidend ist

---

588 BAG 21.12.1972 – 5 AZR 319/72 – juris Rn. 13; BeckOK ArbR/*Ricken*, EFZG § 12 Rn. 14; MüKoBGB/*Müller-Glöge*, EFZG § 12 Rn. 9.

589 So auch *Bauer/Krieger/Günther*, AGG § 31 Rn. 17.

590 *Bauer/Krieger/Günther*, AGG § 31 Rn. 17; Schleusener/Suckow/Plum/*Suckow*, § 31 Rn. 5.

591 Vgl. Ausführungen unter B. II.

vor dem Hintergrund der Privatautonomie, dass die Anspruchsvoraussetzungen ein Verschulden des Arbeitgebers voraussetzen. Geschützt ist der Arbeitnehmer dadurch, dass ein Tatsachenvergleich über dem Arbeitgeber bekannte unwahre Tatsachen unwirksam wäre. Vorgeschlagen wird zur weiteren Absicherung, dass bei Abschluss des Tatsachenvergleichs vereinbart wird, dass mit der gezahlten Abfindung auch die Ansprüche aus dem Entgelttransparenzgesetz umfasst sind.[592] Da die Höhe einer angemessenen und geeigneten Abfindung anhand des Einzelfalls zu entscheiden ist, verbleibt dabei aber immer eine gewisse Rechtsunsicherheit.

4. Zwischenergebnis

Ein Tatsachenvergleich über den vergangenen Schadensersatz- bzw. Entschädigungsanspruch nach Art. 16 RL (EU) 2023/970 ist möglich. Dies ergibt sich aus einer systematischen Betrachtung mit § 3 Abs. 1 EFZG, bei dem trotz § 12 EFZG ein Tatsachenvergleich zulässig sein soll. § 31 AGG steht dem auch nicht entgegen, da eine Abweichung im Sinne der Norm bei Tatsachen gerade nicht vorliegt. Daneben zeigt dies auch der Vergleich mit dem Urlaubsrecht. Unerheblich ist, dass der Tatbestand der Ansprüche ein Verschulden voraussetzen, da die Privatautonomie der Parteien Vorrang genießt. Für eine rechtssichere Gestaltung ist ausdrücklich zu normieren, dass eine gezahlte Abfindungssumme diese Ansprüche umfasst, damit keine Unangemessenheit festgestellt werden kann.

C. Ergebnis des vierten Kapitels

Der Tatsachenvergleich bietet eine Möglichkeit für die Parteien, Rechtsfrieden und Rechtssicherheit zu schaffen. Wenngleich die Rechtsprechung einen „tatsachenvergleichsfreundlichen" Ansatz fährt, verbleibt jedoch auch bei dieser Gestaltung ein gewisses Restrisiko für die Parteien. Im Ergebnis lässt sich festhalten, dass eine Einigung über Tatsachen bei bereits entstandenen unverzichtbaren Ansprüchen grundsätzlich möglich ist. Diese Einigung über Tatsachen

592 *Bauer/Krieger/Günther*, AGG § 31 Rn. 18.

darf aber nicht zu der Beschneidung der Rechte einer Partei führen. Insbesondere in Kombination mit einer Erledigungsklausel ist der Tatsachenvergleich das bevorzugte Gestaltungsmittel.

Hinsichtlich der einzelnen Ansprüche ergibt sich folgendes Bild:

Ein Tatsachenvergleich bezüglich des Mindestlohnanspruchs aus § 3 S. 1 MiLoG ist aufgrund des Dispositionsgrundsatzes den Parteien grundsätzlich möglich. Dem steht auch nicht der Arbeitnehmerschutz entgegen, da der Gesetzgeber bereits in § 3 S. 2 MiLoG einen gerichtlichen Rechtsvergleich über den Mindestlohnanspruch für möglich erachtet. Das Verbot eines Tatsachenvergleichs würde dem widersprechen. Außerdem ergibt sich systematisch die Zulässigkeit eines Tatsachenvergleichs beim Mindestlohnanspruch durch den Vergleich mit § 9 AEntG und § 3 BetrAVG. Es muss sich jedoch zwingend um einen gerichtlichen Tatsachenvergleich handeln. Das ergibt sich sowohl aus dem Schutzbedürfnis des Arbeitnehmers als auch aus dem konkreten Gesetzeswortlaut des § 3 S. 2 MiLoG. Der Gesetzgeber hat einen gerichtlichen Vergleichsschluss für notwendig erachtet. Die rechtliche Situation bei tarifgebundenen Parteien ist nicht vergleichbar, sodass der Vergleich mit dem Tarifvertragsrecht hinkt. Eine andere systematische Auslegung ergibt sich auch nicht aus § 3 BetrAVG und § 9 AEntG. Das Argument der Praxistauglichkeit eines außergerichtlichen Vergleichs trägt nicht, da den Parteien mit Blick auf die Bedeutung des Mindestlohns ein gerichtlicher Vergleich zugemutet werden kann und dem Dispositionsgrundsatz damit Genüge getan wird.

Ebenso kann ein gerichtlicher und außergerichtlicher Tatsachenvergleich über den Urlaubsanspruch geschlossen und festgehalten werden, dass dieser bereits in Natura genommen wurde. Dem steht das Unionsrecht nicht entgegen. Der Tatsachenvergleich stellt die zu bevorzugende Lösung der Erledigung von Ansprüchen im Urlaubsrecht dar, da dieser den Urlaubsabgeltungsanspruch unabhängig vom konkreten Beendigungszeitraum erfassen darf.

Ein Tatsachenvergleich bezüglich eines zukünftigen Auskunftsanspruchs nach Art. 15 Abs. 1 DSGVO ist abzulehnen. Dagegen sprechen die Systematik und der Telos des Datenschutzrechts. Ziel der DSGVO und insbesondere des Auskunftsrechts ist die Kontrollmöglichkeit der Verarbeitung personenbezogener Daten durch die von der

Datenverarbeitung betroffene Person. Daher muss aus einem Tatsachenvergleich klar hervorgehen, dass zukünftige Auskunftsbegehren des Arbeitnehmers nicht erfasst sind. Anders verhält es sich mit einem Tatsachenvergleich hinsichtlich der vergangenen Ausübung. Dieser ist möglich, da er den Schutzzweck der DSGVO nicht unterläuft. Zu beachten ist aber dabei, dass dieser selbstverständlich der Wahrheit entsprechen muss, eine Auskunft muss tatsächlich erteilt worden sein. Alternativ ist auch eine Vereinbarung dahingehend möglich, dass der Arbeitnehmer seinen Auskunftsanspruch gem. Art. 12 Abs. 3 DSGVO zurücknimmt, soweit tatsächlich ein Auskunftsanspruch geltend gemacht wurde.

Vergangene Ansprüche aus dem Entgelttransparenzgesetz können Teil eines Tatsachenvergleichs sein. Die Parteien können sich beispielsweise darauf einigen, dass keine Entgeltungleichbehandlung im Arbeitsverhältnis stattfand. Dem Arbeitnehmerschutz wird dadurch Rechnung getragen, dass der Tatsachenvergleich bei Verschweigen von Tatsachen durch den Arbeitgeber unwirksam wäre. Ebenso ist ein Tatsachenvergleich über den Schadenersatz- bzw. Entschädigungsanspruch wegen der Privatautonomie der Parteien möglich. Zukünftige Tatsachen können jedoch nicht in einem Tatsachenvergleich enthalten sein, da dies mit den europarechtlichen Wertungen unvereinbar ist.

Zusammenfassung der Ergebnisse in Thesen

Erledigungsklauseln haben eine große Bedeutung für die Beendigungsgestaltungen zwischen Arbeitgeber und Arbeitnehmer. Denn unabhängig davon, ob das Arbeitsverhältnis mit einem Aufhebungsvertrag oder einem Vergleich endet, enthält die jeweilige Vereinbarung in der Regel eine Erledigungsklausel. Zweck dieser Klausel ist die Schaffung von Rechtsfrieden und Rechtssicherheit für beide Parteien. Es stellt sich daher die Frage, wie eine wirksame Erledigungsklausel rechtssicher gestaltet werden muss.

Die Rechtsnatur und der Umfang von Erledigungsklauseln

1. Allgemeine Erledigungsklauseln unterliegen wie jede zivilrechtliche Klausel den Auslegungsregeln der §§ 133, 157 BGB. Insbesondere dem Willen der Parteien kommt bei der Auslegung eine entscheidende Rolle zu. Im Zweifel soll ein Anspruch von einer Erledigungsklausel umfasst sein. Bei Ansprüchen, die nicht „aus dem Arbeitsverhältnis stammen“ oder die einem besonderen Schutz des Arbeitnehmers dienen, muss sich zwingend ein Verzichtswille aus der Erledigungsklausel ergeben.
2. Bezüglich der Rechtsnatur einer Erledigungsklausel kommen insbesondere der Erlassvertrag nach § 397 Abs. 1 BGB, das negative konstitutive Schuldanerkenntnis und das deklaratorische Schuldanerkenntnis in Frage. Entscheidend bei der Abgrenzung ist einerseits der Wille der Parteien nach einer in der Rechtsprechung etablierten Formel andererseits die Umstände des Einzelfalls der jeweiligen Erledigungsklausel. Klassischerweise sind Erledigungsklauseln in einem Aufhebungsvertrag oder Vergleich bei Beendigung des Arbeitsverhältnisses regelmäßig als konstitutives Schuldanerkenntnis einzuordnen.
3. Der Unterschied zwischen einer Ausgleichsquittung und einer Erledigungsklausel liegt darin, dass eine Ausgleichsquittung aus zwei rechtlichen Teilen, einer Bestätigung des Arbeitnehmers be-

züglich des Erhalts von beispielsweise Arbeitspapieren und einer Willenserklärung auf Anspruchsverzicht, besteht. Anders als bei einer Erledigungsklausel ist die Rechtsnatur einer Ausgleichsquittung wegen der vorrangigen Dokumentationsfunktion meistens ein deklaratorisches Schuldanerkenntnis.

4. Ausschlussklauseln sind im Unterschied zu Erledigungsklauseln bereits Teil des Arbeitsvertrags und regeln unabhängig von der konkreten Beendigung des Arbeitsverhältnisses, wie lange Parteien ihre noch bestehenden Ansprüche geltend machen können. Anders als bei der tendenziell weiten Auslegung von Erledigungsklauseln ist bei Ausschlussklauseln ein enger Maßstab anzusetzen, da sie rein Ansprüche betreffen, die erst zukünftig fällig werden oder entstehen.

5. In Aufhebungsverträgen und arbeitsgerichtlichen Vergleichen sind Erledigungsklauseln grundsätzlich vorformulierte AGB-Klauseln. In Vergleichen kann einzelfallabhängig durch das gegenseitige Nachgeben gem. § 779 BGB auch ein „Aushandeln" nach § 305 Abs. 1 S. 3 BGB vorliegen, sodass die Erledigungsklausel in Folge eine Individualklausel ist.

Das Transparenzgebot bei Erledigungsklauseln

6. Individualklauseln müssen bestimmt oder zumindest bestimmbar sein und dürfen nicht gegen §§ 134, 138, 142 BGB verstoßen. Bei AGB-Klauseln richten sich die Anforderungen an das Transparenzgebot nach § 307 Abs. 1 S. 2 BGB. Maßstab ist dabei im Arbeitsrecht der durchschnittlich verständige Arbeitnehmer.

7. Für die Gestaltung von Erledigungsklauseln in AGB ist das Transparenzgebot des § 307 Abs. 1 S. 2 BGB zu beachten. Erledigungsklauseln dürfen insbesondere nicht den Eindruck erwecken, dass sie unverzichtbare/unabdingbare Ansprüche umfassen. In der Praxis hat sich etabliert, dass die Floskel „ausgenommen sind dabei unverzichtbare/unabdingbare Ansprüche" ausreichend sein soll. Dies ist unter Berücksichtigung des Transparenzgebots zu knapp. Andererseits ist ein „Erledigungsklauselmonster", das sämtliche

unverzichtbare/unabdingbare Ansprüche aufzählt, nicht praktisch umsetzbar. Mögliche Lösungsansätze sind:

a. Die positive Aufzählung aller umfassten Ansprüche, die die Erledigungsklausel umfasst. Damit soll der Lückenhaftigkeit unverzichtbarer Ansprüche vorgebeugt werden. Doch auch dieser Vorschlag scheitert an der Praktikabilität, da die Erledigungsklausel damit wiederum eine extreme Länge erhält und das Fehlerpotenzial vergleichbar zu einer negativen Aufzählung nicht erfasster Ansprüche hoch ist.

b. Die Nennung von exemplarischen wichtigen unverzichtbaren Ansprüchen stellt als Mittelweg die praktisch am besten umsetzbare Formulierung dar. Die Rechtsprechung zur Ausschlussklausel bietet dabei eine Orientierung, eine eins-zu-eins-Übertragung ist aber abzulehnen. Welche Ansprüche in einer Erledigungsklausel erwähnt werden müssen, ist eine Auslegung des Einzelfalls. Was eine Nichterwähnung für Rechtsfolgen nach sich zieht, ist auch am konkreten Anspruch festzustellen, die Grundregel nach § 306 BGB besagt aber die Gesamtunwirksamkeit der Klausel wegen Intransparenz.

Verzicht und Abdingbarkeit in Erledigungsklauseln

8. Bei der Vorsatzhaftung verbietet § 202 Abs. 1 BGB das Abbedingen im Voraus. Erledigungsklauseln, die sich primär auf die Vergangenheit beziehen, sind davon grundsätzlich nicht tangiert. Bei Erledigungsklauseln, die der AGB-Kontrolle unterliegen, ist allerdings § 309 Nr. 7 BGB zu beachten, der einen Haftungsausschluss bei Verletzung von Leben, Körper, Gesundheit sowie bei grobem Verschulden verbietet. In Konsequenz bedeutet das für die Gestaltung von kontrollfähigen Erledigungsklauseln, dass die Vorsatzhaftung sowie die Verletzung von Leben, Körper, Gesundheit und bei grobem Verschulden explizit aus Transparenzgründen ausgenommen werden sollte.

9. Eine allgemeine Erledigungsklausel darf den Mindestlohnanspruch nach § 1 Abs. 1 MiLoG nicht umfassen. Daraus folgt je-

doch kein zwingender Ausschluss des Anspruchs aus Transparenzgründen. Denn der Abschluss einer Erledigungsklausel steht am Ende eines Arbeitsverhältnisses, sodass klassischerweise der Mindestlohnanspruch bereits nach § 362 Abs. 1 BGB erfüllt wurde.

10. Falls jedoch am Ende des Arbeitsverhältnisses noch ein Anspruch auf Mindestlohn besteht, ist dieser ausdrücklich vom Anwendungsbereich der Erledigungsklausel auszunehmen. Das ist aufgrund der hohen Bedeutung des Anspruchs für den Arbeitnehmer erforderlich. Die Vornahme der Unterscheidung fällt in die Risikosphäre des Arbeitgebers als Klauselersteller und als derjenige, der die Erfüllung des Mindestlohnanspruchs in der Hand hat.

11. Die Relevanz der transparenten Gestaltung zeigt sich auf der Rechtsfolgenebene. Nach § 306 BGB und dem Verbot der geltungserhaltenden Reduktion führt ein Verstoß gegen das Transparenzgebot grundsätzlich zur Gesamtunwirksamkeit der Klausel. Eine geltungserhaltende Reduktion ergibt sich weder aus dem Wort „insoweit" in § 3 S. 2 MiLoG noch aus § 310 Abs. 4 BGB.

12. Ein Vergleich im Sinne des § 3 S. 2 Hs. 2 MiLoG kann auch ein Vergleich nach § 278 Abs. 6 S. 1 Alt. 1 ZPO sein. Das ergibt sich zunächst aus der Historie der Gesetzgebung zum Mindestlohngesetz. Daneben sind die Voraussetzungen einer teleologischen Reduktion mangels vergleichbarer Interessenslage zu verneinen. Der Schutz des Arbeitnehmers ist bei beiden Varianten gesichert, da das Gericht immer die letzte Kontrollinstanz bleibt. Aus Gründen der Rechtssicherheit ist aber zu empfehlen, dass die Parteien nach Möglichkeit auf einen gerichtlichen Vergleich nach § 278 Abs. 6 Alt. 2 ZPO hinwirken.

13. Das Recht auf bezahlten Urlaub nach Art. 31 Abs. 2 GrCh soll als „wesentliches Sozialrecht" sicherstellen, dass der Arbeitnehmer eine tatsächliche Ruhe- und Erholungszeit erhält. Daraus resultiert im Hinblick auf Erledigungsklauseln, dass unabhängig, ob eine gerichtliche oder außergerichtliche Einigung vorliegt, das gesetzliche Urlaubsrecht als Arbeitsschutzrecht nicht zur Disposition der Arbeitsvertragsparteien steht. Im deutschen Recht ergibt sich dies aus § 13 Abs. 1 S. 3 BUrlG. Für die Formulierung einer Erledigungsklausel bedeutet das, dass der gesetzliche Urlaubsan-

spruch zwingend als Ausnahme in der Erledigungsklausel erwähnt werden muss. Als Ausdruck der Privatautonomie der Parteien ist aber ein Verzicht auf den vertraglichen Urlaubsanspruch zulässig. Weder § 13 Abs. 1 S. 3 BUrlG noch Art. 31 GrCh bzw. Art. 7 RL 2003/88/EG stehen dem entgegen.

14. Der Urlaubsabgeltungsanspruch ist seit der Aufgabe der Surrogatstheorie als reiner Vergütungsanspruch einzuordnen und damit folgerichtig ebenso wie andere Vergütungsansprüche in einer Erledigungsklausel verzichtbar. Dabei spielt es keine Rolle, ob es sich um einen gesetzlichen oder vertraglichen Urlaubsabgeltungsanspruch handelt. § 13 Abs. 1 S. 3 BUrlG steht dem nicht entgegen, da der Schutz des Arbeitnehmers nicht beeinträchtigt wird – eine tatsächliche Ruhezeit und Erholung sind im Falle der Beendigung eines Arbeitsverhältnisses ohnehin nicht mehr möglich.

15. Die wichtige Ausnahme dieses Grundsatzes besteht, wenn die Erledigungsklausel vor dem Beendigungszeitpunkt vereinbart wird. In diesem Fall ist ein Verzicht aus Schutzgründen des Arbeitnehmers zwingend abzulehnen. Aus Gründen der Rechtssicherheit ist dann eine explizite Erwähnung der Ausnahme des Urlaubsabgeltungsanspruchs in Erledigungsklauseln notwendig. § 310 Abs. 4 BGB führt vor dem Hintergrund des Europarechts zu keiner anderen Bewertung.

16. Der Auskunftsanspruch nach Art. 15 DSGVO ist ein Hauptinstrument des von der Datenverarbeitung Betroffenen zur Sicherstellung der Transparenz und Rechtmäßigkeit der Datenverarbeitung personenbezogener Daten. Gesetzlich fehlt es an einer Verzichtsregelung. Wegen seiner hohen Bedeutung in der Systematik der DSGVO ist ein Abbedingen des Auskunftsanspruchs nicht zulässig. Eine derartige vertragliche Vereinbarung unterläuft das Auskunftsrecht, da ex ante das Ausmaß der Datenverarbeitung für den Betroffenen weder absehbar noch kontrollierbar wäre. In Konsequenz sind auch „Zusicherungen" des Arbeitgebers, dass eine zukünftige Verarbeitung rechtmäßig durchgeführt wird, im Austausch gegen einen Verzicht auf den Auskunftsanspruch klar abzulehnen.

17. Ein Verzicht für die Vergangenheit ist dagegen möglich. Das ergibt sich aus dem Wortlaut des Erwägungsgrundes 4 der DSGVO. Vergleichbar mit der datenschutzrechtlichen Einwilligung muss daneben beim Auskunftsrecht als Ausdruck der Selbstbestimmung der von der Datenverarbeitung betroffenen Person dieser ein gewisser Handlungs- und Entscheidungsspielraum verbleiben. Wegen der Bedeutung des Auskunftsrechts in der unionsrechtlichen Systematik erfasst der Verzichtswille des Arbeitnehmers dieses nur, wenn sich das explizit aus der Erledigungsklausel ergibt. Der Klauselwortlaut muss außerdem klarstellen, dass ein in die Zukunft gerichteter Auskunftsanspruch nicht davon tangiert ist.
18. Beim Anspruch auf Entgeltgleichheit gem. § 7 EntgTranspG i. V. m. § 3 EntgTranspG ist ein Verzicht für die Vergangenheit möglich, da eine Erledigungsklausel klassischerweise Vergütungsansprüche betrifft. Dies setzt aber voraus, dass der Verzichtswille aus der Klausel erkennbar ist, da dem durchschnittlichen Arbeitnehmer nicht klar ist, dass unter „Vergütungsansprüche aus dem Arbeitsverhältnis" auch dieser Anspruch fällt.
19. In der Entgelttransparenzrichtlinie RL 2023/970 ist in Art. 16 ein Schadensersatz- oder Entschädigungsanspruch vorgesehen. Bei der Beleuchtung dieses Anspruchs wurde davon ausgegangen, dass eine möglichst wortgleiche nationale Umsetzung vorgenommen wird. Bei der Frage nach der Verzichtsmöglichkeit darf hierbei keine Parallele zum Entgeltgleichheitsanspruch gezogen werden, da es sich nicht um einen Vergütungsanspruch handelt. Eine Disposition zukünftiger Ansprüche ist abzulehnen, da dies weder mit dem Schutzzweck der Norm noch mit der europarechtlichen Systematik vereinbar ist. Ein nachträglicher Verzicht ist aber möglich, da es dem Willen der Parteien entspricht, das Rechtsverhältnis möglichst abschließend zu regeln. Es muss sich jedoch aus der Formulierung ergeben, dass die Ansprüche Teil der Erledigungsklausel sein sollen. Wegen § 309 Nr. 7 BGB ist der Anspruch auf Schadensersatz als Ausnahme der Erledigungsklausel zu erwähnen, da sonst eine Gesamtunwirksamkeit der Klausel droht.

Der Tatsachenvergleich als Lösungsmöglichkeit

20. Ein Tatsachenvergleich ist im Unterschied zum klassischen Rechtsvergleich eine Einigung über rein das (Nicht-)Vorliegen von Tatsachen, die anspruchsrelevant sind. Größter Kritikpunkt an der Gestaltung des Tatsachenvergleichs ist, dass die trennscharfe Abgrenzung zwischen Rechts- und Tatsachenvergleich nicht immer möglich ist und damit der Arbeitnehmerschutz unterlaufen werden würde.

21. Beim Anspruch auf Mindestlohn ist die Möglichkeit eines gerichtlichen Tatsachenvergleichs aufgrund der Bedeutung des Dispositionsgrundsatzes zu bejahen. Es ergibt sich schon aus dem eindeutigen Wortlaut des § 3 S. 2 Hs. 2 MiLoG, dass allein gerichtliche Vergleiche für einen Verzicht auf den Mindestlohn zulässig sind. Eine Parallelziehung zu § 4 Abs. 4 TVG oder § 9 AEntG, bei denen auch ein außergerichtlicher Tatsachenvergleich bejaht wird, ist aufgrund der unterschiedlichen Interessenslage zu verneinen.

22. Im Urlaubsrecht ist aufgrund der Dispositionsbefugnis der Parteien und ausweislich keines gegenteiligen Normlautes ein außergerichtlicher oder gerichtlicher Tatsachenvergleich möglich. Das Europarecht steht einem Tatsachenvergleich nicht entgegen, da bei einem wirksamen Tatsachenvergleich der Arbeitnehmer nicht bezüglich seines Gesundheitsschutzes beschnitten wird.

23. Als Ausdruck der datenschutzrechtlichen Selbstbestimmung können den Parteien sich beim datenschutzrechtlichen Auskunftsanspruch auf einen Tatsachenvergleich einigen, der sich auf vergangene Auskunftsverlangen bezieht. Eine Alternative zum Tatsachenvergleich stellt die Einigung auf die Rücknahme des Auskunftsanspruchs des Arbeitnehmers nach Art. 12 Abs. 3 DSGVO dar. Wegen der Bedeutung des Auskunftsanspruchs in der Systematik der DSGVO ist aber ein Tatsachenvergleich über zukünftige Auskunftsbegehren strikt abzulehnen.

24. Auch hinsichtlich eines bereits entstandenen Anspruchs auf Entgeltgleichheit sowie bei dem bereits entstandenen Anspruch auf Schadensersatz bzw. Entschädigung gem. Art. 16 der Entgelttransparenzrichtlinie besteht die Möglichkeit eines Tatsachenver-

gleichs. Ein zukünftiger Anspruch auf Entgeltangleichung unterliegt wegen seiner Bedeutung in der nationalen und europäischen Systematik hingegen nicht der Dispositionsbefugnis der Parteien. Auch eine Einigung auf eine pauschale Abfindungssumme, die ausweislich mögliche Anspruchsverlangen aus dem Entgelttransparenzgesetz umfasst, ist abzulehnen.

Formulierungsvorschlag für eine Erledigungsklausel

Abschließend soll eine Beispielformulierung für eine Erledigungsklausel basierend auf den Ergebnissen dieser Arbeit dargestellt werden. Dabei wird eine Formulierung für ein konstitutives Schuldanerkenntnis gewählt. Diese könnte für eine nach §§ 305 ff. BGB kontrollierbare Aufhebungsvereinbarung unter Beachtung des Transparenzgebots folgendermaßen lauten:

Die Parteien einigen sich hiermit, dass wechselseitig aus und in Zusammenhang mit dem Arbeitsverhältnis und dessen Beendigung keine weiteren Ansprüche mehr bestehen, gleich aus welchem Rechtsgrund, ob bekannt oder unbekannt und unabhängig vom Zeitpunkt ihres Entstehens. Davon umfasst sind besonders auch [einzelfallabhängig, beispielsweise die Karenzentschädigung aus dem nachvertraglichen Wettbewerbsverbot; der Anspruch auf Entgeltgleichheit aus dem Entgelttransparenzgesetz; der datenschutzrechtliche Auskunftsanspruch nach Art. 15 Abs. 1 DSGVO bezüglich vergangener Datenverarbeitungsprozesse].

Diese Klausel gilt insbesondere nicht für

1. *Haftung aufgrund Vorsatzes oder groben Verschuldens;*
2. *Schäden aus der Verletzung des Lebens, des Körpers oder der Gesundheit;*
3. *Schadensersatzansprüche aus dem AGG [nach nationaler Umsetzung der Entgelttransparenzrichtlinie auch aus dem Entgelttransparenzgesetz];*

4. [wenn noch nicht erfüllt] Ansprüche auf noch nicht geleistetes gesetzliches Mindestentgelt;

5. den gesetzlichen Urlaubsanspruch [sollte der Beendigungszeitpunkt des Vertragsverhältnisses nach Abschluss dieser Vereinbarung datiert sein, darf außerdem nicht der Anspruch auf Urlaubsabgeltung umfasst sein];

6. den Anspruch auf Auskunft nach Art. 15 Abs. 1 DSGVO, soweit er sich auf zukünftige Verarbeitungsprozesse bezieht.

Außerdem gilt diese Klausel nicht für alle weiteren Ansprüche, auf die Parteien nicht oder nicht ohne Beteiligung Dritter verzichten können sowie nicht für alle unverfallbaren Ansprüche [z. B. unverfallbare Anwartschaften auf betriebliche Altersvorsorge].

Bei einem Vergleich bietet sich folgende Formulierung (in Verbindung mit einem Tatsachenvergleich) für eine individuell ausgehandelte Erledigungsklausel an:

Die Parteien einigen sich hiermit, dass wechselseitig aus und in Zusammenhang mit dem Arbeitsverhältnis und dessen Beendigung keine weiteren Ansprüche mehr bestehen, gleich aus welchem Rechtsgrund, ob bekannt oder unbekannt und unabhängig vom Zeitpunkt ihres Entstehens.

Ausgenommen sind hierbei insbesondere der Anspruch auf Auskunft gem. Art. 15 Abs. 1 DSGVO, soweit er sich auf zukünftige Verarbeitungsprozesse bezieht, die Haftung aufgrund Vorsatzes oder groben Verschuldens, fahrlässige oder vorsätzliche Schäden aus der Verletzung des Lebens, des Körpers oder der Gesundheit sowie alle weiteren Ansprüche, auf die die Parteien nicht oder nicht ohne einen Dritten verzichten können, sowie unverfallbare Ansprüche.

Die Parteien einigen sich darauf, dass entstandener Urlaub bereits in Natura genommen wurde [hier können noch weitere Einigungen über Tatsachen eingefügt werden, beispielsweise darüber, dass dem Auskunftsrecht nach Art. 15 Abs. 1 DSGVO bis zum Zeitpunkt des Abschlusses der Vereinbarung tatsächlich nachgekommen wurde].

Fazit und Ausblick

Die Erledigungsklausel stellt eine für Beendigungsvereinbarungen notwendige Klausel dar, um das Schicksal der aus dem Arbeitsverhältnis entstandenen Ansprüche abschließend zu regeln. Auffällig ist dabei aber, dass sich das Regel-Ausnahme-Verhältnis bei der Auslegung von Erledigungsklauseln umzukehren scheint. Besonders der Einfluss des Europarechts auf die nationale Arbeitsrechtspraxis ist dabei ein nicht zu unterschätzender Faktor. Mittlerweile kann die Erledigungsklausel nicht mehr dahingehend ausgelegt werden, dass sie außer vereinzelte Ausnahmen alle Ansprüche aus dem Arbeitsverhältnis umfasst. Dies steht konträr zu dem Zweck der Erledigungsklausel, für Rechtssicherheit und Rechtsfrieden zu sorgen. Sinn sollte nicht sein, durch immer komplexere Anforderungen an die Gestaltung von Erledigungsklauseln eine Sisyphusarbeit für die rechtsgestaltende Praxis zu schaffen. Relevant für den konkreten Umfang der Erledigungsklausel ist immer die einzelfallabhängige Auslegung des Wortlauts und insbesondere ihr Kontext. Im Interesse der Arbeitsvertragsparteien muss es das Ziel sein, einheitlichere Gestaltungslinien für Erledigungsklauseln zu etablieren, damit eine Erledigungsklausel möglichst umfassend die gegenseitigen Ansprüche erledigt.

Literaturverzeichnis

Hinweis: Für alle zitierten Websites gilt der Stand 31.07.2025.

Annuß, Georg	Grundstrukturen der AGB-Kontrolle von Arbeitsverträgen, BB 2006, 1333 ff.
Ascheid, Reiner/Preis, Ulrich/Schmidt, Ingrid (Hrsg.)	Kündigungsrecht. Großkommentar zum gesamten Recht der Beendigung von Arbeitsverhältnissen, 7. Auflage 2024 (zitiert: Ascheid/Preis/Schmidt/*Bearbeiter*).
Apel, Wolfgang	Die Ausgleichsquittung im Arbeitsrecht, Gelsenkirchen, Mannhold 1982.
Bartenbach, Kurt/Volz, Franz-Eugen	Arbeitnehmererfindungsgesetz Kommentar zum Gesetz über Arbeitnehmererfindungen, 8. Auflage 2024 (zitiert: *Bartenbach/Volz* ArbNErfG).
Bauer, Jobst-Hubertus	Chancen und Risiken von Ausgleichsklauseln in arbeitsrechtlichen Aufhebungs- und Abwicklungsverträgen in: Festschrift für Kurt Bartenbach zum 65. Geburtstag am 9. Dezember 2004, hrsg. von Manfred Haesemann, Klaus Gennen, Britta Bartenbach, Anja Bartenbach, 2005, S. 607 ff. (zitiert: *Bauer* in: FS Bartenbach).
Bauer, Jobst-Hubertus/Diller, Martin	Allgemeine Erledigungsklausel und nachvertragliches Wettbewerbsverbot – eine unendliche Geschichte? BB 2004 Heft 23, 1274 ff.
Bauer, Jobst-Hubertus/Krieger, Steffen/Arnold, Christian	Arbeitsrechtliche Aufhebungsverträge. Arbeits-, gesellschafts-, steuer- und sozialversicherungsrechtliche Hinweise zur einvernehmlichen Beendigung von Dienst- und Arbeitsverhältnissen, 10. Auflage 2023 (zitiert: *Bauer/Krieger/Arnold*, Arbeitsrechtliche Aufhebungsverträge).
Bauer, Jobst-Hubertus/Diller, Martin	Wettbewerbsverbote. Rechtliche und taktische Hinweise für Arbeitgeber, Arbeitnehmer und Organmitglieder, 9. Auflage 2022 (zitiert: *Bauer/Diller* Wettbewerbsverbote).
Bauer, Jobst-Hubertus/Krieger, Steffen/Günther, Jens	Gleichbehandlungsgesetz und Entgelttransparenzgesetz, 5. Auflage 2018, (zitiert: *Bauer/Krieger/Günther*).

Bauer, Jobst-Hubertus/ Günther, Jens/Romero, Sybille — Offene Fragen des Entgelttransparenzgesetzes – was Arbeitgeber beachten sollten, NZA 2017, 809 ff.

Bayerisches Landesamt für Datenschutzaufsicht — 14. Tätigkeitsbericht 2024, dem Landtag und der Landesregierung vorgelegt im März 2025, abrufbar unter https://www.lda.bayern.de/de/taetigkeitsberichte.html, (zitiert: Bayerisches Landesamt für Datenschutzaufsicht, 14. Tätigkeitsbericht 2024).

Bayreuther, Frank — Der gesetzliche Mindestlohn, NZA 2014, 865 ff.

Ders. — Rechtsfragen des Mindestlohns in der betrieblichen und anwaltlichen Praxis – ein Update, NZA 2015, 385 ff.

Ders. — Die Formulierung von Ausschlussklauseln nach der neuen Rechtsprechung des BAG – Zur Vermeidung vollständiger Unwirksamkeit von Ausschlussklauseln in Formulararbeitsverträgen, DB 2017, 487 ff.

Ders. — Die geänderte BAG-Rechtsprechung zur Vorsatzhaftung in Ausschlussklauseln. Altfälle, individual- und tarifvertragliche Klauseln, NZA 2021, 1375 ff.

Ders. — Neue Urlaubsrechtsprechung des EuGH. Besprechung von EuGH Urt. v. 22.9.2022 – C-518/20, C-727/20, NZA 2022, 1323 – Fraport und St. Vincenz-Krankenhaus; EuGH Urt. v. 22.9.2022 – C-120/21, NZA 2022, 1326 – LB/TO, NZA 2022, 1381 ff.

Bayreuther Frank/Kiel, Heinrich/Zimmermann, Ralf — Bundesurlaubsgesetz mit Nebengesetzen, 3. Auflage 2024 (zitiert: Bayreuther/Kiel/Zimmermann/*Bearbeiter*, BUrlG).

Behrendt, Markulf/Witzke, Verena — Das Entgelttransparenzgesetz – „Null Auswirkungen“?, BB 2017, 3060 ff.

Bengelsdorf, Peter — Aufhebungsvertrag und Abfindungsvereinbarungen, 5. Auflage 2011 (zitiert: *Bengelsdorf*, S.).

Benkert, Daniel — Aufhebungsvertrag bezüglich Ansprüchen aus dem AGG, NJW-Spezial 2022, 179 ff.

Bernhardt, Nico	Der Umgang des Arbeitgebers mit Auskunftsansprüchen nach der DS-GVO Ausgewählte Problemkreise und praktische Lösungsansätze, NZA 2024, 666 ff.
Boemke, Burkhard	Privatautonomie im Arbeitsvertragsrecht, NZA 1993, 532 ff.
Bohlen, Marc	Der Vergleich – Noch ein praxistaugliches Mittel zur arbeitsvertraglichen Befristung?, NZA-RR 2015, 449 ff.
Brecht-Heitzmann, Holger/Kempen Otto Ernst/Schubert Jens M./ Seifert, Achim (Hrsg.)	Kempen/Zachert TVG Tarifvertragsrecht, 5. Auflage 2014 (zitiert: Kempen/Zachert/*Bearbeiter*).
Burger, Simon	Das Recht auf Datenauskunft und Datenkopie im Arbeitsverhältnis, öAT 2021, 221 ff.
Bürger, Kathrin/Müller, Sonja	Anwendbarkeit von Ausschlussfristen bei Ansprüchen aus dem Entgelttransparenzgesetz – Erfolgreiche Abwehr oder stumpfes Schwert? –, DB 2019, 425 ff.
Butz, Andreas	Der arbeitsgerichtliche Aufhebungs- und Abwicklungsvertrag im Vergleich Eine rechtliche Untersuchung der Gemeinsamkeiten und Unterschiede sowie eine Abwägung der Vor- und Nachteile beider Rechtsinstitute, Düsseldorf 2002 (zugl. Diss. Bonn 2002).
Canaris Claus-Wilhelm	Die Feststellung von Lücken im Gesetz: eine methodologische Studie über Voraussetzungen und Grenzen der richterlichen Fortbildung praeter legem, 2. Auflage 1983.
Danwerth, Christopher	Analogie und teleologische Reduktion – zum Verhältnis zweier scheinbar ungleicher Schwestern, ZfPW 2017, 230 ff.
Däubler, Wolfgang	Der gesetzliche Mindestlohn – doch eine unendliche Geschichte, NZA 2014, 1924 ff.
Däubler, Wolfgang. (Hrsg.)	Tarifvertragsgesetz mit Arbeitnehmer-Entsendegesetz, 5. Auflage 2022, (zitiert: Däubler/Bearbeiter NK-TVG).

Däubler, Wolfgang/Deinert, Olaf/Walser, Manfred — AGB-Kontrolle im Arbeitsrecht, Kommentar zu den §§ 305 bis 310 BGB, 5. Auflage 2021 (zitiert: Däubler/Deinert/Walser/*Bearbeiter*).

Däubler, Wolfgang/Hjort, Jens Peter/Schubert, Michael/Wolmerath, Martin (Hrsg.) — Arbeitsrecht. Individualarbeitsrecht mit kollektiven Bezügen Handkommentar, 5. Auflage 2022 (zitiert: HK-ArbR/*Bearbeiter*).

Däubler, Wolfgang/Beck, Thorsten — Allgemeines Gleichbehandlungsgesetz mit Entgelttransparenzgesetz, 5. Auflage 2022 (zitiert als Däubler/Beck/*Bearbeiter* NK-AGG).

Dörner, Klemens/Luczak, Stefan/Wildschütz, Martin/Beack, Ulrich/Hoß, Axel (Hrsg.) — Handbuch des Arbeitsrechts. Arbeitsrechtliche, anwaltliche und gerichtliche Praxis, 17. Auflage 2025 (zitiert: Dörner u. a./*Bearbeiter,* Handbuch des Arbeitsrechts).

Düwell, Franz Josef/Schubert, Jens (Hrsg.) — Mindestlohngesetz Handkommentar, 2. Auflage 2017 (zitiert: HK-MiLoG/*Bearbeiter*).

Dzida, Boris/Krois, Christopher — Schriftformerfordernis in AGB unzulässig? Was künftig für arbeitsvertragliche Ausschlussfristen zu beachten ist, MDR 2016, 1357 ff.

Ehmann, Eugen/Selmayr, Martin (Hrsg.) — DS-GVO Datenschutz-Grundverordnung Kommentar, 3. Auflage 2024 (zitiert: Ehmann/Selmayr/*Bearbeiter* DS-GVO).

Eßer, Martin/Kramer, Philipp/von Lewinski, Kai (Hrsg.) — Auernhammer DSGVO BDSG Datenschutz-Grundverordnung, Bundesdatenschutzgesetz und Nebengesetze Kommentar, 8. Auflage 2024 (zitiert: Auernhammer/*Bearbeiter*).

Fuhlrott, Michael — Anrechnungs- und Erledigungsklauseln in arbeitsrechtlichen Vergleichen NJW 2019, 3762 ff.

Ders. — Generalanwalt EuGH: Keine Verjährung von Urlaub bei Verletzung arbeitgeberseitiger Unterrichtungsobliegenheit, ArbRAktuell 2022, 257 ff.

Fuhlrott, Michael/Oltmann, Sönke — Auskunftsanspruch, Schadensersatz und Bußgelder DSGVO: Risiken für Personaler?, AuA 2021, Heft 2 S. 8 ff.

Fuhlrott, Michael/Garden, Florian — Vergleichsweise Erledigung des datenschutzrechtlichen Auskunftsanspruchs, NZA 2021, 530 ff.

Fuhlrott, Michael/Fischer, Katharina Begrenzung des immateriellen Schadensersatzes bei Verletzung des Auskunftsanspruchs? Besprechung von EuGH Urt. v. 4.5.2023 – C-300/21, NZA 2023, 621 (in diesem Heft) – Österreichische Post AG, NZA 2023, 606 ff.

Gaul, Björn Aufhebungs- und Abwicklungsvertrag: Aktuelle Entwicklungen im Arbeits- und Sozialversicherungsrecht, BB 2003, 2457 ff.

Gaul, Björn/Breuer, Martin Michael Nach der Krise: Beendigung von Arbeitsverhältnissen durch Aufhebungsvertrag, NZA-Beilage 2021, 29 ff.

Giesing, Elmar Inhaltskontrolle und Abschlusskontrolle arbeitsrechtlicher Aufhebungsverträge, 2007.

Glajcar, Jakob Außergerichtliche Erledigungsklausel mit Tatsachenvergleich schließt Mindestlohn nicht aus, DB 2021, 2699 ff.

Glowe, Kristian Urlaubsabgeltung im gerichtlichen Vergleich, Kollision von ordnungsgemäßer Abrechnung und Abgeltungsklauseln, SPA 2023, 69 ff.

Gola, Peter/Heckmann, Dirk (Hrsg.) Datenschutzgrundverordnung VO (EU) 2016/679 Bundesdatenschutzgesetz, 3. Auflage 2022 (zitiert: Gola/Heckmann/*Bearbeiter*).

Göpfert, Burkard/Giese, Katja Entgelttransparenzgesetz – Folgt jetzt die Klagewelle?, NZA 2018, 207 ff.

Grüneberg, Christian Bürgerliches Gesetzbuch, 84. Auflage 2025 (zitiert: Grüneberg/*Bearbeiter*).

Gsell, Beate/Krüger, Wolfgang/Lorenz, Stephan/Reymann, Christoph (Hrsg.) beck-online. GROSSKOMMENTAR BGB, Stand 01.07.2025 (zitiert: BeckOGK/*Bearbeiter* BGB).

Günther, Jens/Schiffelholz, Mona Die Entgelttransparenzrichtlinie: Inhalte und Unterschiede zum Entgelttransparenzgesetz, NZA-RR 2023, 568 ff.

Hamm, Christoph (Hrsg.) Beck'sches Rechtsanwaltshandbuch, 12. Aufl. 2022 (zitiert: Beck'sches Rechtsanwaltshandbuch/*Bearbeiter*).

Hau, Wolfgang/Poseck, Roman (Hrsg.) BeckOK BGB 69. Ed. Stand 01.05.2025 (zitiert: BeckOK BGB/*Bearbeiter*).

Henssler, Martin/ Willemsen, Heinz Josef/ Kalb Heinz-Jürgen (Hrsg.) Arbeitsrecht Kommentar, 11. Auflage 2024 (zitiert: Henssler/Willemsen/Kalb/*Bearbeiter*).

Hexel, Isabel Vorsicht bei der Formulierung arbeitsvertraglicher Ausschlussfristen: Gesetzliche Mindestlohnansprüche sind explizit vom Verfall auszunehmen, DB 2017, 73 f.

Hey, Thomas/Forst, Gerrit (Hrsg.) Kommentar AGG, 2. Auflage 2015 (zitiert: Hey/ Forst/*Bearbeiter*).

Hilgenstock, Christopher Mindestlohngesetz. Eine systematische Darstellung, 2014 (zitiert: *Hilgenstock*, Mindestlohn).

Höpfner, Clemens Das deutsche Urlaubsrecht in Europa – Zwischen Vollharmonisierung und Koexistenz – Teil 2, RdA 2013, 65 ff.

Hromadka, Wolfgang Schuldrechtsmodernisierung und Vertragskontrolle im Arbeitsrecht, NJW 2002, 2523 ff.

Hümmerich, Klaus/ Reufels, Martin (Hrsg.) Gestaltung von Arbeitsverträgen und Dienstverträgen für Geschäftsführer und Vorstände, 5. Aufl. 2022 (zitiert: Hümmerich/Reufels/*Bearbeiter*).

Joost, Detlev Allgemeine Geschäftsbedingungen und Arbeitsvertrag Ein Beispiel für eine missglückte Gesetzgebung in: Festschrift für Peter Ulmer zum 70. Geburtstag am 2. Januar 2003, hrsg. von Mathias Habersack, Uwe Hüffer, Peter Hommelhoff, Karsten Schmidt, 2003, S. 1199 ff. (zitiert *Joost* in: FS Ulmer).

Juncker, Maximilian Verjährung des Urlaubsabgeltungsanspruchs, öAT 2023, 166 ff.

Kern, Jan Sozialversicherungsrechtliche Gestaltungsmöglichkeiten in „Schultz-Hoff“-Fällen, ArbRAktuell 2010, 161 ff.

Ders. Gerichtlicher Vergleich aufgrund übereinstimmenden Vorschlags der Parteien ist kein Befristungsgrund nach § 14 I 2 Nr. 8 TzBfG, ArbRAktuell 2012, 352 ff.

Kiefer, Karl-Heinz Wilhelm Ausgleichsquittung und Abfindungserklärung in der gerichtlichen Praxis, Düsseldorf 1963 (zugl. Diss. Freiburg 1963).

Klachin, Sarah/Schaff, Nadia/Rauer, Nils Datenschutzrechtliche Auskunftsansprüche von (ehemaligen) Arbeitnehmer*innen – Leitfaden zur praktischen Handhabe. Das Auskunftsverlangen als „Modeerscheinung" in Kündigungsschutzklagen, ZD 2021, 663 ff.

Köllmann, Thomas/Wubbernitz, Saskia Vertragliche Ausschlussfristen und Urlaubsrecht – besteht jetzt Änderungsbedarf? Zugleich auch Besprechung von BAG 31.1.2023 – 9 AZR 244/20, NZA 2023, 818 (in diesem Heft), NZA 2023, 793 ff.

Korinth, Michael H. Die Tücken des Tatsachenvergleichs, ArbRB 2003, 316 f.

Krause, Rüdiger Zu den Funktionen des AGB-rechtlichen Transparenzgebots im Arbeitsrecht, Grundlagen des Arbeits- und Sozialrechts, Festschrift für Ulrich Preis zum 65. Geburtstag, hrsg. von Wiebke Brose, Stefan Greiner u. a., 2021, S. 685 ff. (zitiert: *Krause* in: FS Preis).

Kreschinski, Reinhilde Der Tatsachenvergleich im arbeitsgerichtlichen Prozeß, Frankfurt a. Main 2003 (zugl. Diss. 2002 Bielefeld).

Kroeschell, Cornelius Die neuen Regeln bei Aufhebungs- und Abwicklungsvereinbarungen, NZA 2008, 560 ff.

Kühling, Jürgen/Buchner, Benedikt (Hrsg.) Datenschutzgrundverordnung BDSG, 4. Auflage 2024 (Kühling/Buchner/*Bearbeiter*, DS-GVO).

Lakies, Thomas Rechtsprobleme des neuen Mindestlohngesetzes – ein erster Überblick, AuR 2014, 360 ff.

Ders. Ein Jahr gesetzlicher Mindestlohn – gelöste und ungelöste Rechtsprobleme, AuR 2016, 14 ff.

Ders.	Mindestlohngesetz. Basiskommentar zum MiLoG, 5. Auflage 2021 (zitiert: *Lakies*, Mindestlohn).
Landesbeauftragte für Datenschutz und Informationsfreiheit des Saarlandes	32. Tätigkeitsbericht 2023, dem Landtag und der Landesregierung vorgelegt am 24. April 2024, Landesdrucksache 11/811, abrufbar unter https://www.datenschutz.saarland.de/ueber-uns/oeffentlichkeitsarbeit/taetigkeitsberichte, (zitiert: LfDI des Saarlandes, 32. Tätigkeitsbericht 2023).
Larenz, Karl/Canaris, Claus-Wilhelm	Methodenlehre der Rechtswissenschaft, 3. Auflage 1995.
Lembke, Mark	Das Mindestlohngesetz und seine Auswirkungen auf die arbeitsrechtliche Praxis, NZA 2015, 70 ff.
Ders.	Mindestlohngesetz – erste Rechtsprechung und praktische Erfahrungen, NZA 2016, 1 ff.
Ders.	Der datenschutzrechtliche Auskunftsanspruch im Anstellungsverhältnis, NJW 2020, 1841 ff.
Lembke, Mark/Fischels, André	Datenschutzrechtlicher Auskunfts- und Kopieanspruch im Fokus von Rechtsprechung und Praxis, NZA 2022, 513 ff.
Lingemann, Stefan	Formularmäßiger Verzicht auf die Erhebung einer Kündigungsschutzklage ohne Kompensation verstößt gegen § 307 I BGB, ArbRAktuell 2015, 155.
Lingemann, Stefan/Groneberg, Rut	Der Aufhebungsvertrag (Teil 2), NJW 2010, 3624 ff.
Dies.	Der Aufhebungsvertrag (Teil 5), NJW 2011, 3629 ff.
Lingemann, Stefan/Otte, Jörn	Der neue § 309 Nr. 13 BGB – Das Ende des schriftlichen Geltendmachens arbeitsvertraglicher Ausschlussfristen, NZA 2016, 519 ff.
Lingemann, Stefan/Chakrabarti, Josefine	Hilfe des BAG bei Ausschlussklauseln, NJW 2019, 978 ff.
Löwisch, Manfred/Rieble, Volker	Tarifvertragsgesetz Kommentar, 4. Auflage 2017 (zitiert: *Löwisch/Rieble*, Tarifvertragsgesetz).

Löwisch, Manfred Anspruch aus § 7 EntgTranspG als Vergütungsanspruch – Rechtspraktische Folgen, BB 2023, 181 ff.

Lüthge, Henrik/Brüning, Laura Ausgleichsklausel in einem Prozessvergleich erfasst entstandenen Urlaubsabgeltungsanspruch, DB 2021, 2500 ff.

Maschmann, Frank/Sieg, Rainer/Göpfert, Burkard Vertragsgestaltung im Arbeitsrecht Arbeits- und Anstellungsverträge, 3. Auflage 2020 (zitiert: Maschmann/Sieg/Göpfert/*Bearbeiter*).

Mareck, Heike Datenschutz: Schnittstelle Datenschutzrecht & Arbeitsrecht: Antworten auf wichtige Fragen, AA 2020, 185 ff.

Marek, Lukas/Sawodny, Svenja Neue Richtlinie der Europäischen Union zur Entgelttransparenz, ArbRAktuell 2023, 397 ff.

Marski, David Pauschale Verfallklauseln in Arbeitsverträgen. Die Kehrtwende des 8. Senats des BAG, NJW 2021, 2164 ff.

Matthiessen, Michael Arbeitsvertragliche Ausschlussfristen, Baden-Baden 2007 (zugl. Diss. Greifswald 2007).

Meyer, Antonia Festsetzung der Entschädigung nach § 15 II AGG auf „Null“ ist unzulässig, ArbRAktuell 2022, 153 ff.

Meyer, Michael Angemessenheitskontrolle von Beendigungsabreden in Aufhebungs- und Abwicklungsverträgen?, BB 2016, S. 1589 ff.

Moll, Wilhelm/Eckhoff, Frank/Reufels, Martin (Hrsg.) Münchner Anwaltshandbuch Arbeitsrecht, 6. Auflage 2025 (zitiert MAH ArbR/*Bearbeiter*).

Moll, Wilhelm Arbeitsvertragliche Ausschlussfristen im Spiegel von RdA, RdA 2023, 321 ff.

Moritz, Klaus Die Ausgleichsquittung – Privatautonomie im Arbeitsrecht? BB 1979, 1610 ff.

Müller-Glöge, Rudi/Preis, Ulrich/Schmidt, Ingrid (Hrsg.) Erfurter Kommentar zum Arbeitsrecht, 25. Auflage 2025 (zitiert: ErfK/*Bearbeiter*).

Naber, Sebastian/Schulte, Willem Wirksamkeit von Ausschlussfristen – Rechtsprechung im Wandel?, BB 2018, 2100 ff.

Dies. Transparenz von Ausschlussfristen – neuere Rechtsprechung und rechtssichere Gestaltung, BB 2019, 501 ff.

Nebel Julian/Kloster, Timo Zur Entstehung, Fälligkeit und Unabdingbarkeit des Mindestlohnanspruchs, BB 2014, S. 2933 ff.

Neufeld, Tobias/ Flockenhaus, Patrick Die Abfindung von laufenden Leistungen und Anwartschaften nach § 3 BetrAVG, RdA 2016, 274 ff.

Oberthür, Nathalie Das Gesetz zur Förderung der Transparenz von Entgeltstrukturen, Ein Beitrag zu mehr Entgeltgerechtigkeit oder bürokratische Riesenkrake?, NJW 2017, 2228 ff.

Olbertz, Klaus Formularmäßiger Verzicht auf die Erhebung einer Kündigungsschutzklage ohne Kompensation verstößt gegen § 307 I 1 BGB, GWR 2015, 146.

Paal, Boris P./Pauly, Daniel A. (Hrsg.) Datenschutz-Grundverordnung Bundesdatenschutzgesetz, 2. Auflage 2021 (zitiert: Paal/Pauly/*Bearbeiter)*.

Peisker, Yannick Der datenschutzrechtliche Anspruchsanspruch. Grundlagen, Reichweite und praktische Probleme des Art. 15 DSGVO im Beschäftigungskontext, Baden-Baden 2023 (zugl. Diss. Bonn 2023).

Plander, Harro Die Ausgleichsquittung als Rechtsanwendungs- und Gesetzgebungsproblem, DB 1986, 1873 ff.

Preis, Bernd Abschied von der Ausgleichsquittung?, AuR 1979, 90 ff.

Preis, Ulrich (Hrsg.) Der Arbeitsvertrag, 6. Auflage 2020 (zitiert: Preis/*Bearbeiter* Der Arbeitsvertrag).

Preis Ulrich/Bleser, Alina/ Rauf, Birte Die Inhaltskontrolle von Ausgleichsquittungen und Verzichtserklärungen, DB 2006, 2812 ff.

Preis, Ulrich/Roloff, Sebastian Die neuerste Entwicklung der Vertragsinhaltskontrolle im Arbeitsrecht – Zwischenbilanz und Ausblick, ZFA 2007, 43 ff.

Preis, Ulricht/Ulber, Daniel Ausschlussfristen und Mindestlohngesetz – Der Mindestlohn als unabdingbarer Sockelanspruch – , HSI-Schriftenreihe Band 12, 2014.

Pötters, Stephan/Krause, Daniel — Konsequenzen eines Verstoßes gegen das Mindestlohngesetz, NZA 2015, 398 ff.

Raif, Alexander/Dorka, Philipp — Alles erledigt? Die Gestaltung von gerichtlichen und außergerichtlichen Ausgleichsklauseln, ArbRAktuell 2020, 540 ff.

Reinhard, Barbara/Kettering, Lisa — Der Mindestlohn und seine Auswirkungen. Was gilt für Gehälter oberhalb des Mindestlohnniveaus und Gesamtvergütungssysteme?, ArbRB 2014, 302 ff.

Reufels, Martin J. — Aufhebung und Abfindung in der arbeitsrechtlichen Beratungspraxis, 1. Auflage 2020 (zitiert: *Reufels*, §).

Reuter, Dieter — Inhaltskontrolle im Arbeitsrecht (§ 310 Abs. 4 BGB) in: 50 Jahre Bundesarbeitsgericht, hrsg. von Hartmut Oetker, Ulrich Preis, Volker Rieble, 2004, S. 177 ff. (zitiert *Reuter* in: 50 Jahre Bundesarbeitsgericht).

Richter, Tim — Verzicht im Arbeitsrecht, ArbRAktuell 2015, 291 ff.

Riechert, Christian/Nimmerjahn, Lutz — Mindestlohngesetz Kommentar, 2. Auflage 2017.

Roetteken v., Thorsten — Allgemeines Gleichbehandlungsgesetz – AGG, Stand 01.03.2024.

Ders. — Aktuelle Auswirkungen der Entgelttransparenzrichtlinie, NZA-RR 2024, 169 ff.

Rolfs, Christian — Die Inhaltskontrolle arbeitsrechtlicher Beendigungsvereinbarungen in: Festschrift für Dieter Reuter zum 70. Geburtstag am 16. Oktober 2010, hrsg. von Michael Martinek, Peter Rawert, Birgit Weitemeyer, 2010, S. 825 ff. (zitiert: *Rolfs* in: FS Reuter).

Rolfs, Christian/Giesen, Richard/Meßling, Miriam/Udsching, Peter (Hrsg.) — BeckOK Arbeitsrecht, 76. Edition Stand 01.06.2025 (zitiert BeckOK ArbR/*Bearbeiter*).

Röller, Jürgen (Hrsg.) — Personalbuch 2025, 32. Auflage 2025 (zitiert: Küttner Personalbuch 2025/*Bearbeiter*).

Roloff, Sebastian	Arbeitsvertragliche Ausschlussfristen und unabdingbare Ansprüche in: Arbeitsrecht bei Änderung der Unternehmensstruktur in: Festschrift für Heinz Josef Willemsen zum 65. Geburtstag, hrsg. von Klaus Bepler, Klaus-Stefan Hohenstatt, Ulrich Preis, Achim Schunder, 2018, S. 407 ff. (zitiert: *Roloff* in: FS Willemsen).
Ders.	Erst die Auskunft, dann das gleiche Entgelt? Der Auskunftsanspruch zur Überprüfung der Einhaltung des Entgeltgleichheitsgebots nach § 10 Entgelttransparenzgesetz, RdA 2019, 28 ff.
Roßnagel, Alexander	Kein „Verbotsprinzip" und kein „Verbot mit Erlaubnisvorbehalt" im Datenschutzrecht Zur Dogmatik der Datenverarbeitung als Grundrechtseingriff, NJW 2019, 1 ff.
Roßnagel, Alexander/ Pfitzmann, Andreas/ Garstka, Hansjürgen	Modernisierung des Datenschutzrechts, DuD 2001, 253 ff.
Säcker, Franz Jürgen/ Rixecker, Roland/Oetker, Hartmut/Limperg, Bettina (Hrsg.)	Münchner Kommentar zum Bürgerlichen Gesetzbuch, 10. Auflage 2025 (zitiert: MüKoBGB/ *Bearbeiter*).
Sagan, Adam	Entgeltfortzahlung im Krankheitsfall, Anmerkung zu BAG, Urteil vom 24.8.2016 – 5 AZR 703/15, RdA 2017, 264 ff.
Sagan, Adam/Witschen, Stefan	Mindestlohn für alle? Zum Anwendungsbereich des Mindestlohngesetzes und dessen Kollision mit vertraglichen Entgeltabreden, jM 2014, 372 ff.
Sagan, Adam/Schneider, Christoph	Urlaubsabgeltung und Verjährung – Zugleich Besprechung von BAG 31.1.2023 – 9 AZR 456/20, NZA 2023, 757, NZA 2023, 1209 ff.
Salamon, Erwin	Neues und Altes zu Ausschlussfristen in Allgemeinen Geschäftsbedingungen, NZA 2019, 1529 ff.
Schaub, Günter (Begr.)	Arbeitsrechts-Handbuch, 20. Auflage 2023 (zitiert: Schaub ArbR-HdB/*Bearbeiter*).

Schiefer, Bernd/Köster, Hans-Wilhelm/Pöttering, Johannes — Umsetzung der arbeits- und sozialrechtlichen Vorhaben der Großen Koalition (Teil 1), DB 2014, 2891 ff.

Schlachter, Monika — Anmerkung zu BAG 8. Senat Urteil vom 28.10.2021 – 8 AZR 371/20, AP AGG § 15 Nr. 30.

Schleusener, Aino/Suckow, Jens/Plum, Martin — AGG Kommentar zum Allgemeinen Gleichbehandlungsgesetz, 6. Auflage 2022 (zitiert: Schleusener/Suckow/Plum/*Bearbeiter*).

Schlewing, Anja — Geltungserhaltende Reduktion und/oder ergänzende Vertragsauslegung im Rahmen der AGB-Kontrolle arbeitsvertraglicher Abreden?, RdA 2011, 92 ff.

Schmidt, Stephan — Geschlechterdiskriminierende Vergütungsabreden im Arbeitsvertrag Anspruchsgrundlage(n) für die Anpassung nach oben, RdA 2020, 269 ff.

Schnelle, Dirk — Befristung durch gerichtlichen Vergleich: Welche Mitwirkung des Gerichts ist erforderlich?, NZA 2018, 1445 ff.

Schulte, Willem/Welge, Jonas — Der datenschutzrechtliche Kopieanspruch im Arbeitsrecht, NZA 2019, 1110 ff.

Schulz, Georg-R. — Unterschreitung des Mindestlohns im außergerichtlichen Vergleich ist unwirksam, ArbRAktuell 2021, 446 ff.

Schütt, Philipp — Die Vertragskontrolle von Ausgleichsquittungen, Frankfurt a. Main 2008 (zugl. Diss. Köln 2007).

Schweibert, Ulrike/Leßmann, Ulrich — Mindestlohngesetz – der große Wurf?, DB 2014, 1866 ff.

Seiwerth, Stephan — Unwirksamkeit uneingeschränkter Ausschlussklauseln nach dem MiLoG aufgrund „dynamischer Transparenzanforderungen“, NZA 2019, 17 ff.

Ders. — Schluss mit Ausschlussfristen? Die Zulässigkeit von kurzen, kenntnisunabhängigen Ausschlussfristen im Formulararbeitsvertrag, ZFA 2020, 100 ff.

Selzer, Dirk Entgelttransparenz und Diskriminierung – auch ein Blick in die Zukunft, RFamU 2023, 489 ff.

Sievers, Jochen TzBfG Kommentar zum Teilzeit- und Befristungsgesetz und weiterer Regelungen aus dem Teilzeit- und Befristungsrecht, 7. Auflage 2021 (zitiert: *Sievers*, TzBfG).

Simon, Uwe Unabdingbarkeit und Verzicht. Ein Beitrag zur Reichweite und Grenzen der Vertragsfreiheit im Arbeitsrecht, Berlin 2008 (zugl. Diss. Hannover 2007).

Sorber, Dominik Auskunftsanspruch nach der Datenschutz-Grundverordnung (DS-GVO). Was sollten Unternehmen nach der BAG-Entscheidung vom 27.4.2021 beachten?, BC 2021, 342 ff.

Ders. BAG beschränkt Anspruch auf Datenkopie nach Art. 15 Abs. 3 DSGVO, DSB 2021, 197 ff.

Staudinger v., Julius (Begr.) Kommentar zum Bürgerlichen Gesetzbuch mit Einführungsgesetz und Nebengesetzen, Buch 1 Allgemeiner Teil, 2025 (zitiert: Staudinger/*Bearbeiter*).

Statistisches Bundesamt, Tabelle 24281-0001 Vor dem Arbeitsgericht erledigte Urteilsverfahren: Deutschland, Jahre, Art der Erledigung, abrufbar unter https://www-genesis.destatis.de/genesis//online?operation=table&code=24281-0001&bypass=true&levelindex=0&levelid=1716540491152#abreadcrumb.

Steinau-Steinrück von, Robert/Jöris, Nils Die Ausgleichsklausel im fortbestehenden Arbeitsverhältnis, NJW-Spezial 2019, 242 ff.

Stoffels, Markus Grundfragen der Inhaltskontrolle von Arbeitsverträgen, ZFA 2009, 861 ff.

Ders. Kündigung und Klageverzicht in vorformulierter Abwicklungsvereinbarung – Inhaltskontrolle Anmerkung zu BAG v. 24.9.2015 – 2 AZR 347/14, RdA 2016, 304 ff.

Ders. AGB-Recht, 4. Auflage 2021.

Ders. — Unwirksamkeit einer umfassenden Verfallklausel – Haftung wegen Vorsatzes. Anmerkung zu BAG v. 26.11.2020 – 8 AZR 58/20, RdA 2021, 314 ff.

Stürner, Rolf (Hrsg.) — Jaurnig Bürgerliches Gesetzbuch, 19. Auflage 2023 (zitiert: Jaurnig/*Bearbeiter*).

Sura, Stephan — Unwirksamkeit eines außergerichtlichen Tatsachenvergleichs für Mindestlohnansprüche, NZA-RR 2021, 630 ff.

Ders. — Festsetzungsmaßstäbe für Ansprüche gemäß § 15 II AGG und nachträgliche Dispositionen, NZA-RR 2022, 221 ff.

Sydow, Gernot/Marsch, Nikolaus — DS-GVO BDSG Datenschutz-Grundverordnung Bundesdatenschutzgesetz Handkommentar, 3. Auflage 2022 (zitiert Sydow/Marsch/*Bearbeiter*).

Thüsing, Gregor (Hrsg.) — Mindestlohngesetz (MiLoG) und Arbeitnehmerentsendegesetz (AEntG) Kommentar, 2. Auflage 2016 (zitiert: Thüsing/*Bearbeiter*).

Thüsing, Gregor — Was sind die Besonderheiten des Arbeitsrechts?, NZA 2002, 591 ff.

Ders. — Fünf Schritte zu einem besseren Entgelttransparenzgesetz, BB 2017, 565 ff.

Tinnefeld, Marie-Theres/Conrad, Isabell — Die selbstbestimmte Einwilligung im europäischen Recht, ZD 2018, 391 ff.

Trieschmann, Günther — Anm. zu BAG (5. Senat), Urteil vom 21.12.1972 – 5 AZR 319/72 AP LohnFG § 9 Nr. 1.

Viethen, Hans Peter — Mindestlohn für Alle: materiell-rechtliche Probleme der Neuregelung, NZA-Beilage 2014, 143 ff.

Volz, Franz-Eugen — Zur Unbilligkeit im Sinne des § 23 ArbNErfG in: Festschrift für Kurt Bartenbach zum 65. Geburtstag am 9. Dezember 2004, hrsg. von Manfred Haesemann, Klaus Gennen, Britta Bartenbach, Anja Bartenbach, 2005, S. 208 ff. (zitiert: *Volz* in: FS Bartenbach).

Vogel, Steffen Der Urlaubsanspruch bei Arbeitsunfähigkeit im Lichte der EuGH-Rechtsprechung – Möglichkeiten einer individual- und tarifvertraglichen Einflussnahme, NJ 2015, 273 ff.

Wank, Rolf Die Konzeption des EuGH zum Urlaubsrecht in: Grundlagen des Arbeits- und Sozialrechts, Festschrift für Ulrich Preis zum 65. Geburtstag, hrsg. von Wiebke Bose, Stefan Greiner u.a., 2021, S. 1463 ff. (zitiert: *Wank* in: FS Preis).

Wiedemann, Herbert (Hrsg.) Tarifvertragsrecht mit Durchführungs- und Nebenvorschriften, 9. Auflage 2023 (zitiert: Wiedemann/*Bearbeiter* TVG).

Windhorst, Julia Urlaubsabgeltung als Teil der ordnungsgemäßen Abrechnung, ArbRAktuell 2023, 184 ff.

Wolff, Heinrich, Amadeus/Brink, Stefan/Ungern-Sternberg v., Antje (Hrsg.) BeckOK Datenschutzrecht DS-GVO, DGA, BDSG. Datenschutz und Datennutzung, 52. Edition Stand 01.05.2025 (zitert: BeckOK DatenschutzR/*Bearbeiter*).

Wutte, Joachim Transparenzkontrolle von Ausschlussfristen und transparenzerhaltenden Klauseln. Besprechung des BAG-Urteils vom 18.9.2018 – 9 AZR 162/18, DZWIR 2019, 218 ff.

Wutte, Joachim Mitverantwortung des Arbeitgebers für die Urlaubnahme seiner Arbeitnehmer, EuZA 2019, 222 ff.

Wybitul, Tim/Brams, Isabelle Welche Reichweite hat das Recht auf Auskunft und auf eine Kopie nach Art. 15 I DS-GVO? Zugleich eine Analyse des Urteils des LAG Baden-Württemberg vom 20.12.2018, NZA 2019, 672 ff.

Zachert, Ulrich Anm. zu BAG 5.11.1997, AP TVG § 4 Nr. 17.